"十三五"国家重点图书出版规划项目

新版《列国志》与《国际组织志》联合编辑委员会

主　　任　谢伏瞻
副 主 任　李培林　蔡　昉
秘 书 长　马　援　谢寿光
委　　员（按姓氏音序排列）
　　　　　陈东晓　陈　甦　陈志敏　陈众议　冯仲平　郝　平　黄　平
　　　　　贾烈英　姜　锋　李安山　李晨阳　李东燕　李国强　李剑鸣
　　　　　李绍先　李向阳　李永全　刘北成　刘德斌　刘新成　罗　林
　　　　　彭　龙　钱乘旦　秦亚青　饶戈平　孙壮志　汪朝光　王　镭
　　　　　王灵桂　王延中　王　正　吴白乙　邢广程　杨伯江　杨　光
　　　　　于洪君　袁东振　张倩红　张宇燕　张蕴岭　赵忠秀　郑秉文
　　　　　郑春荣　周　弘　庄国土　卓新平　邹治波

列国志 新版

GUIDE TO THE WORLD NATIONS

陈晓红 于文龙 编著

LESOTHO

莱索托

社会科学文献出版社
SOCIAL SCIENCES ACADEMIC PRESS (CHINA)

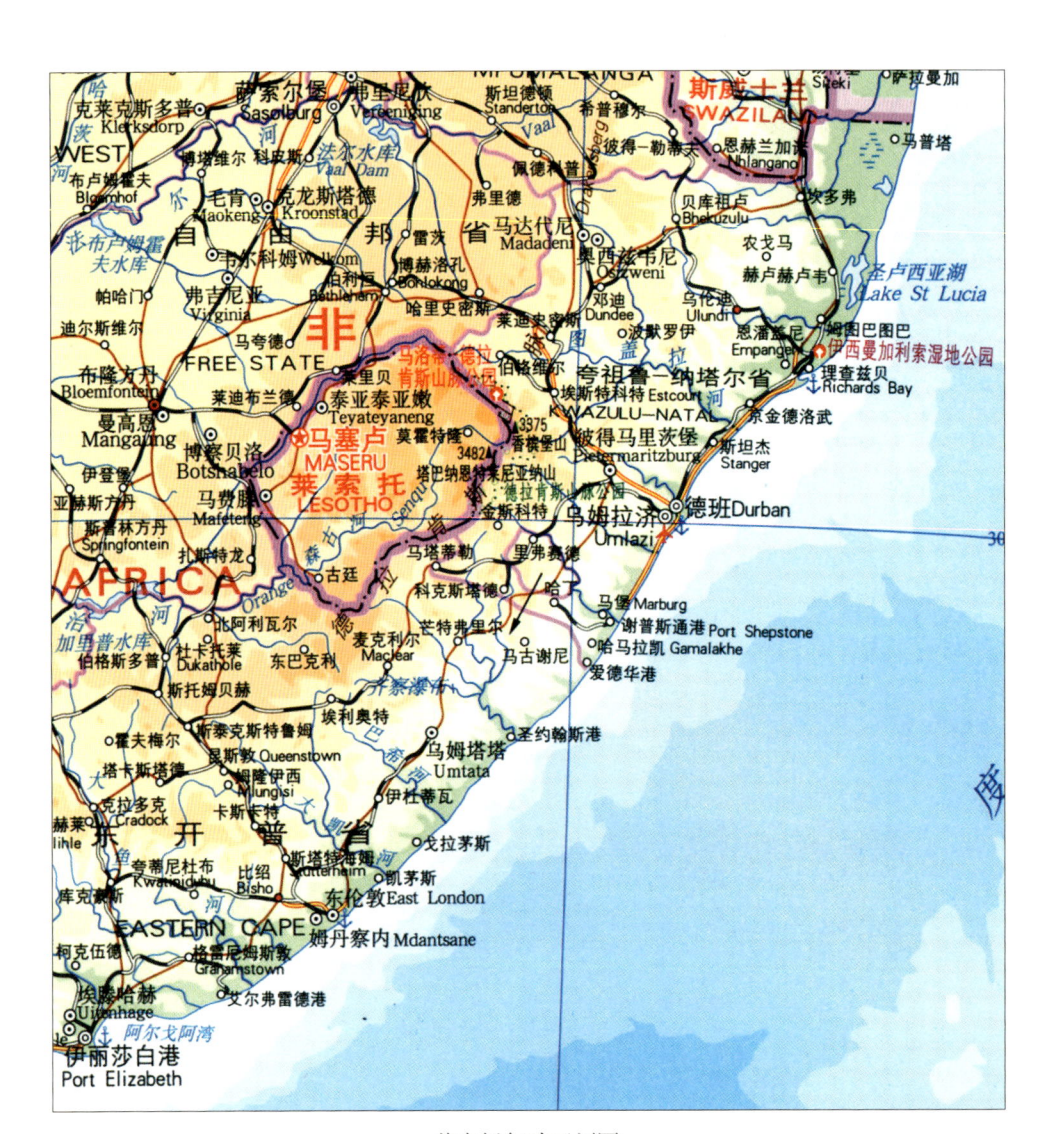

莱索托行政区划图

莱索托国旗

莱索托国徽

莱索托首都马塞卢（沈晓雷 摄）

莱索托首都马塞卢一角（宁全 摄）

首都马塞卢街景（沈晓雷 摄）

莱索托发展计划部（沈晓雷　摄）

中国驻莱索托大使馆（沈晓雷　摄）

传统锅灶（宁全 摄）

身着传统服饰的莱索托人（宁全 摄）

莫舒舒一世墓（沈晓雷 摄）

莫舒舒二世墓（沈晓雷 摄）

莱索托王国传统议事场所（沈晓雷 摄）

莱索托中学生（沈晓雷　摄）

莱索托儿童（沈晓雷　摄）

身着当地服装的妇女（沈晓雷　摄）

工艺品（沈晓雷　摄）

莱索托常见多肉植物（沈晓雷 摄）

出版说明

《列国志》编撰出版工作自1999年正式启动，截至目前，已出版144卷，涵盖世界五大洲163个国家和国际组织，成为中国出版史上第一套百科全书式的大型国际知识参考书。该套丛书自出版以来，受到社会各界的广泛好评，被誉为"21世纪的《海国图志》"，中国人了解外部世界的全景式"窗口"。

这项凝聚着近千学人、出版人心血与期盼的工程，前后历时十多年，作为此项工作的组织实施者，我们为这煌煌144卷《列国志》的出版深感欣慰。与此同时，我们也深刻认识到当今国际形势风云变幻，国家发展日新月异，人们了解世界各国最新动态的需要也更为迫切。鉴于此，为使《列国志》丛书能够不断补充最新资料，更好地服务于社会各界，我们决定启动新版《列国志》编撰出版工作。

与已出版的144卷《列国志》相比，新版《列国志》无论是形式还是内容都有新的调整。国际组织卷次将单独作为一个系列编撰出版，原来合并出版的国家将独立成书，而之前尚未出版的国家都将增补齐全。新版《列国志》的封面设计、版面设计更加新颖，力求带给读者更好的阅读享受。内容上的调整主要体现在数据的更新、最新情况的增补以及章节设置的变化等方面，目的在于进一步加强该套丛书将基础研究和应用对策研究相结合，将基础研究成果应用于实践的特色。例如，增加

莱索托

了各国有关资源开发、环境治理的内容；特设"社会"一章，介绍各国的国民生活情况、社会管理经验以及存在的社会问题，等等；增设"大事纪年"，方便读者在短时间内熟悉各国的发展线索；增设"索引"，便于读者根据人名、地名、关键词查找所需相关信息。

顺应时代发展的要求，新版《列国志》将以纸质书为基础，全面整合国别国际问题研究资源，构建列国志数据库。这是《列国志》在新时期发展的一个重大突破，由此形成的国别国际问题研究资讯平台，必将更好地服务于中央和地方政府部门，应对日益繁杂的国际事务的决策需要，促进国别国际问题研究领域的学术交流，拓宽中国民众的国际视野。

新版《列国志》的编撰出版工作得到了各方的支持：国家主管部门高度重视，将其列入国家十二五重点出版规划项目；中国社会科学院将其列为创新工程学术出版资助项目，王伟光院长亲自担任编辑委员会主任，指导相关工作的开展；国内各高校和研究机构鼎力相助，国别国际问题研究领域的知名学者相继加入编辑委员会，提供优质的学术咨询与指导。相信在各方的通力合作之下，新版《列国志》必将更上一层楼，以崭新的面貌呈现给读者，在中国改革开放的新征程中更好地发挥其作为"知识向导""资政参考"和"文化桥梁"的作用！

新版《列国志》编辑委员会
2013 年 9 月

前　言

　　自 1840 年前后中国被迫开关、步入世界以来，对外国舆地政情的了解即应时而起。还在第一次鸦片战争期间，受林则徐之托，1842 年魏源编辑刊刻了近代中国首部介绍当时世界主要国家舆地政情的大型志书《海国图志》。林、魏之目的是为长期生活在闭关锁国之中、对外部世界知之甚少的国人"睁眼看世界"，提供一部基本的参考资料，尤其是让当时中国的各级统治者知道"天朝上国"之外的天地，学习西方的科学技术，"师夷之长技以制夷"。这部著作，在当时及至其后相当长一段时间内，产生过巨大影响，对国人了解外部世界起到了积极的作用。

　　自那时起，中国认识世界、融入世界的步伐就再也没有停止过。中华人民共和国成立以后，尤其是 1978 年改革开放以来，中国更以积极主动的自信自强的姿态，加速融入世界的步伐。与之相适应，不同时期先后出版过相当数量的不同层次的有关国际问题、列国政情、异域风俗等方面的著作，数量之多，可谓汗牛充栋。它们对时人了解外部世界起到了积极的作用。

　　当今世界，资本与现代科技正以前所未有的速度与广度在国际间流动和传播，"全球化"浪潮席卷世界各地，极大地影响着世界历史进程，对中国的发展也产生极其深刻的影响。面临不同于以往的"大变局"，中国已经并将继续以更开放的姿态、更快的步伐全面步入世界，迎接时代的挑战。不同的是，我们

莱索托

所面临的已不是林则徐、魏源时代要不要"睁眼看世界"、要不要"开放"的问题，而是在新的历史条件下，在新的世界发展大势下，如何更好地步入世界，如何在融入世界的进程中更好地维护民族国家的主权与独立，积极参与国际事务，为维护世界和平，促进世界与人类共同发展做出贡献。这就要求我们对外部世界有比以往更深切、更全面的了解，我们只有更全面、更深入地了解世界，才能在更高的层次上融入世界，也才能在融入世界的进程中不迷失方向，保持自我。

与此时代要求相比，已有的种种有关介绍、论述各国史地政情的著述，无论从规模还是内容来看，已远远不能适应我们了解外部世界的要求。人们期盼有更新颖、更系统、更权威的著作问世。

中国社会科学院作为国家哲学社会科学的最高研究机构和国际问题综合研究中心，有11个专门研究国际问题和外国问题的研究所，学科门类齐全，研究力量雄厚，有能力也有责任担当这一重任。早在20世纪90年代初，中国社会科学院的领导和中国社会科学出版社就提出编撰"简明国际百科全书"的设想。1993年3月11日，时任中国社会科学院院长的胡绳先生在科研局的一份报告上批示："我想，国际片各所可考虑出一套列国志，体例类似几年前出的《简明中国百科全书》，以一国（美、日、英、法等）或几个国家（北欧各国、印支各国）为一册，请考虑可行否。"

中国社会科学院科研局根据胡绳院长的批示，在调查研究的基础上，于1994年2月28日发出《关于编纂〈简明国际百科全书〉和〈列国志〉立项的通报》。《列国志》和《简明国际百科全书》一起被列为中国社会科学院重点项目。按照当时的计划，首先编写《简明国际百科全书》，待这一项目完成后，再着手编写《列国志》。

1998年，率先完成《简明国际百科全书》有关卷编写任务的研究所开始了《列国志》的编写工作。随后，其他研究所也陆续启动这一项目。为了保证《列国志》这套大型丛书的高质量，科研局和社会科学文献出版社于1999年1月27日召开国际学科片各研究所及世界历史研究所负责人会议，讨论了这套大型丛书的编写大纲及基本要求。根据会议精神，科研局随后印发了《关于〈列国志〉编写工作有关事项的通知》，陆续为启动项目拨付研究经费。

为了加强《列国志》项目编撰出版工作的组织协调，根据时任中国社会科学院院长的李铁映同志的提议，2002年8月，成立了由分管国际学科片的陈佳贵副院长为主任的《列国志》编辑委员会。编委会成员包括国际片各研究所、科研局、研究生院及社会科学文献出版社等部门的主要领导及有关同志。科研局和社会科学文献出版社组成《列国志》项目工作组，社会科学文献出版社成立了《列国志》工作室。同年，《列国志》项目被批准为中国社会科学院重大课题，新闻出版总署将《列国志》项目列入国家重点图书出版计划。

在《列国志》编辑委员会的领导下，《列国志》各承担单位尤其是各位学者加快了编撰进度。作为一项大型研究项目和大型丛书，编委会对《列国志》提出的基本要求是：资料翔实、准确、最新，文笔流畅，学术性和可读性兼备。《列国志》之所以强调学术性，是因为这套丛书不是一般的"手册""概览"，而是在尽可能吸收前人成果的基础上，体现专家学者们的研究所得和个人见解。正因为如此，《列国志》在强调基本要求的同时，本着文责自负的原则，没有对各卷的具体内容及学术观点强行统一。应当指出，参加这一浩繁工程的，除了中国社会科学院的专业科研人员以外，还有院外的一些在该领域颇有研究的专家学者。

现在凝聚着数百位专家学者心血，共计 141 卷，涵盖了当今世界 151 个国家和地区以及数十个主要国际组织的《列国志》丛书，将陆续出版与广大读者见面。我们希望这样一套大型丛书，能为各级干部了解、认识当代世界各国及主要国际组织的情况，了解世界发展趋势，把握时代发展脉络，提供有益的帮助；希望它能成为我国外交外事工作者、国际经贸企业及日渐增多的广大出国公民和旅游者走向世界的忠实"向导"，引领其步入更广阔的世界；希望它在帮助中国人民认识世界的同时，也能够架起世界各国人民认识中国的一座"桥梁"，一座中国走向世界、世界走向中国的"桥梁"。

《列国志》编辑委员会
2003 年 6 月

导 言

莱索托王国是非洲大陆面积较小的内陆国家，位于非洲东南部，四面为南非共和国所包围，是世界上两个完全被另一个国家合围的独立国家之一。莱索托地势崎岖、气候多样、风景秀丽，有"非洲的瑞士"的美誉。

公元1世纪前后，班图人向非洲南部迁徙，大约在公元15世纪，第三批南迁的班图人在渡过赞比西河后发生分裂，分化为索托种群和恩古尼种群，其中索托种群向南迁徙经过今天的德兰士瓦进入奥兰治，形成巴苏陀人，即莱索托人的祖先。巴苏陀人在19世纪建立了王国，之后，其沦为南非和英国的殖民地。第二次世界大战后，在亚非民族独立运动推动下，莱索托掀起了民族独立运动。1966年10月4日，巴苏陀兰宣布独立，定名为莱索托王国。独立后的莱索托建立了现代君主立宪制度，实行自由市场经济制度，大力引进外资并长期与南非保持特殊经济关系，在外交上坚持独立自主外交政策，与世界上很多国家建立了外交关系。

进入21世纪以来，莱索托推行经济自由化和私有化改革，逐步建立起出口导向的外向型经济体系，将纺织、服装、制鞋定为国家的主导出口产业，吸收了包括中国企业资本在内的大量外资，实现了经济的快速发展。在政治上，莱索托开始采取"80+40"的新选举体制，结束了十余年的动乱局面，在保障民生、促进卫生与健康事业发展、青少年教育及女性赋权等方面取得了显著成就，并努力探索一条与本国国情相符的发展道路。在外交上，莱索托继续重视发展对外关系，积极参与世界范围的政治经济活动，努力融入世界政治经济体系，在国际社会发挥了积极的作用。在1983年莱索托与中国建交以后，两国关系虽几经反复，但在中非合作论坛机制建立以后保持了良好的发展势头。两国政府互信不断加强，高层

莱索托

交往密切，对涉及彼此核心利益的问题和国际重大事务相互支持和协调。莱索托坚定支持中国在台湾问题、南海问题上的立场，积极参与"一带一路"建设。2018年，莱索托首相出席中非合作论坛北京峰会，中莱关系朝着更加紧密的方向不断前进。

本书为中国社会科学院重点编辑的新版《列国志》丛书之一，全书依照新版《列国志》的统一体例编撰，因材料限制，个别小节做了取舍。笔者力图通过翔实可信的资料和全新的数据，向读者全面介绍莱索托地理、历史、政治、经济、军事、社会、文化、外交等方面的发展概况，错误与纰漏之处，皆由笔者负责并请广大读者批评指正。

CONTENTS

目 录

第一章 概 览 / 1

　第一节 国土和人民 / 1
　　一 地理位置和国土面积 / 1
　　二 地形、河湖与气候 / 1
　　三 行政区划 / 3
　　四 人口、民族、语言 / 5
　　五 国家象征 / 9
　第二节 民俗与宗教 / 11
　　一 民俗 / 11
　　二 节日 / 16
　　三 宗教 / 16
　第三节 特色资源 / 17
　　一 名胜古迹 / 18
　　二 著名城市 / 21
　　三 建筑艺术 / 24

第二章 历 史 / 27

　第一节 上古简史 / 27
　　一 史前人类 / 27
　　二 莱索托的桑人 / 28
　第二节 中古简史 / 30
　　一 巴苏陀族的形成 / 30
　　二 迪法肯战争与巴苏陀兰的形成 / 31

1

CONTENTS

目 录

  三　维护王国独立和莫舒舒一世的改革 / 34

第三节　近代简史 / 35

  一　巴苏陀兰反抗殖民者的斗争 / 35

  二　英国的殖民统治和巴苏陀兰人的反抗 / 38

  三　英国间接统治制度的确立 / 40

第四节　现代简史 / 41

  一　巴苏陀兰民族独立运动的兴起和发展 / 41

  二　英国殖民当局的改革 / 43

  三　巴苏陀兰——从自治到独立 / 44

  四　独立后的发展 / 47

第五节　著名历史人物 / 59

  一　莫舒舒一世 / 59

  二　莫舒舒二世 / 60

  三　乔纳森 / 61

  四　莫赫勒 / 62

第三章　政　治 / 65

第一节　政治制度演变 / 65

  一　独立前的政治发展演变 / 65

  二　独立后政治制度的发展 / 66

  三　莱索托政党政治的特点 / 70

第二节　立法、行政和司法体制 / 74

  一　立法机构 / 74

  二　行政机构 / 77

CONTENTS
目 录

三　司法机构 / 79

第三节　主要政党 / 80

一　1993年以前成立的主要政党 / 81

二　1993年以后成立的主要政党 / 82

第四章　经　　济 / 87

第一节　经济发展概况 / 87

一　独立前经济发展状况 / 88

二　独立后经济发展状况 / 89

三　基本经济指标和产业结构指标 / 93

第二节　农林牧渔业 / 101

一　农业 / 101

二　畜牧业 / 104

三　林业和渔业 / 107

第三节　工矿业 / 111

一　工商业 / 111

二　采矿业 / 117

三　能源业和建筑业 / 121

第四节　交通和通信 / 128

一　交通运输业 / 128

二　通信业 / 132

第五节　财政与金融 / 136

一　财政收支状况 / 136

二　货币与银行 / 140

CONTENTS
目 录

第六节 对外经济关系 / 148
 一 对外贸易 / 148
 二 国际援助 / 154
 三 外国资本 / 155
 四 外债 / 159
第七节 旅游业 / 168

第五章 军 事 / 173

第一节 军队简史 / 173
第二节 军事政策与国防预算 / 174
 一 军队与政府的关系 / 174
 二 国防预算 / 175
第三节 枪支武器的控制 / 175

第六章 社 会 / 179

第一节 国民生活 / 179
 一 劳工政策与国民就业 / 179
 二 收入与消费水平 / 185
 三 社会福利与社会保障 / 189
 四 女性赋权与消除性别歧视 / 189
第二节 社会管理 / 194
 一 社会制度 / 194
 二 社会结构和社会规范 / 194

CONTENTS
目 录

  三　社会组织 / 195
  四　社会治安 / 196
 第三节　医疗卫生 / 198
  一　医疗卫生概况 / 198
  二　主要疾病防治 / 201

第七章　文　化 / 207

 第一节　教育 / 207
  一　教育发展概况 / 207
  二　学前和中小学教育 / 210
  三　师范教育和师资培训 / 211
  四　职业教育和成人教育 / 211
  五　高等教育 / 212
 第二节　文学艺术及新闻出版 / 216
  一　文学与音乐舞蹈 / 216
  二　广播电视 / 218
  三　新闻出版 / 220
 第三节　体育 / 221

第八章　外　交 / 223

 第一节　对外关系概况 / 223
 第二节　与南非的关系 / 224
  一　1966～1992年的莱南关系 / 224

CONTENTS
目 录

　　二　1992年以来的莱南关系 / 226
第三节　与发达国家的关系 / 229
　　一　与美国的关系 / 229
　　二　与欧洲国家和日本的关系 / 233
第四节　与非洲联盟及其他发展中国家的关系 / 236
　　一　与非洲联盟的关系 / 236
　　二　与其他非洲国家及阿拉伯国家的关系 / 243
第五节　与中国的关系 / 247
　　一　双边政治关系 / 247
　　二　双边经贸关系 / 250
　　三　文教、卫生等方面的双边交往 / 253
第六节　与联合国及专门机构的关系 / 256
　　一　表达诉求 / 257
　　二　履行义务 / 258
　　三　接受援助 / 261

大事纪年 / 269

主要参考文献 / 277

索　　引 / 283

后　　记 / 291

第一章
概　览

第一节　国土和人民

一　地理位置和国土面积

莱索托全称莱索托王国（The Kingdom of Lesotho），原名巴苏陀兰，独立后改为现名。莱索托王国位于南部非洲东部德拉肯斯山西坡，是一个典型的内陆国家，是世界上两个完全被另一个国家合围的独立国家之一。它的国土四周为南非所环抱，西部与奥兰治自由邦接壤，东部和南部分别与纳塔尔省和开普省相邻，像是南非境内的一块"飞地"。

莱索托全国总面积为 30344 平方公里，陆界线长 909 公里，是世界上海拔最高的国家之一，全境海拔为 1388～3482 米，也是一个地势崎岖的山国。拥有最高峰的东部山地面积占国土面积的 75%，主要山脉是马洛蒂山和德拉肯斯山，主要河流是奥兰治河和卡勒登河。一座座锯齿形的山峰、一片片绿茵茵的山坡和山谷草地使莱索托以秀美的景色赢得了"非洲的瑞士"的美名；建立在山顶上的城市和村镇常年被笼罩在云雾之中，如同海市蜃楼一般，因此莱索托又有"天上的王国"的美誉。

二　地形、河湖与气候

莱索托地处南部非洲高原，境内有乌鲁提山、德拉肯斯山，它们是由

莱索托

玄武岩构成的高原山脉。根据莱索托高原水利工程的探测，整个莱索托地层的底部是层积岩，上面覆盖了多层火山玄武岩，比较破碎。岩层深度为1~40米不等。岩层几乎呈水平状，未受任何褶皱作用，但玄武岩在冷却的过程中，出现许多气泡，形成了圆形和纤维状的包裹体，即杏仁体，所以玄武岩层极易变化。莱索托境内99%的地壳岩石是从三叠纪到侏罗纪时代的岩石。

莱索托境内绝大部分是丘陵与山地，在其30344平方公里的国土中，山地占58%，平原占17%，丘陵占15%，河谷地带占10%。气势雄伟的德拉肯斯山屹立在国土的东部，面积约占全国总面积的1/3，境内最高山——塔巴纳恩特莱尼亚纳山，海拔为3482米，是南部非洲的最高峰。在莱索托东北部边境，德拉肯斯山同马洛蒂山会合，形成了海拔为2700~3100米的高原。

莱索托整个地形东高西低。东部为海拔为1800~3000米的山地，有2/3的地区的海拔在1800米以上，水平砂岩埋藏在被黑土覆盖着的玄武岩下面，有的地方为泥炭质着色。北部是海拔为3000米左右的高原，西部是丘陵地带，沿莱索托西部边界有一块宽约40公里的狭长低地。地势比较平缓，最低海拔为1388米。

莱索托境内多山，由于这里地处德拉肯斯山的迎风坡，降水较多，河流众多，是南部非洲两条著名的河流奥兰治河和图格拉河的发源地。

南部非洲最大的河流奥兰治河和它的支流发源于莱索托群山之中。莱索托境内的大部分河流属于奥兰治河的支流，这些河流自东向西分别是莫霍特隆河、胡贝卢河、乌佐库河、乌利巴乌佐河、森古尼阿纳河、马克伦河、莱泰河、卡勒登河等，汇入奥兰治河后流入印度洋。在莱索托东北的马洛蒂山，是图格拉河的发源地。

莱索托境内河流落差大，水势湍急，水力资源丰富，这是莱索托的一大宝贵资源。但莱索托的高山峻岭和复杂的地形使水无法被合理利用：雨水在高山峻岭形成涓涓细流后，慢慢地流入地下或蒸发，因而莱索托尽管有丰富的水资源却极为缺水，人们经常要用一天的时间，经过艰苦跋涉后才能取到水。自20世纪兴建莱索托高原水利工程后，莱索托修建了许多人工水库，莱索托人的用水问题稍有缓解。

莱索托气候属大陆性亚热带气候，每年有300多天为晴天，由于地势较高，莱索托气温比同纬度的非洲国家低得多。全年最高气温为33℃，最低气温为-7℃。

10月至次年4月为雨（夏）季，夏季凉爽，最高气温为33℃；5月至9月为旱（冬）季，冬季寒冷，最低气温为-7℃；平原与山地气候差异很大，居民一年四季披毛毯。由于毛毯图案众多，色彩鲜艳，因而其和新颖、美观的草帽一起成为莱索托的"两宝"。

莱索托年平均降雨量为800~1200毫米，且由东向西递减。南部山区到北部山区平均降雨量为650~750毫米，周期性干旱危害较大，最干旱的月份（6月）降雨量不足10毫米；奥克斯贝地区降雨量是最多的，可达2000毫米。

由于海拔高，无论是夏季还是冬季，一天之内温度变化很大。在全国海拔2000米以上的地区，白天阳光灿烂，温度适宜，但到夜晚，有霜冻且寒冷，对比十分强烈。而莫霍特隆地区每年有几周的时间处于冰雪的覆盖之中，物资需要空运到这里，这里的牲畜很容易死亡。这里一年温度都在0℃以下。

三 行政区划

莱索托全国分为10个行政区：马塞卢（Maseru）、贝勒（Berea）、莱里贝（Leribe）、布塔布泰（Butha—Buthe）、莫霍特隆（Mokhotlong）、加查斯内克（Qachas Nek）、马费滕（Mafeteng）、莫哈莱斯胡克（Mohales Hoek）、库廷（Quthing）和塔巴采卡（Thaba—Tseka）。

其中，马塞卢区是全国最大的行政区，面积达4279平方公里，2016年人口为519186人。该区隔卡勒登河与南非自由省相邻，在国内与贝勒区、布塔布泰区、莫哈莱斯胡克区和马费滕区相邻，下辖22个社区理事会。马塞卢市是该区的唯一城市，是莱索托首都，全国政治、商业和文化中心，也是马塞卢区的行政中心。

贝勒区位于莱索托西北部，外与南非自由省相邻，内与莱里贝区、塔巴采卡区和马塞卢区相邻。贝勒区面积达2222平方公里，2016年人口为

莱索托

262616 人，下辖 10 个社区理事会。泰亚泰亚嫩（Teyateyaneng）是该区的唯一城镇和行政中心，位于首都马塞卢北 40 公里处，由国家 A1 公路连接，2005 年拥有人口 7.5 万人。著名的 Kome 洞穴就位于该区。

塔巴采卡区是莱索托面积第二大行政区，位于莱索托中东部，面积为 4270 平方公里，2016 年人口为 135347 人。行政中心为塔巴采卡镇，人口仅约 6000 人。

莱里贝区位于莱索托西北部，面积为 2828 平方公里，2016 年人口为 337521 人，洛特斯（Hlotse）是该区的行政中心，位于洛特斯河畔，洛特斯最初由一位英国传教士于 1876 年建造，后发展为莱索托境内重要的商业城镇。莱里贝区还有一个名为马普措（Maputsoe）的城镇，位于国境线上，与南非菲克斯堡相邻，人口为 3.6 万人。

布塔布泰区位于莱索托最北部，面积为 1767 平方公里，2016 年人口为 118242 人。该区名称来源于布塔布泰山，莫舒舒一世曾在布塔布泰山设置要塞，对抗祖鲁人的入侵。布塔布泰镇于 1884 年建立，目前拥有 1 万余人，该镇教育水平在莱索托名列前茅。

莫霍特隆区位于莱索托东北部，面积为 4075 平方公里，2016 年人口为 100442 人，是莱索托国内经济最落后的地区之一，虽然有部分钻石矿分布，但该地区还是以畜牧业为主。该区下辖 5 个社区理事会，行政中心莫霍特隆镇始建于 1905 年，距离首都马塞卢 270 公里。

加查斯内克区位于莱索托东南部，面积为 2349 平方公里，2016 年人口为 74566 人。行政中心加查斯内克镇海拔高达 1980 米，距离南非仅 2 公里，人口仅 8000 人。著名的塞赫拉巴泰贝国家公园位于该区。

马费滕区位于莱索托西部，面积为 2119 平方公里，2016 年人口为 178222 人，下辖 12 个社区理事会。马费滕意为"旅客经过的地方"，据说得名于第一个路过此地，名为拉费特（Lefeta）的人。马费滕镇距离首都马塞卢 76 公里，制造业比较发达，位于该区的班图体育场是莱索托最主要的体育场馆之一。

莫哈莱斯胡克区位于莱索托西南部，面积为 3530 平方公里，2016 年人口为 165590 人。莫哈莱斯胡克镇是该区的唯一城镇和行政中心。该地区最早为桑人居住地，并于 1795 年建立城镇。莫舒舒一世征服该地区后，派遣莫哈莱负责管理此地。该镇拥有人口 2.5 万人。

库廷区位于莱索托南部边陲，与南非东开普省相邻，面积为 2916 平方公里，2016 年人口为 115469 人，下辖 10 个社区理事会。库廷区的行政中心为莫耶尼 (Moyeni)，意为"有风的地方"。科学家曾在该地区发现两个具有价值的恐龙脚印。马斯蒂斯洞穴也发现于此。

2016 年莱索托各地区人口、面积和主要城镇情况见表 1-1。

表 1-1 2016 年莱索托各地区人口、面积和主要城镇情况

单位：人，平方公里

地 区	人口	面积	主要城镇
贝勒区	262616	2222	泰亚泰亚嫩
布塔布泰区	118242	1767	布塔布泰镇
莱里贝区	337521	2828	洛特斯
马费滕区	178222	2119	马费滕镇
马塞卢区	519186	4279	马塞卢
莫哈莱斯胡克区	165590	3530	莫哈莱斯胡克镇
莫霍特隆区	100442	4075	莫霍特隆镇
加查斯内克区	74566	2349	加查斯内克镇
库廷区	115469	2916	莫耶尼
塔巴采卡区	135347	4270	塔巴采卡镇
莱索托全国	2007201	30355*	—

注：* 依据中华人民共和国外交部网站信息，莱索托的国土面积为 30344 平方公里，本书除此处外，其余均采用中华人民共和国外交部网站数据。

资料来源：莱索托统计局。

四 人口、民族、语言

(一) 人口

2016 年莱索托的人口总数为 200.72 万人[①]。根据联合国、世界银行

---

① 2016 年莱索托人口普查数据，http：//www.bos.gov.ls/2016% 20Summary% 20Key% 20Findings.pdf，最后访问时间为 2018 年 8 月 20 日。

莱索托

的估算，莱索托年均人口增长明显分为几个阶段。从独立到1980年前后，该国人口以每年2%的速度增长，呈现迅猛增长态势。而从20世纪90年代到2000年，人口增长速度放缓，甚至呈下降趋势：1999年人口增长率为1.1%，2000~2002年人口年均增长率为0.6%；从2004年开始，人口增长率有所回升，到2015年，基本在0.8%~1.4%浮动，2016年人口增长率大幅下降，仅为0.3%[1]，为独立后最低增长率。

与其他非洲国家相比，莱索托的人口增幅较低，主要原因是死亡率较高，特别是婴儿的死亡率比较高，根据2012年世界卫生组织、联合国儿童基金会、联合国人口基金和世界银行进行建模估算的数据，孕产妇每10万名中有620人死亡，而5岁以下儿童每千人中有100人死亡。2015年，婴幼儿死亡率有所下降，但5岁以下婴幼儿死亡率高达97.9‰[2]。此外，艾滋病已成为莱索托当地人民健康的头号杀手，莱索托HIV/AIDS感染率位于世界49个最不发达国家第二，每天有70人死于艾滋病，2016年，莱索托成人患艾滋病率达到了23%，预期寿命为54岁。[3]

总体而言，莱索托人口的构成和分布有以下特点。

一是莱索托的人口分布不平均。2016年全国人口普查数据显示，莱索托人口平均每平方公里为66.1人，是南部非洲人口稠密的国家之一，而西部集中了全国70%的人口，人口密度高达每平方公里200人，东部人口数仅占总人口数的30%。2006年，全国约有77%的人口居住在农村，只有约23%的人口居住在城镇；[4] 2016年，莱索托农村人口数约为132.1万人，约占65.8%，城镇人口数约为68.6万人，约占34.2%。[5]

---

[1] *Africa South of the Sahara 2018*（Europa Pulications, 2017），p. 650.
[2] 《全球健康观察——莱索托》，世界卫生组织网站，http://apps.who.int/gho/data/node.country.country-LSO，最后访问时间为2018年6月12日。
[3] 世界银行编《2014年世界发展指标》，中国财政经济出版社，2014，第32页。
[4] 《2006年人口普查数据》，莱索托统计局网站，http://www.bos.gov.ls/New%20Folder/Copy%20of%20Demography/Population_2006_Dynamics_Indicators.pdf，最后访问时间为2018年6月12日。
[5] 《2016年人口普查数据》，莱索托统计局网站，http://www.bos.gov.ls/2016%20Summary%20Key%20Findings.pdf，最后访问时间为2018年6月12日。

二是从年龄结构看，人口低龄化现象有所改善。据统计，15岁以下人口数占人口总数的比例从1976年的40.9%下降到2016年的37.8%，65岁以上人口数占人口总数的比例从1976年的5.3%上升到2016年的6.1%（见表1-2）。

表1-2 1976~2016年莱索托人口普查情况

单位：%，人

项目	1976年	1986年	2001年	2006年	2011年	2016年
15岁以下人口数占人口总数的比例	40.9	41.5	38.6	34.1	35.7	37.8
65岁以上人口数占人口总数的比例	5.3	5.3	4.9	5.7	6.1	6.1
家庭平均人口数	5.0	5.1	5.0	4.4	4.2	3.7
城镇人口比例	11.5	15.0	17.1	22.6	23.7	34.2
受供养人口率	45.2	46.4	43.0	66.2	66.1	60.9

资料来源：莱索托统计局。

三是从性别构成看，莱索托女性人口数一直占总人口数的一半以上。2016年莱索托女性人口数为1025068人，约占总人口数的51.1%，男性人口数为982133人，约占总人口数的48.9%（见表1-3）。尽管女性在教育、医疗等方面获得的资源少于男性，但近年来，莱索托女性的预期寿命始终高于男性。根据世界银行的数据，2016年莱索托女性平均预期寿命为56.37岁，男性为51.74岁。

表1-3 2016年莱索托人口年龄及性别构成情况

单位：人

年龄段	男性	女性	合计
0~4岁	100793	99362	200155
5~9岁	109953	111523	221476
10~14岁	107879	107934	215813
15~19岁	106214	103652	209866
20~24岁	98827	100440	199267

莱索托

续表

年龄段	男性	女性	合计
25～29 岁	95802	93141	188943
30～34 岁	86956	81189	168145
35～39 岁	68246	62135	130381
40～44 岁	48665	47630	96295
45～49 岁	36425	38462	74887
50～54 岁	31785	38574	70359
55～59 岁	25759	34058	59817
60～64 岁	20770	28451	49221
65～69 岁	15311	22047	37358
70～74 岁	12017	18791	30808
75～79 岁	8467	15707	24174
80～84 岁	5424	13197	18621
85～89 岁	1873	5201	7074
90～95 岁	652*	2127	2789
95 岁以上	305	1447	1752
总　计	982133	1025068	2007201

注：*事实上，应为662。
资料来源：莱索托统计局。

（二）民族

莱索托主要民族是巴苏陀族，人数占全国总人数的88.6%，属班图语系，祖鲁人占11%，另外0.4%是其他民族。绝大多数居民是黑种人，白种人约为3000人，华人约为800人。在非洲国家中，莱索托是三个单一种族国家之一（其余两个为索马里、斯威士兰）。

（三）语言

莱索托全国通用英语和塞苏陀语（Sesotho），英语是官方语言，塞苏陀语是通用语。尽管大部分莱索托人能说一口流利的英语，但莱索托人在日常生活中坚持说民族语言——塞苏陀语。塞苏陀语属班图语支，同祖鲁语有一定的联系。

常用的塞苏陀语有：

你好（单数）——Khotso 或 lumela
你好（复数）——Khotsong 或 lumelang
欢迎（单数）——Kena ka kgotso (singular)
欢迎（复数）——Kenang ka kgotso (plural)
你好吗？——U phela joang?
抱歉——Ntshwarele
感谢——Ke a leboha
再见——Tsamaea hantle
求助——Thusa
不——Tjhee
是——Ee
几点了？——Ke nako mang?
你叫什么名字？——Lebitso la hao ke mang?
我的名字是——Lebitso la ka ke
多少钱？——Ke bokae?
为什么？——Hobaneng?

五　国家象征

（一）国旗

莱索托共启用过三代国旗。第一代国旗为1966年10月4日独立时启用的国旗，长宽比为3:2，由绿、红、蓝三条竖条组成，三色面积之比为1:1:8，国旗主题图案为"巴索托帽"（Basotho Hat），突出了莱索托的民族特色，帽子图案居国旗蓝色部分的正中位置。

第二代国旗于1987年1月20日启用。长宽比为3:2，由白、蓝、绿三色组成。左上部的白色象征和平与纯洁，右下部的绿色象征大地蕴藏着丰富的物产，白绿之间的蓝条代表孕育生命所需的雨水，有了它才有草木茂盛的绿地。这三种颜色也象征莱索托的国家铭言"和平、雨露、繁荣"。国旗左上部的图案包括巴苏陀族勇士的盾牌、标枪、圆头棒槌与鸵鸟羽毛

莱索托

制成的王家饰物，这个图案代表了莱索托人守护国土、捍卫主权的决心。

第三代国旗于2006年10月4日启用。长宽比为3∶2，由蓝、白、绿三条横条组成。第三代国旗复用了第一代国旗的主题图案"巴索托帽"，色彩则承袭了第二代国旗的白、蓝、绿，不同的是象征和平与纯洁的白色居中，白色上方为蓝色，代表雨水，也代表海洋；白色下方是绿色，象征雨水孕育的丰富的资源和草木茂盛的大地，这三色同样是莱索托的国家铭言"和平、雨露、繁荣"的化身。

（二）国徽

莱索托国徽于1968年10月4日启用，2006年启用新国旗时进行了修改。国徽的中心图案是一枚当地勇士的褐色盾徽，其后上方绘有一束用鸵鸟羽毛制成的王家饰物，以及巴苏陀族人投掷的长矛和班图人惯用的圆头棒槌。盾徽下面的塔巴波苏山上埋葬着19世纪的莫索修国王一世。山下崎岖不平的土地表明了国家的地貌特征。两匹褐色骏马侍立在盾徽两侧，它们是力量的化身。国徽底部的饰带上用塞苏陀语写着莱索托人的希望："和平、雨露、繁荣"。

（三）国歌

莱索托国歌是《莱索托，我们祖先的土地》（塞苏陀语：Lesōthō Fatše La Bo Ntat'a Rōna）。原为法国传教士弗朗索瓦·科亚尔作词，费迪南德－萨马鲁尔·劳尔作曲。1967年5月2日，莱索托政府将其作为国歌。原歌词多段，用作国歌的是其第一段和最后一段。歌词如下：

莱索托，我们祖先的土地，所有国家唯你最美丽。
你赐我们生命，你把我们养育，我们热爱你。
上帝，求你保佑莱索托土地，让我们免除冲突和分歧。
啊，我的土地，祖先们的土地，愿你得安逸。

（四）国家铭言

和平、雨露、繁荣（塞苏陀语：Khotso, Pula, Nala）。

第二节 民俗与宗教

一 民俗

(一) 传统服饰

莱索托传统服饰独具特色，可以简单概括为"帽子"和"毯子"，它们已经成为莱索托的文化名片。

这种帽子是一种草帽，呈圆锥形，帽顶有五个草环，像个小花篮，帽檐周围布满装饰花纹，其用当地特有的山草编制而成，造型庄重美观。它的设计灵感来自塔巴博修（Thaba-Bosiu）附近的奇洛内山（Qilone）。这座山呈锥形，被莱索托人视为神山。他们把草帽编织成神山的形状，足见他们对神山的敬重。相传莫舒舒一世就是戴着这种草帽驰骋沙场，南征北战，抗击外敌并统一全国的。草帽在莱索托人心目中是胜利的象征，被称为"巴索托帽"，是莱索托的"国帽"。莱索托国旗和国徽上都有它的图案，一些标志性建筑也被设计成草帽形状，如莱索托议会大厦。每逢节日庆典等正式场合，以及进行音乐舞蹈表演的时候，人们都戴上草帽出席。戴上这种草帽不仅冬暖夏凉，而且它能挡风、避雨、遮日，也可以将其挂在屋内墙上做装饰品，另外还可营造一种吉祥幸福的氛围。来莱索托旅游的外国人，大多要买一顶巴索托帽戴一戴，以感受一下异国情调。

毯子实际是一种披毯，由当地妇女用羊毛织成，质地轻柔，图案新颖，艳丽多彩。由于莱索托海拔高，昼夜温差大，披毯非常适合当地人，能满足他们生活的需要。莱索托人一年四季离不开披毯，白天把它当衣穿，睡觉把它当被盖，下雨时，披毯还可以充当雨衣，非常方便。无论是在喧嚣的闹市，还是在荒凉的农村，莱索托国内的男女老少都身披色彩艳丽的毯子，披毯成为莱索托名副其实的"国服"。不过，对于披毯的穿戴，男女有别，男性一般是斜肩披毛毯，女性则是双肩披毛毯。不同的图案也有不同的寓意，比如男性披毯上常常有玉米的图案，表明在莱索托，玉米是常吃的食物，有些女性披毯上有豹纹图案，这有抵御侵害的寓意。

莱索托

"巴索托帽"使莱索托人具有非凡的骑士风度，披毯是莱索托人坚毅果敢的象征。披毯不仅是御寒服饰，同时还具有礼仪功能。莱索托人祈祷、聚会、探亲访友都会在肩膀上披上毛毯，以示尊重他人。女孩嫁到男孩家后，婆婆往往会给女孩披上毛毯，以象征欢迎女孩进入他们家庭。

（二）礼仪

莱索托人重视伦理道德而且礼节繁多，人们普遍遵循先辈留下的礼仪。酋长和其从属被称为马雷纳（Marena，酋长们）和本哈利（Benghali，我的主人们）。对长辈说话要用尊称，如奶奶被称为恩霍诺，爸爸被称为恩塔特，姆埃是对妈妈的尊称。平辈相互之间称恩冈埃索，意为我的兄弟。亲近者相互称"内克"，意为"我亲爱的"。

接受礼品也有规定，即使最小的礼物也必须用双手和阿希（意为"多谢"）这个词去接受。不能背向着任何人，也不能面对正在吃饭的人吐痰，不能手持棍棒或其他武器进入别人的屋子，否则就意味着失礼。孩子出生、结婚、生病、死亡或家里发生任何事件时，都要通知朋友，而且必须郑重其事，态度不能随便。要坐下来一本正经地从容谈论事情的细节。杀了公牛，要将牛头和牛胸肉送给父亲，脖颈送给舅舅，后腿送给哥哥，脊背送给妹妹，一个前腿送给弟弟。

（三）婚宴习俗

在莱索托，实行一夫多妻制。虽然现在不少莱索托人接受一夫一妻制，如现任国王在娶王后时，特意表明只娶一个王后。但这个国王的先辈是多妻主义者，在非洲大陆娶妻最多的也是莱索托的前国王莫舒舒一世，他总共娶了385个妻子。在莱索托人的习俗中，除非受财产的限制，一个男人占有妻子的数目是没有限制的，普通男子的妻子的数目不多。妻子有三种类型：一是正妻，即父亲给儿子娶的妻子，享有的地位和尊严的程度最高；二是尊贵的妻子，这是丈夫自己娶的，是一些有地位的妇女，她们及其子女的地位按结婚日期的顺序排列；三是恩古戚，她们是作为奴仆被娶来的妻子，隶属于尊贵的妻子。

女性结婚的年龄最小可以是15岁，而男性则大都要满20岁才能结婚。在多数情况下，莱索托人的婚姻由长辈做主。男子在向新娘家交付一定数量的牛后，婚姻就生效了。按莱索托人的习俗，这叫作"博哈礼"。在履行婚约交付牛的时候，见证人越多越好。莱索托男子对第一个妻子的选择，或多或少受政治因素的影响，尤其是酋长们的婚姻。

莱索托农村的成年男子要想结婚另立门户，便会在某一天早早起床，把尚未断奶的小牛赶到牧场，让它自己去吃草。做母亲的若见此举动，就会明白儿子的心意。父母便会立即托媒人赶着一头小母牛到邻近的村镇去说亲。如果媒人回来时剪掉了一些头发，脸上涂着光滑的牛油，空着手，就说明女方留下了小母牛，同意了这桩婚事。如果女方当着媒人的面，将细细的绒线缠在自己的手指上，则表示不同意，媒人只好牵上小母牛回去。举行订婚仪式时，男方穿上漂亮的衣服去女方家，未来的新娘、新郎若把牛油涂在手腕上，则表示情投意合，将来的日子会富裕美满。如果男方不在自己手腕上涂牛油，就说明他对新娘不满意，婚事就告吹。这种婚俗，既不同于父母包办的方式，也有异于自由恋爱的方式，富有非洲情调。

一般结婚所需的聘礼，以牛来计算，男方既可送女方牛，也可送相当于牛的价值的现金。牛的价值并不由当时的市场价决定，而由女方的父母来决定。一头牛的价值可能是125马洛蒂，也可能是1000马洛蒂，这就要看新郎的运气了。办喜事的当天，新郎不能把十几头牛一起赶到女方家，因为这样会被人误解为傲慢无礼，他只好辛苦一点，往返许多趟完成。

新娘的父亲接受男方的牛后，要将牛杀死，除拿出一份祭祀神灵外，其余按规定分开：牛腿、牛皮和牛头送给男方的双亲，送牛的和委托安排的人也分享一份。新婚夫妇和他们的男女朋友在茅屋里通宵饮宴和挑逗嬉戏。到了第二天，新娘和她的朋友们回到娘家，等新郎将新房建成后，新娘再由她的朋友陪同在新郎的母亲那里住上一段时间。如果新郎的母亲允许新娘在新房里放一壶酒，那么就意味着一个新家庭正式建立。

莱索托的这种古老的婚姻习俗是全民族必须遵守的。2000年2月，莱索托国王莱齐耶三世与南非夸祖鲁—纳塔尔省23岁的莫聪宁小姐结为秦晋之好，举行了盛大的婚礼。南非总统姆贝基身为特邀嘉宾，因公事未能亲自参加婚礼，而委派内政部部长布特莱齐代表他出席，引起了一场小小的外交纠纷。由于姆贝基母亲为莱索托人，而新娘又是南非人，姆贝基

莱索托

缺席被视为"失敬、失礼、失约"。最后莱索托罚姆贝基亲自送牛上门道歉。[①] 大致方案是这样的：姆贝基乘坐一架南非直升机飞抵莱索托首都马塞卢的预定地点，接着乘轿车去特定的拴牛地点，然后牵着牛步行将其送到国王位于马庭的老家。姆贝基总统接受莱齐耶三世的"惩罚"，这是南非政府尊重莱索托各部落首领、部族传统习惯的积极姿态。

（四）生育风俗

在莱索托，孩子出生时，父亲只能在产房外等候。产婆出来时，手里提了一罐水，并把水浇在孩子父亲的身上，表示新生儿是女孩，长大后要为家人洗衣做饭；产婆出来时，手里提木棍，轻轻敲打孩子的父亲，就是向他报喜，"你有了一个儿子！他将来会成为一个勇士，可以帮你打柴，也可以帮你放羊"。在莱索托男子中流行一种"棍子舞"，大概就取材于生育报喜的方式：数十个莱索托男子，手持1米多长的木棍，排好队列，边唱边跳，并有节奏地挥舞木棍，欢快而又潇洒，很有一种喜得贵子的味道。

做父亲的得到孩子出生的喜讯后，宰上一头牛或一只羊宴请村里的人进行庆祝，并在自家茅屋大门上插两支芦苇秆，表示里面有产妇和新生儿，除了孩子的父亲外，其他男子不得入内。产妇和新生儿在3个月内是不允许出门的，由村里的妇女帮助产妇取水和做饭。新生儿的手腕、额间、颈部和胸部，通常被割开一些小口，揉上药物。人们认为这样可保孩子健康成长。孩子满3个月时，父亲再宰上一只羊，款待照料产妇的女伴。在这以后，母亲和孩子才可以出门。孩子第一次出门，要放在地上滚。如果在雨地里滚，则更为吉利，可保孩子未来平安。第一个孩子的名字在父母结婚后不久就定下来了。新媳妇到公婆家得改用公公为她取的名字，从而确定了第一个孩子的名字，因为二者是一致的，如新媳妇叫玛玛嘉拉（MAMAJARA），她的第一个孩子就叫玛玛嘉拉。其他孩子的名字由祖父或父亲确定。他们的名字往往反映出生时的情况，如出生在路旁就叫

---

① 在绝大多数非洲民族的传统习惯中，牛是"富贵"的象征，母牛和奶牛更被视为贵重家产，牛多，就意味着富有，这如同其他民族对待金银钱财一般。定亲的聘金是牛；操办红白喜事时，大家也会比谁家牵的牛多。

"路旁";遇上冰雹时叫"雹子";复活节出生的叫"复活",也有叫"饥荒"的;在除草季节出生的女孩,取名为"草母";父亲不在家,取名为"吃惊";前面的孩子死了,接下来生的男孩往往叫"安慰",若是女孩则叫"补偿";接连几个孩子夭折后生的女孩叫"狗尾巴",据说这样可以消灾避祸。大部分人还接受宗教洗礼,以古圣人的名字为教名。

所有成人(包括男性和女性),除老年人外,在妇女分娩后的 2~3 个月内均被禁止进入她的房间,因为这些人的"不良行为和脚曾踩到过许多地方",会把不吉利带给婴儿。

孩子通常会吃 2~3 年的母乳,在此期间,婴儿的父母不能同居。因为当地人认为,哺乳期间,如果母亲怀孕,母乳就会凝结,这会对婴儿造成伤害,婴儿吸食这样的母乳会发生便秘,甚至死亡。婴儿断奶时,祖父母会举行一个仪式。通常首次给婴儿喂液体食物时,会选择一位性情温和、道德高尚的男性长者进行,另外,如长者喂婴儿一片肉,孩子吃了这片肉则表示其把这位长者的优良品质吸收了。

(五)日常禁忌和祈雨风俗

人们不应该打扰家中的蜘蛛,因为它们是维持家庭的支柱。

如果有旋风进屋,则预示家中要来陌生人。如果旋风围绕一个人旋转,那么这个人要驱邪,以避免有不幸降临。

如果狗发出不吉利的尖叫,就会给家庭带来邪恶,主人必须立即予以制止并驱逐它。

狗不能躺在人的面前,尤其是不能在男人面前躺下,并把背对着他,这预示着有不幸降临。如果发生了这样的情况,主人就会把狗驱逐出家门。

一个旅行者经过某地,特别是经过两山之间的时候,必须留意,如果那里有两堆石头,那么旅行者应该从别的地方拾起一块石头,并将其放在石堆上,同时从上面跨过去,这样旅途中就会充满好运气。

公鸡如果发出母鸡一样的咯咯声,则会给主人带来不幸,主人会杀掉它。如果母鸡学公鸡鸣叫,则同样会被视为不吉利,而被主人杀掉。

制陶器的妇女如果接到村庄中有人去世的消息,则应立即和泥、造型、焙烧。葬礼结束后,过去进行的工作要重新开始。

男人不应该吃容器中黏附的东西，否则他会在公众面前丢丑（指当众裤裆破裂）。

莱索托常常发生旱灾。村民祈雨时，会先派一名女孩到邻村酋长家"偷拿"一根搅玉米糊糊的棍子。酋长妻子发现棍子被盗时，就会与部落的少男少女嬉戏打闹，他们弄出一身大汗，希望用自己的汗水去感动上帝，让上帝降下雨来，消除旱灾。

二 节日

莱索托12个节日时间如表1-4所示。

表1-4 莱索托12个节日时间

序号	节日	时间
1	新年	1月1日
2	莫舒舒日	3月11日
3	复活节	3月28~31日
4	耶稣受难节	4月18日
5	复活节星期一	4月21日
6	劳动节	5月1日
7	耶稣升天日	5月14日
8	非洲日（英雄日）	5月25日
9	国王生日	7月17日
10	独立日	10月4日
11	圣诞节	12月25日
12	节礼日	12月26日

三 宗教

莱索托约90%的居民信奉天主教和基督教，其余信奉原始宗教和伊斯兰教。

宗教对莱索托人的社会生活产生了极大影响，"教堂、教会、教派"在莱索托人的日常生活中占有极其重要的地位。全国90%的教育机构由基督教徒掌握，另外其还掌控莱索托的医院、整个新闻和出版业。1945年，罗马天主教会创办了巴苏陀兰第一所高等学校——庇护十二世学院。许多教会学校的学生成为南部非洲、中部非洲乃至东部非洲独立运动的领袖。

第三节 特色资源

莱索托国土面积狭小，与中国中等地级市的面积相当，但它的特色资源还是相当丰富的：具有独特地形的自然奇观、珍稀动植物、历史文化遗迹以及民族风情等。作为世界上平均海拔最高的国家，莱索托是名副其实的"山顶之国"，也被称为"天空之国"，不仅气候宜人，而且风景独特。这里群山环绕，河流蜿蜒，风光旖旎。一年中有300多天是晴天，空气清新宜人。一年四季，风光各异：夏季多雨，温暖湿润的气候使这里的青草和灌木繁茂生长，遍地开放的野花和耕种的土地使这里充满生机；到了秋天，大片成熟的玉米和小麦使这里极具田园风光；但到了春天，霜冻季节到来之后，田野里是成熟的庄稼，野草变得金黄；在整个寒冷干燥的冬季，由于海拔高，莱索托比同纬度的国家气温要低，最低为零下10余摄氏度，北部山脉经常白雪皑皑，但这里阳光灿烂，天气爽朗，此时是旅游者欣赏山地雪景的最佳时机，莱索托是非洲极少的几个可以滑雪的地区。另外，一季之中，莱索托高山和平原的景色各不相同。这种典型的地理环境和气候吸引了无数游客。

莱索托有记载的生物种类有4869种，其中部分地方品种为莱索托独有。目前分布着63种哺乳动物、318种鸟类、40种爬行动物、19种两栖动物、14种鱼类动物和1279种无脊椎动物，其中100多种为本地特有品系。[1]

此外，莱索托具有悠久的历史，考古学家在莱索托发现了大量的陶器、岩画、浮雕，它们距今有一万年，因此，莱索托虽然国土面积狭小，但是一个自然景观独特、人文资源丰富的国家。

---

[1] 刘建文、申义珍：《非洲莱索托的动物区系状况》，《生物学通报》2011年第7期。

莱索托

一 名胜古迹

位于莱索托东北部高地的东开普敦边境地区、KWAZULA 胜地、东部自由区等的国家公园的生态环境得到保护。由宏伟的德拉肯斯山/马洛蒂山形成的生态系统、动物区系、植物区系和岩石工艺品极其重要。其中，德拉肯斯山意为"龙山"，又称夸特兰巴山（uKhahlamba），是位于南非和莱索托境内的一座高大的山。山体由花岗岩组成，最高峰是位于南非与莱索托交界处的塔巴纳恩特莱尼亚纳山。德拉肯斯山主要由玄武岩构成，顶部玄武岩层约1400米厚，下方还有砂岩层。本地区全年雨雾天气频繁，冬季会降雪。

截至2018年7月4日第42届世界遗产大会闭幕，莱索托共拥有1项世界遗产，且其为文化与自然双重遗产，与南非共有。2000年，南非部分的马罗提—德拉肯斯堡公园（Maloti Drakensberg Park）被列入世界遗产名录，录入面积为242813公顷。2013年，莱索托部分也被列入世界遗产名录，录入面积扩大至249313公顷。地理位置为南纬29°45′55″，东经29°7′23″。莱索托部分即塞赫拉巴泰贝国家公园，是莱索托最重要的名胜古迹。

（一）塞赫拉巴泰贝国家公园

塞赫拉巴泰贝国家公园是莱索托建立的第一个国家公园，建于1969年5月8日，平均海拔为2400米。2001年，野生动物保护区和国家公园合并，面积为6500公顷。2013年，这一区域成为世界文化与自然遗产，集自然景观和人文景观于一体。公园景致非凡，有不断上升的玄武岩拱、尖耸直立的金色砂岩峭壁、造型独特的拱门、洞穴、悬崖、石柱和岩石铺底的池塘。壮观的自然景观包含许多洞穴和岩石庇护所，在这里发现了撒哈拉以南非洲规模最大、最集中的岩画遗址。它们反映了在此生活超过4000年的桑人的精神活动。作为多种生物的栖息地，公园中草原地区已确认存在515种植物，其中59种是特有物种，这里是世界上有重要意义的植物物种的保护地。公园里还有很多濒危动物，如南非兀鹫（Gyps Coprotheres）和胡兀鹫（Gypaetus Barbatus），马洛蒂鱼（Pseudobarbus Quathlambae）是仅在此公园发现的濒危鱼类品种。这里是野生动植物的天堂，莱索托的一些政要非常喜欢来这里垂钓，坝口处和小河是渔民们的乐园。

（二）马莱特桑园瀑布

马莱特桑园瀑布位于莱索托首都马塞卢东南约 90 公里处，是莱索托著名的旅游胜地。该瀑布是世界上最高的单降瀑布之一，比世界七大奇景之一的美国尼加拉瓜瀑布高 3 倍，比维多利亚瀑布高 2 倍。马莱特桑园瀑布景色壮美，巨大的溪流穿过如同一刀劈开的峡谷岩石之间，泻落到千丈以下的山涧里。浪花飞溅，奔腾向前。游人来到瀑布前时，只见湍急的河水从石床上直泻而下，宛如洪波决口，大海倒悬，闪动着银色的光。更有那嶙峋的怪石激扬而起的水花，宛如一束束珍珠抛上天空，又洒落下来，使附近的树木被洗得一尘不染，郁郁葱葱，生机勃勃……游客可以骑马从马利利（Malealea）西行到达，也可从莫利莫（Molimo）北行到达。

（三）塔巴纳恩特莱尼亚纳山

观赏山景是莱索托主要的旅游项目。塔巴纳恩特莱尼亚纳山是游客必游之地。这是莱索托境内最高的山峰，海拔为 3482 米，位于莱索托东部，地理位置为南纬 29°28′10″，东经 29°16′15″。登高望远，景色奇异，别有一番风情。技术高超的"蜘蛛侠"还可以在悬崖上进行攀岩，展示他们的"世界级"技巧。但由于这里海拔高，随时会下雪，游客一年四季都需要御寒，莱索托旅游网提示，冬季最好不要在野外露营，除非睡袋是专门针对 0℃ 以下的环境设计的。

（四）莫里佳市景点

该市有 24 个旅游景点，主要景点是国家博物馆和档案馆、古建筑和一些历史遗迹。莫里佳国家博物馆位于莫里佳市，马塞卢以南 45 公里，建立于 1956 年，是莱索托唯一的历史博物馆。从莫里佳国家博物馆不仅可以了解莫舒舒一世以来的王国历史，其中一些展品具有珍贵的历史价值，如恐龙化石、早期石器工具、用带子穿起来的蛋壳状珠子[①]、武器、桑人的石头、壁画艺术品、黏土雕刻品等，还可以了解巴苏陀族人与英国人关系的演变情况，另外，恐龙化石可以帮助人们理解地球及在那个时代

---

① 这一串珠子被称作"莫利珠"（Moletsa），由桑人制作，它证明了这个国家动物群的变化（当时莱索托境内有鸵鸟，而现在鸵鸟已经在莱索托灭绝了）。

莱索托

发生的巨大转变：大陆漂移、动植物种类的进化。莫里佳档案馆有珍贵的和有价值的材料，如巴苏陀兰的建立者莫舒舒一世在迪法肯战争时期与传教士来往的信件。

自建立以来，莫里佳国家博物馆已成功举办多场影响巨大的展览，内容涉及人种学等。该博物馆除星期天开放半天外，其余时间全天开放，该博物馆里还有一个供人休息的茶园，在此地赏景，视野很好。

莫里佳值得一看的还有该国最古老的建筑——始建于17世纪50年代的教堂和该国最早的印刷品——它拥有上百年的历史。此外，该地区还有其他一些重要的历史遗迹，如"高山湖""恐龙脚印"等。

（五）马利利骑马旅行中心

对游客来说，莱索托的乡村比城市更具有吸引力。对于那些厌倦了快节奏、噪声等的在城市生活的人，那些想要重返自然和愿意花时间远足或是骑马的人，那些向往相对平静的乡村生活和想体验非洲原始生活的人来说，莱索托的村落是很好的选择。近年来，莱索托政府积极开发村落旅游资源，组织游览乡村系列活动，如观赏优美的山间景色、具有莱索托特色的尖顶茅屋群等，代步工具有小型马拉车、四轮驱动越野车，游客也可以徒步体验莱索托独特的风土人情。马利利骑马旅行中心就是莱索托政府开发的特色旅游项目之一。

该中心位于距马塞卢80公里的乡村，景色优美，富有本地高山特色，如著名的螺旋芦荟和其他奇异的植物。这里也是普通鸟类的天堂，这些鸟类在附近地区都可以看到，这里适合骑马或徒步观赏瀑布和游览其他景点。在从马塞卢去马利利骑马旅行中心的路上，可以游览著名的"伊甸园通道之门"，这里是一个山谷，两边都是峭壁，从山谷向下望去，可以看到广袤的平原，零星的由尖顶茅屋组成的传统村庄；在夏季，路旁开满鲜花，高山植物异常绚丽。

（六）Kome 洞穴民俗村

Kome 洞穴民俗村是一个非常独特的村庄，位于莱索托的 Ha Kome，该村的出现源于一个传说，相传在这一带，食人族曾非常横行，人们为了躲避食人族的侵害，藏到山崖下的洞穴安身，洞穴逐渐演变成现在的民居的样子。特殊的环境、奇特的房屋造型和鲜艳的门框是这些民居的三大特点。人们于19世纪初来到这里，他们的部分后人至今还在这里居住。现在，这里是莱索托的"国家民族遗产地"。

二 著名城市

（一）马塞卢

首都马塞卢是莱索托的政治、商业和文化中心。马塞卢，意为"红色砂岩地"，位于莱索托西部高原边境河流卡勒登河上游左岸，海拔为1500米，始建于1869年。市区东西长、南北窄，呈长方形，主要街道国王路斜贯市区，两侧耸立着现代化的大楼，市内有皇宫和议会大厅。全年最高气温为33℃，最低气温为-3℃。

马塞卢是全国交通中心，交通便利。距离南非最繁忙的海港城市——德班仅600公里；距离南非司法、学术中心布隆方丹130公里，2小时车程；距离非洲最大的工业和商业中心约翰内斯堡455公里，约4小时车程，此外，距离东伦敦（南非）约583公里，距离伊丽莎白港（南非）738公里，距离开普敦（南非）1165公里，距离哈博罗内（博茨瓦纳）630公里，距离姆巴巴纳（斯威士兰）635公里。依靠国际资助，莱索托政府在马塞卢修建了方便的公路交通网络，它成为莱索托进出口货物的主要口岸。莱索托国内最主要的交通方式是航空运输，首都马塞卢是国内的航空运输中心，莫舒舒国际机场的国际航班通往南非、莫桑比克、博茨瓦纳和斯威士兰等地，其中最主要的航班通往南非，如马塞卢与南非约翰内斯堡每周有14个以上的班次。马塞卢的铁路长度仅为2.6公里，它是莱索托与南非之间的货物运输铁路，也是莱索托境内唯一的铁路。

同时，马塞卢是一座古老而又现代化的城市，由于地处全国交通中心，它成为游客前往莱索托其他旅游景点的必经之地。城市主要街道国王路，在第二次世界大战后，由英国殖民当局修建，莱索托独立后对其进行了拓展，这条街道上的出租车24小时营业。这里既是政府机关所在地，同时也是各大公司所在地，各种公共服务机构一应俱全。中心城区

及郊区的主要景点有维多利亚女王时期的卡萨格特式大教堂和骑兵峡谷等,其中卡萨格特式大教堂是一座具有殖民地风格的建筑物,位于城市主干道上,值得一游;附近的塔巴波苏山上于莫舒舒一世时期建造的岩石城堡保存完好,稍南处是莱索托国家博物馆。市区古老的建筑众多,环境幽雅。市区有的饭店和旅馆设立了游乐设施,其中包括大的赌场。莱索托夜生活很丰富,有电影院、赌场和露天酒吧。在这里既可以看电影,也可以玩二十一点和轮盘赌,喜欢美食的游客可以找到很多档次很高的饭店:服务精良,饭菜可口,中国菜、印度菜以及南非口味的菜肴应有尽有。在温暖的季节,很多游客还可以品尝到具有南非风情的烤肉。马塞卢有六大宾馆,其中莱索托太阳宾馆、马塞卢太阳宾馆和维多利亚宾馆较著名。

(二) 布塔布泰

"布塔布泰"在塞苏陀语中意为"躺下的地方",位于莱索托的最北端,距离首都马塞卢125公里,它是莱索托北部最重要的城市,原是莫舒舒酋长的山中堡垒,殖民统治时期开始成为行政区。

布塔布泰气候宜人,风光秀丽,街道上绿树成荫。布塔布泰有市场、酒店,还有清真寺。莱索托与南非共同兴建高原水利工程后,由于高原水利工程隧道和电站在布塔布泰兴建,大批建筑工人涌入该地,带动当地经济发展。当地政府充分利用工程建设的机遇,加快发展步伐。布塔布泰同时也是莱索托北部重要的交通中心,从这里通往奥克斯贝和莫霍特隆的公路是南部非洲使用频率较高的公路。近几年,莱索托政府对这条重要的公路进行了整修。

(三) 莫霍特隆

莫霍特隆是莱索托莫霍特隆区的行政中心,同时也是全国的警察训练基地。其名字来源于附近的同名河流,距离首都马塞卢270公里,途中需要经过布塔布泰。

莫霍特隆地处莱索托边远山区,独特的地理位置使其成为旅行的理想地方,冬季这里有很多滑雪的地方。著名的萨尼山口(Sani Pass)是莱索托久负盛名的登山景点,它靠近南非夸祖鲁—纳塔尔,是莱索托与南非边境的交通要道。萨尼山口建有许多小木屋，供登山者在这里适当休息调整，为登上南部非洲最高峰——塔巴纳恩特莱尼亚纳山做好准备。为了方便游客，莫霍特隆还建有小型机场，其中有到马塞卢的定期航班。此外，莫霍特隆河的周围山脉中有不少莱索托独有的鸟类，如秃鹫。

（四）加查斯内克

加查斯内克是莱索托历史悠久的城镇，大约50000年前就有人类居住。19世纪中期，巴富锡人占领了这里，一个叫"加查斯内克"的酋长以自己的名字命名了新占的领地。殖民统治时期，加查斯内克成为行政区。独立以前，加查斯内克一直依赖南非的马塔提勒同外界联系，没有连接莱索托国内其他地方的直接通道。

1970年，莱索托在加查斯内克镇东北50公里处建了塞赫拉巴泰贝国家公园。由于交通不便，莱索托人到塞赫拉巴泰贝国家公园参观要转经南非才能进入。为了解决这一问题，1973年，政府在加查斯内克修建了一条公路直通塞赫拉巴泰贝国家公园。考虑到莱索托国内通往加查斯内克的公路仅能通过一辆汽车，政府在加查斯内克修建了一个铺设沥青跑道的小型机场，小型飞机可以定期从首都马塞卢飞到这里。加查斯内克仅有一个小旅馆和一个用十分精致的沙石建造的教堂。近年来，莱索托政府在这里建立了一家农民培训中心，同时计划新建一家旅馆和一个结核病医院。

（五）塔巴博修

塔巴博修位于卡勒登河的左岸，是莫哈卡热河（Mohakare）和卡勒登河的汇合点，距离首都马塞卢约30公里。它由许多平坦的山峰构成，四周被富泰厄策纳河（Phuthiatsana River）环绕，人们到达山顶的路一共有6条，但都要通过石质的悬崖。塔巴博修四周悬崖环抱，地势险要。

塔巴博修是莱索托国家和巴苏陀族的诞生地，莫舒舒和其他巴苏陀族大酋长（他们都被称为莫舒舒的子孙）的墓地也在此处。从莫舒舒一世开始，塔巴博修就被莱索托视为神圣之地、自由独立的象征以及力量的源泉，因此，至今，莱索托还保留一个重要习俗：莱索托酋长们在参加重要

的会议之前，都会早起集体朝拜塔巴博修山峰。这一传统习俗使许多游客慕名而来，他们按照莱索托人的礼节，整个夜晚骑着一种特别的公牛在山上等待这一时刻的到来。1967年，莱索托政府宣布塔巴博修为国家纪念馆。时至今日，许多遗迹依然保存完好。在塔巴博修附近有著名的莱索托神山——奇洛内山，山下有游客中心，成排的草房是民俗博物馆。

（六）泰亚泰亚嫩

泰亚泰亚嫩是莱索托的历史名城，1824年，莫舒舒一世在塔巴博修建立政权之后，泰亚泰亚嫩为巴苏陀族人管理。在英国殖民时期，这里成为地区行政中心。随后教育机构开始兴办，手工艺品制造厂陆续出现。莱索托独立后，泰亚泰亚嫩得到较大发展，特别是教育和手工艺品制造业。其现在是莱索托重要的教育中心、手工艺品制造中心和著名的旅游度假胜地。

三 建筑艺术

莱索托的传统民居是圆顶茅草屋，这是南部非洲农村比较常见的民居。通常就地取材，建筑工艺与撒哈拉以南非洲其他国家大同小异，即使用木桩在地面上按照当地习俗打成圆形，然后用手指粗细的藤条编成网格状篱笆（内外两层），把需要留门的地方空出来，然后把泥巴与牛粪混合的墙体材料灌入两层篱笆之间，再用器具夯实、抹平，这样墙体就算完成了。整个房子都不用铁锭固定，而用绳子捆扎。接下来，用长木棍搭成四檐出水的伞状起脊，并用草绳加固连接处。然后搭圆锥形房屋的屋檐和顶梁。最后用茅草或麦秸覆盖房顶。

土坯圆顶茅草屋这种建筑在撒哈拉以南非洲已经延续数千年，非常适合当地人居住：能够遮风避雨，冬暖夏凉，通风性好。当地人能说出茅草屋的许多好处，比如茅草屋比铁皮屋更安静，下多大的雨也听不到滴滴答答的雨水声，在屋里生火做饭完全不用担心烟熏火燎。

随着经济发展，莱索托的圆顶茅草屋出现了砖砌墙体，空间变大，一家有好几个茅草屋，它们分别充当客厅、卧室、厨房。比较高档的茅草屋的外形与土坯茅草屋一样，里面设施齐全，有高档家具、电视、冰箱等现代化电器。在莱索托的塔巴采卡，茅草屋装上了太阳能，这种茅草屋通常被设计成连体茅草屋，中间连接部分的外墙放置一块大型太阳能导光板，可以满足家庭的采暖、用水等日常需要。茅草屋的建筑形式也被引入城市住宅设计中。一些独栋别墅和联排别墅被特意以茅草屋的建筑形式设计，以吸引愿意返璞归真的市民，茅草屋成了高档豪华的象征，一些富豪如果没有住在这种别墅中，就会在庭院中央建一个茅草屋。甚至一些高档星级酒店和饭店，也被设计成茅草屋形状，客房是独栋的茅草屋，外表原始，里面豪华，有平板电视、柔软的床铺和整洁的卫生间，其他东西很多独具非洲特色，例如，手工制作的挂饰、带有非洲五大动物图案的毯子、全部用南非红木雕制而成的家具、用非洲特有的石板铺成的地面。圆顶茅草屋俨然成了都市时尚，吸引了来自世界各地的游客。

莱索托农村的茅草屋一般呈现泥土色。现在，泥土混合墙体也可以被刷成各种颜色，点缀在青翠的山脊中，形成当地一道独具特色的风景。莱索托的茅草屋被作为一种文化传统保留下来，与用钢筋水泥建成的大厦交相辉映。在首都马塞卢，国家图书馆、标准银行大楼、咖啡厅、酒吧、宾馆、卫生部新大楼等是比较醒目的现代化建筑物，市中心也有一些殖民时代的建筑物，比较著名的有罗马天主教大教堂和英国教会的圣约翰教堂。此外，莱索托政府为了解决城市居民的住房问题，在首都马塞卢投资兴建限价房：两室一厅，价格在3万兰特左右（约合1.5万元人民币），是一种平层板房。

第二章

历　史

第一节　上古简史

一　史前人类

考古发现，南部非洲是人类的发源地之一，非洲大陆的最早古猿——埃及猿被人类学者认为是人类和现代类人猿的共同祖先，它证明大约距今4000万年，非洲古猿从猿类中分化出来。距今550万年到130万年，在离莱索托不远的邻国南非开普省生活的"南方古猿非洲种"，[1]经过若干年的进化成为"完全成形的人"，南部非洲发现的许多早期人类遗骨已经证实了南部非洲早期人类的进化过程。这表明，在远古时代，就有人类生活在包括莱索托在内的南部非洲大陆。考古学家在南非开普省附近陆续发现了早期和中期石器时代的石器和遗迹。

大约距今2万年，包括斯威士兰、莱索托在内的南部非洲地区进入新石器时代，考古学家称之为"威尔顿文化"。[2] 距今1万年前后，这里住人的洞穴增加，居民广泛使用细石器，以狩猎和采集食物为生，他们的体格比后来居住在这里的桑人强壮，使用的箭头与桑人使用的箭头十分相似，其生活方式仍然被今天的桑人所保留。

---

[1] 它们平均身高1.4米，能直立行走，躯体和牙齿的形态与人基本相同。参见J. 基—泽博编辑《非洲通史　第一卷》，中国对外翻译出版公司，1984，第362页。
[2] J. 基—泽博编辑《非洲通史　第一卷》，中国对外翻译出版公司，1984，第387页。

莱索托

二 莱索托的桑人

公元前 8000~前 7000 年，生活在莱索托境内的是属于科萨语系的桑人，① 在班图人南迁之前，他们在莱索托、南非、斯威士兰等的土地上已经生活了上万年。由于没有可靠的历史记载，桑人的历史无法全面地被后人所了解，但他们留下岩画、生活遗址以及现代桑人的生活方式，这为研究桑人当时的社会生活提供了方便。

自殖民时代开始，来自西方殖民国家的考古学家对南部非洲地区进行了大量的考古发掘，在莱索托及附近地区发现了桑人留下的大量陶器、史前壁画和浮雕，使桑人的社会状况较为真实地再现于世。

根据在莱索托楚利凯附近发现的岩画和在南非、斯威士兰发现的壁画和浮雕，我们可以推断桑人在莱索托生活的大致情况：狩猎和采集可食的根块及其他植物是他们的主要生存手段。桑人的食物非常多，诸如野果、野兽。他们还喜欢吃鱼、"桑米"（焙制的蚁蛹）、蝗虫、蜂蜜和某些根茎植物。他们在狩猎、采集食物等方面的生存技能在现代人看来非常神秘，令人不可思议。他们会在水源旁边挖制陷阱，猎捕到这里来饮水的野兽。他们是天才的射手，箭头用象牙、骨或者燧石制成，接触班图人之后，他们开始使用金属。他们用螳螂、蛇蝎或者把植物的毒液涂在箭头上并把箭装在鹿皮箭袋中，将其小心地保存起来，在打猎和战斗时，他们就把箭袋绑在头上。日常打猎和战斗中，他们的主要武器是短矛和棍棒，必要时，他们会带上拥有的唯一的家畜——狗。

桑人以家庭为单位居住在用树枝和草搭成的半圆形小屋中，极少数人穴居在岩洞里，过着与世隔绝的生活，以亲属关系为网络，组成家族集团或氏

---

① 在南部非洲生活的土著居民还有科伊科伊人，这两个族群体格相似，使用的语言相仿，谋生技术和物质文化也有很多相同之处，历史学家常常将科伊科伊人和桑人的名称合用，即"科伊桑人"。参见 G. 莫赫塔尔主编《非洲通史 第二卷》，中国对外翻译出版公司，1984，第 500 页。

第二章 历 史

族群体，① 每一个氏族的大本营都设在洞穴里，洞穴里画有以他们氏族命名的那种动物。桑人全家睡在一间草棚里，每人的睡处就是地上挖出的一个小窝，家庭有多少人，地上就有多少个小窝。他们的行为没有过多的节制和规矩。

桑人具有语言天赋。他们的发音充满了咔嗒声和舌尖与牙、腮相碰的拍打声，喉音生硬。他们同班图人和白人接触后，很快地表现出了语言的天赋，顺利地学会了他们的语言。桑人的语言至今在莱索托仍有较强的影响力，莱索托的许多河流和山川仍带有桑人的名字，例如辛库、库信、奎林等，同时，桑人的几百个带咔嗒声的词也被塞苏陀语吸收。现在许多莱索托人，特别是巴福肯人有着桑人的血统。他们还有一种与生俱来的天赋，即能够不费周折地找到他们以前去过的任何地方，甚至九岁、十岁的孩子离开父母到100英里（相当于160.934千米）以外的远方，几个月后也能毫无差错地走回来。②

桑人具有特殊的艺术才能。遍布当地的壁画和石雕描绘了他们的交战、袭击情景和打猎生活。这些壁画和石雕的制作极为精巧并具有自己的风格，类似的作品在世界其他地方还没被发现。他们保留下来的最古老的一幅壁画中的一群大羚羊，十分精美而富有艺术性，这表明画家有充裕的时间，能以令人惊叹的"细心"来完成作品。在有些地区，一些作品很粗糙，但人物姿势被画得很生动。

桑人热爱和平。班图人来到莱索托后，桑人与之能够和睦相处。两个民族虽然生活方式各不相同，但彼此相安无事。班图人耕种土地，以农耕为主；桑人则以狩猎为生。18世纪末19世纪初，祖鲁人的侵袭使一部分桑人被消灭；另一部分桑人则与巴苏陀族人一起逃到西部，最后融入巴苏陀族之中。桑人的壁画真实地再现了这段历史，他们用壁画反映班图人到来后带来的社会矛盾，壁画中出现了更多的战争场面，反映出桑人与南迁的班图人之间发生了多次战争。壁画中大量具有不同装束的部落正在战斗，说明部落与部落联盟已经形成并在社会中起到重大作用。

---

① G. 莫赫塔尔主编《非洲通史 第二卷》，中国对外翻译出版公司，1984，第511页。
② 〔法〕D. F. 埃伦伯格编著《巴苏陀史（上册）》，山东大学翻译组译，山东人民出版社，1975，第11页。

第二节 中古简史

一 巴苏陀族的形成

在莱索托历史上,班图人的迁徙对巴苏陀族的形成具有重要意义。公元1世纪前后,班图人从喀麦隆高原向东部、南部非洲大举迁徙。公元5世纪时,向南迁徙的班图人分为三支,属两个主要语系,即恩古尼语系和苏陀语系。其中偏西的一支是讲苏陀语的苏陀—茨瓦纳种群。苏陀人在渡过林波波河以后,又出现若干分支,到15~17世纪时,苏陀人已经分布在德拉肯斯山和卡拉哈里沙漠之间的内地。按居住的区域划分,他们可以分为三部分:居住在威特沃德斯兰德及其以北的称北苏陀人,以佩迪人为代表;居住在威特沃德斯兰德以西直至卡拉哈里沙漠边缘的茨瓦纳人称西苏陀人,以巴赫鲁策人为代表;居住在卡勒登河一带和巴苏陀高地的称南苏陀人,以巴魁纳人(Bakuena)、巴福肯人(Bafokeng)、巴特洛科人(Batlokoa)为代表。① 莱索托人的祖先巴苏陀族人就是由南苏陀人和西苏陀人的分支融合而成的。

根据莱索托各部族的口传历史,莱索托各民族主要由巴魁纳人、巴福肯人、马费特拉人、马波朗人、巴富锡人、巴罗朗人及其后裔部落组成。② 早在公元13~14世纪,班图人的一支巴福肯人向南部迁移,在瓦尔河南部和大羚羊河东面定居下来,莱索托人称此地为"恩楚阿纳策戚"③,并将其视为民族发祥地。已经居住在这里的桑人一部分远走他乡,另一部分与巴福肯人融合。公元15世纪前后,巴魁纳人从巴罗朗人中分

---

① 艾周昌、郑家馨主编《非洲通史·近代卷》,华东师范大学出版社,1995,第557页。
② 班图人流行嫡长子继承制。但酋长往往先娶侧室,后娶正妻,嫡长子年龄往往小于庶子。嫡长子当上酋长后,庶子往往会带领自己的亲信脱离原部落,组成新的部落。莱索托很多部落是这样形成的。
③ 恩楚阿纳策戚的意思是"旭日",位于今天奥兰治自由邦的法兰克福和符雷德两城的中间。〔法〕D. F. 埃伦伯格编著《巴苏陀史(上册)》,山东大学翻译组译,山东人民出版社,1975,第30页。

离，也来到这里定居，他们与早已定居在此的巴福肯人为邻，并相互通婚。此后，其后裔的一支为寻找土地和牲畜，继续向南迁移，定居于马格利斯堡。公元16世纪前后，巴卡特拉人从巴赫鲁策人中分离，来到此地，与已经定居在这里的巴福肯人结合，其酋长塔贝恩娶巴福肯人酋长的女儿为妻，他们的5个儿子日后组成了5个大部落，即巴佩利、麦霍洛科、马富信、巴特洛科和巴锡阿，这些部落不断繁衍生息，逐渐分布在卡勒登河和马洛蒂山之间，他们被称为最早的巴苏陀族人。①

17世纪前后，来自德拉肯斯山以东的图格拉河两岸的三个小氏族的马费特拉人、马波朗人和巴富锡人向西部迁移，进入今莱索托境内，与早已定居在这里的巴福肯人相互融合，产生了新的部落，他们与18世纪前后进入莱索托境内的利霍亚人和巴通人共同构成巴苏陀族人。② 在迪法肯战争爆发前，居住在莱索托的主要有巴福肯、巴佩利、麦霍洛科、马富信、巴特洛科、巴锡阿、巴拉科纳、巴楚嫩、麦侯侯、巴通、巴莫纳亨、巴莫科特利（Mokoteli）等部族。其中巴苏陀兰的建立者莫舒舒③就出自巴莫科特利部族。

19世纪初，巴苏陀族人较著名的酋长国有巴特洛科和巴莫纳亨，巴莫纳亨的酋长莫洛米（Mohlomi）闻名于世。他善良、和蔼、判断公正，有先见之明，在神秘知识和医术方面也有过人之处，因此在当时的各部落中有广泛影响，被当地人当作圣人来求教。他对巴苏陀兰的创立者莫舒舒产生了重要的影响。

二 迪法肯战争与巴苏陀兰的形成

19世纪20年代前后，随着英国殖民主义的扩张，英国殖民主义者、

---

① 这些部落后来遍布比勒陀利亚东部、东南部、东北部，参见〔法〕D. F. 埃伦伯格编著《巴苏陀史（上册）》，山东大学翻译组译，山东人民出版社，1975，第54页。
② 利霍亚人是巴罗朗人的分支，巴通人是巴赫鲁策人的分支。他们在迪法肯战争爆发前，渡过瓦尔河，定居在马察赖普（多尔恩河）两岸及向东直到泰乌纳河。巴通人有四个分支，一直居住在以奎奎威河（雷诺斯特河）左岸为中心的大片地方。
③ 莫舒舒有两种拼法——Moshoeshoe, Moshweshwe, 也有人将其译为莫谢希。

莱索托

布尔人和南部非洲土著民族三股力量的冲突改变了南部非洲的面貌。在英国殖民者向南非内地扩张过程中，祖鲁王国日益强盛，并开始征服周围地区的部落，谋求整个地区的统一。由祖鲁王国的军事行动所引发的一连串部落间的兼并战争，史称迪法肯战争。[1]

1819 年，恰卡的军队击败恩德万德韦的军队。后者在北撤过程中攻击了阿芒韦尼人的马图昂部落。祖鲁人的攻击所产生的冲击波，在德拉肯斯山以西引起了"多米诺骨牌"效应：阿芒韦尼人的酋长马图昂被迫率部落退却，在退却中攻击了阿马卢比部落，无家可归的阿马卢比人翻越了德拉肯斯山，于 1821 年进攻了毫无准备的巴苏陀族人，因此，祖鲁王国的征服战争引发了一连串南部非洲各部落的迁徙和相互残杀，除斯威士兰外，几乎整个南部非洲的土著部落都受到影响。

以迪法肯战争为表现形式的部落兼并战争具有原始的残酷性和破坏性。在广阔的草原上，大半居民点化为废墟，畜群消失，耕地荒芜，不少地方白骨遍野。与此同时，战争也是孕育新国家或新民族的"助产婆"。在流动和迁徙过程中，许多部落和酋长国既是被攻击者，同时也是攻击者，各部落和酋长国在战争中被摧毁、重组或远迁异地重建王国，巴苏陀兰就是在这种部落迁徙和战斗过程中崛起的。

1822 年，巴苏陀各氏族轮番受到来自东部的阿芒韦尼人、阿马卢比人、巴特洛科人、丁刚指挥下的祖鲁人，来自西部的格里夸人[2]、科兰纳人的侵袭和毁坏。同时，那些因战争与原来部落失散或者失去生活依托的人成为食人族，对当地也造成了极大的破坏。[3] 在这个危急关头，巴苏陀

---

[1] 旧译利法肯（Lifaqane）战争，也译为"姆菲卡尼"（Mfecane），这个词来源于塞特贝勒语，表示迁移的状态。本意指带着家眷和牲畜到处流浪的部落的战斗，以将其与通常只有战士参加的部落的一般征伐相区别，这里特指 18 世纪末期，南部非洲的祖鲁人进行军事改革后迅速崛起，开始对周边部落进行征伐，被征伐的部落被迫举族迁移，其在迁移中对沿途部落进行征伐，从而在 18 世纪末 19 世纪初造成了种族屠杀和迁移的灾难，这个年代被称为灾难年代。

[2] 格里夸人（Griqua）：南非的黑人和白人所生的混血人，特指欧洲人与霍屯督人或桑人所生的混血人。

[3] 1822～1828 年，大约 28.8 万人被食人族吃掉，参见 D. F. 埃伦伯格编著《巴苏陀史（上册）》，山东大学翻译组译，山东人民出版社，1975，第 385 页。

第二章 历 史

族人产生了自己的领袖——巴莫科特利人的酋长莫舒舒,在他的率领下,整个莱索托地区的巴苏陀各部落依托境内的山区地势,开始进行民族统一和复兴的战争。

莫舒舒在思想上深受老一代巴苏陀酋长莫洛米的影响,[①]具有领袖的远见卓识和非凡的军事谋略,得以在群雄逐鹿的迪法肯战争中脱颖而出。在政治上,他审时度势,运用妥协和斗争的策略团结巴苏陀各部落,使本部落在危机中得以生存;在军事上,他多谋善断,善于利用地形开辟根据地,屯兵养民,增强自己的力量;在外交上,他远交近攻,广施怀柔政策,招徕和降伏了许多部落,使本部落成为整个巴苏陀的核心。

经过10余年的发展,到19世纪30年代,卡勒登河流域有十几个小酋长国归附莫舒舒,巴苏陀酋长国已经发展为名副其实的巴苏陀王国,定都塔巴博修。[②]其疆域北自卡勒登河源头,南迄北阿利瓦尔,西起塔巴恩丘,东部囊括整个莱索托高地,所辖酋长国有巴福肯、巴佩利、马富信、巴特洛科、巴锡阿、巴拉科纳、格里夸、麦侯侯、巴通等。[③]为了巩固王国的统治,莫舒舒不断以新的联姻方式来扩大自己的势力范围,以婚姻关系为纽带来巩固诸酋长国同他个人的关系,扩大个人的影响范围。[④]这些种族结合成了一个新的种族,他们开始称自己为巴苏陀族人,并把自己的小王国称为莱索托。

迪法肯战争造就了莱索托王国和莫舒舒,但也必须看到,在这场战争

---

① 据说莫洛米教导他,要成为伟大的酋长,有三个要素:一是权力不能靠法术获得,勇气才是法术;二是要解救处于危难之中的人;三是要与许多妇女结婚以增强影响力。〔法〕D. F. 埃伦伯格编著《巴苏陀史(上册)》,山东大学翻译组译,山东人民出版社,1975,第185~187页。

② 塔巴博修距离莱索托今天的首都马塞卢东部不足30公里,由许多平坦的山峰构成,这些山峰周围都是悬崖峭壁,地势十分险要,易守难攻,四周被富泰厄策纳河环绕。

③ 巴苏陀兰与各酋长国的关系依靠"马菲萨"(Mafisa)制度来维持。这是班图人在原始公社末期的一种制度,即生产资料的所有者(酋长等)把牲畜(马菲萨)租赁给公社的贫穷社员使用,条件是使用者必须效忠于所有者。参见艾周昌、郑家馨主编《非洲通史·近代卷》,华东师范大学出版社,1995,第572页。

④ 1833年,他娶妻33个,随着王国版图扩大,到1864年,他的妻子达到150个。

33

莱索托

中，由于殖民主义者的入侵和部落之间的残杀，旧的部落格局被彻底打破，有近30万人在这场战争中失去生命，巴福肯人的主要分支和巴通人的一些分支被战争毁灭。

三 维护王国独立和莫舒舒一世的改革

19世纪30年代中期以后，英国殖民者和布尔人已经侵入卡勒登河流域，巴苏陀兰既要对付、消除割据势力，又要抵抗外来殖民威胁，面对内忧外患，莫舒舒采取了一系列措施来巩固新生政权，维护王国的统一。

第一，加强中央集权，削弱地方势力。1853年，莫舒舒首先消灭了雄踞西北的格里夸酋长国；其次，将王国分成三大区，派王族子弟驻守治理，中心区域由中央严密控制，而对边远地区，则给予充分的自治权；最后，通过打击巫师势力削弱地方酋长的权力。他制定了《惩治巫术法》，规定把任何以巫术杀人者处死，从而使酋长无法利用巫术杀人，滥施权势。

第二，进行军事改革，加快军队现代化建设。1831年，成批布尔人接近卡勒登河一带，他们装备的先进武器给莫舒舒留下了深刻的印象，特别是在获得第一批枪支后，他强烈地感受到用火器武装军队的必要性，① 于是，他采取一系列措施，获取枪支、弹药，实现军队的现代化。他一方面动员大批巴苏陀青年利用到开普殖民地做短工的机会，用工资购买枪支并带回本土；另一方面鼓励武器走私，从走私商那里购买大量枪支、弹药。② 此外，他还聘请欧洲工匠帮助修理枪支和生产武器、弹药。

第三，制定相关法规，保护莱索托的国土安全。1859年，莫舒舒公布《贸易法》，规定外商须经国王批准方可进入国境，禁止外国人在巴苏

---

① 1833年，一个到访的德国人送给莫舒舒一把手枪、一匹母马、一匹小马和两匹公马。他和他的部落不久就学会了使用火器和马匹，就熟练程度而言，其他非洲部落无法与之相比。

② 英国殖民统治者不愿看到非洲人民武装起来，从而威胁自己的殖民统治，故在1851年颁布禁令：禁止向奥兰治河管辖区内的土著居民出售武器、弹药。

陀兰从事农业生产和占有土地。"凡我土地无寸土属白人所有；我亦不欲授予土地予白人，无论口头上抑或见条约。"① 巴苏陀兰严格执行法令，杜绝白人在王国境内占有任何土地。

第四，引进欧洲先进文化，提高国民教育水平。1833年前后，基督教开始传入莱索托。莫舒舒通过法国传教士，把欧洲先进文化引进巴苏陀兰。1833年7月28日，巴黎福音传教协会的三个传教士从菲利普波利斯来到塔巴博修，受到莫舒舒的热烈欢迎。在传教士的帮助下，巴苏陀兰建立了欧式学校，创造了以拉丁文为基础的塞苏陀书写语。同时，欧洲的耕作方法和生活方式也开始传入巴苏陀兰。②

通过上述一系列改革措施，巴苏陀兰政治稳定，农业生产快速发展，军队的装备基本实现了现代化。巴苏陀兰成立了第一支骑兵部队，在1852年的抗英战争中，巴苏陀兰的骑兵部队出动了6000名士兵，在1858年同布尔人的战争中，巴苏陀兰已拥有10000名配有滑膛枪和来复枪的士兵。巴苏陀兰经济和军事实力的增强，加速了国家统一的进程。

第三节 近代简史

一 巴苏陀兰反抗殖民者的斗争

自19世纪二三十年代起，巴苏陀兰就面临英国人与布尔人的双重殖民威胁。荷裔布尔人在受到英国殖民者的挤压后，于1835年开始了"布尔人大迁徙"。这实际上是布尔人为殖民扩张进行的远征，也是征服、驱赶非洲

---

① 转引自艾周昌、郑家馨主编《非洲通史·近代卷》，华东师范大学出版社，1995，第574页。
② 莫舒舒有意利用各个教派来为自己的王国服务。1850年，莫舒舒邀请格雷主教来巴苏陀兰，并向其提供土地以着手建立英国国教传道会。1862年，玛丽净心会（法国罗马天主教会）的两个信徒来到塔巴博修，莫舒舒热情地接待了他们，指派自己的两个儿子帮助他们在塔巴博修西南约15英里（相当于24.14千米）的肥沃的山谷中选择一个合适的地方建立教堂。后来这里被命名为罗马，成为莱索托天主教的中心。天主教会在这里兴办学校，建立印刷所，为巴苏陀兰的初等教育打下了良好的基础。

莱索托

土著的血腥过程。在渡过奥兰治河后，布尔人分三路向北、西方向迁徙，其中一支以奥兰治的塔巴恩丘为中心，继续向四周扩张，一部分布尔人到达卡勒登河谷的肥沃地区，并试图深入巴苏陀兰人的山区要地。

已经占领开普殖民地的英国殖民者，也关注布尔人的扩张势头，觊觎巴苏陀兰人的土地。面对双重的殖民威胁，莫舒舒决定在英布矛盾的缝隙中寻找一丝民族生存的生机。在权衡利弊后，他认为，最危险的敌人是布尔人，可以借助英国的力量阻止布尔人的蚕食鲸吞，维护王国的利益。1843年12月，莫舒舒与开普殖民地当局签订条约，条约承认巴苏陀兰是英国的同盟者，非洲人有权在自己的土地上向布尔人征税，而且划定了明确的疆界，以此为条件，巴苏陀兰接受了英国的"保护"。①

但是，此举并未满足英国人的殖民野心。1845年，英国殖民当局宣布收回王国对白人的征税权；1848年2月，英国殖民当局又宣布对奥兰治河以北享有主权；1849年，英国地方官沃登擅自更改巴苏陀兰的边界，把卡勒登河与奥兰治河汇合处一条70英里（相当于112.654千米）长的河间地划给布尔人；与此同时，英国承认了布尔人建立的德兰士瓦共和国和奥兰治自由邦。一系列残酷的现实粉碎了莫舒舒的幻想，巴苏陀兰与英国的矛盾猝然激化；英国殖民当局认为莱索托人的不满妨碍殖民政策的实施，决定用武力进行镇压。"要么战斗，要么灭亡"，莫舒舒别无选择。

1851年6月，沃登组织英军和土著联军进攻巴苏陀兰的维尔特村寨，被莫舒舒击退。1852年12月，开普殖民地新任总督乔治·卡司卡特（George Cathcart）率领2500名英军向莫舒舒发动进攻，遭到5000名巴苏陀兰人的殊死抵抗，英军伤亡惨重。莫舒舒决定利用这个有利形势求和。他致信卡司卡特，建议罢兵言和。② 英国人在初战失败后，担心陷入战争

---

① 该条约由莫舒舒与英国总督内皮尔签订，即《内皮尔条约》。条约第4条大致规定了巴苏陀兰的范围，即"西面，从卡勒登河与盖雷普河（奥兰治河）的汇合处至两河在布塔布特附近的源头；南面从两河汇合处沿盖雷普河（奥兰治河）为界；北面以卡勒登河以远25~30英里处的平行线为界"（参见艾周昌、郑家馨主编《非洲通史·近代卷》，华东师范大学出版社，1995，第603页）。

② 这封信被南非称为从未有过的、最有策略性的信。参见理查德·P. 史蒂文斯《莱索托博茨瓦纳及斯威士兰》，山东大学翻译组译，山东人民出版社，1979，第33页。

泥潭，也愿意体面撤兵，因此，英国人完全撤离了巴苏陀兰。莫舒舒正确的决策使他成为从卡勒登河和奥兰治河的北段经卡勒登河谷直到开普殖民地沿奥兰治河的边界的英雄，也使他成为除祖鲁王之外，南部非洲最有权势的酋长。

尽管消除了英国人的直接威胁，但巴苏陀兰的独立依然面临严峻的形势。1854年，英国殖民当局改变策略，宣布放弃对奥兰治河以北享有的主权，承认布尔人的奥兰治自由邦。这种转而默许布尔人对奥兰治河以北的主权要求的行为，实际上是让布尔人直接与巴苏陀兰人对抗，而自己坐收渔翁之利。1855年后，得到英国默许的布尔人更加肆无忌惮地进犯巴苏陀兰的土地，边界冲突日趋频繁。1858年1月，布尔人发动了第一次侵略巴苏陀兰的战争。1500名布尔人侵入都城塔巴博修。莫舒舒此时拥有1万名骑兵，大部分装备毛瑟枪或来复枪。在战斗中，骑兵分散出击，一部分骑兵深入敌后，摧毁布尔人的农场；另一部分则与布尔人正面交锋，双方互有胜负。英国殖民当局乘机出面调停，考虑到双方有可能联手作战，莫舒舒被迫接受英国的仲裁，与布尔人签订了第一个《北阿利瓦尔条约》。该条约承认沃登线的北段为奥兰治自由邦和巴苏陀兰的边界，在南段给予巴苏陀兰一小块土地作为补偿。

该条约只维持了7年和平。1865年，布尔人再次向巴苏陀兰宣战。此时，莫舒舒年事已高，诸王子争权夺利，王国的力量大大削弱；而奥兰治自由邦日益强盛，并与德兰士瓦的布尔人联合对巴苏陀兰进行夹攻。巴苏陀兰人在战争中处于劣势，莱索托大部分地区被占领。加之连年饥荒，许多巴苏陀兰人饿死，莫舒舒被迫与布尔人签订屈辱的《塔巴博修条约》。该条约割让了相当于巴苏陀兰一半耕地的西部领土，赔偿了10万头（只）牛羊和5000匹马，并允许布尔人驻扎塔巴博修。巴苏陀兰失去了大片肥沃的领土，人民失去了传统的牧地，生活日益窘迫，大批巴苏陀兰人被迫迁移到低地平原。

在这次战争后，布尔人得陇望蜀，试图一举吞并巴苏陀兰。面对灭族灭种的威胁，莫舒舒自感势单力薄，既无力单独抵抗布尔人的进攻，也无法守住国家。经过痛苦的抉择，他开始寻求英国的保护以使巴苏陀兰免被

莱索托

兼并。他派出了一名使节，赋予其"可能需要的一切权力将整个巴苏陀国家政府移交给纳塔尔的女王陛下政府的代表，也就是说，我们的全部所有权和个人的权利，连同我们国家的权利一起交出去，这样就可使我们在权利和义务的一切有关方面都成为女王陛下政府忠诚的、名副其实的臣民"。[①] 与此同时，英国也希望通过阻止奥兰治自由邦的攻势，防止其取得西海岸的出海口，因此，莫舒舒的请求正中下怀。1868年3月12日，英国高级专员沃德豪斯宣布，"巴苏陀人的部落不管从哪个意义上说都应被视为英国的臣民，这个部落的领土也应被视为英国的领土"[②]，同时宣布停止对奥兰治自由邦的武器供应，并向巴苏陀兰派出开普骑警部队，从而将其置于英国的保护之下。

在英国的干预下，布尔人被迫同意停战。双方于1869年2月签订了第二个《北阿利瓦尔条约》。该条约归还了巴苏陀兰卡勒登河以东的部分土地，这比《塔巴博修条约》规定的边界稍有"改善"，但巴苏陀兰仍然失去了卡勒登河与奥兰治河汇合处的三角地带。此后，失去了牧场和耕地的巴苏陀兰人只得到白人的工厂或矿山劳动以维持生计。

面对双重殖民威胁，巴苏陀兰最终未能避免沦为英国"保护国"的命运，但莫舒舒领导巴苏陀兰人同殖民者进行的数十年斗争，展示了非洲人民不屈不挠的精神。巴苏陀兰是南部非洲幸存的拥有明确的疆界、单一语言以及保留了传统制度的民族国家之一。

二 英国的殖民统治和巴苏陀兰人的反抗

1870年3月11日，莫舒舒国王去世，王位由他59岁的儿子莱齐耶继承。据史载，莱齐耶"优柔寡断、猜忌多疑"，不仅性格与其父明显不同，而且外部环境也发生很大变化。此时，列强已经掀起瓜分非洲的狂潮，而由于在南非发现金刚石矿，英布之间瓜分南部非洲的斗争日趋激

[①] 理查德·P. 史蒂文斯：《莱索托博茨瓦纳及斯威士兰》，山东大学翻译组译，山东人民出版社，1979，第39页。

[②] 理查德·P. 史蒂文斯：《莱索托博茨瓦纳及斯威士兰》，山东大学翻译组译，山东人民出版社，1979，第40页。

化，并最终爆发了一场举世瞩目的战争。

自1867年南非多处发现金刚石和金矿石后，英国一改过去在南非慎重、迟缓的扩张政策，开始采取积极扩张和吞并的政策。两个布尔共和国的东西北三面的非洲人的土地，成为英布殖民者竞相占领的对象。为了阻止布尔人西进，1871年，英国宣布将巴苏陀兰并入开普殖民地。开普当局为了强化对巴苏陀兰的控制，极力削弱传统酋长的权力，将全国划分为4个行政管辖区，即莱里贝、贝里、塔巴博修和科纳特—斯普鲁特，其范围大致与过去莱齐耶、莫拉波（莱齐耶的弟弟）、马苏法、穆罗西4个大酋长管辖的区域相当，但大酋长无绝对行政权，总督派出的一名代表掌控司法事务并兼任最高法官。

殖民当局的政策引起了各地酋长的强烈不满，他们要求开普议会增加巴苏陀兰的代表，讨论有关与巴苏陀兰地区相关的政策，殖民当局不仅拒绝其要求，而且还增加了数倍捐税。1878年，开普议会通过《维护和平法令》，责令开普管辖的非洲人解除武装，规定巴苏陀兰人缴枪时间为1880年5月底，这更加激化了巴苏陀兰人的不满情绪。① 在巴苏陀兰所有的酋长中只有莫舒舒的继承人莱齐耶和莫拉波表示服从，其余酋长坚决反对，尤其是莱齐耶的长子勒罗托利的态度更是坚决，勒罗托利被抗英情绪高昂的群众推为最高军事领袖，由此爆发了第一次武装起义，即莱索托历史上有名的"枪战"。

1880年9月，由勒罗托利领导的武装起义爆发。开普英军开进巴苏陀兰进行镇压。在勒罗托利的指挥下，巴苏陀兰的骑兵部队采取游击战术，不断袭击英国军队的营地和交通补给线。在卡拉巴里战役中，英国军队战败。这次胜利极大地鼓舞了巴苏陀兰人，南恩戈尼人也加入反英战争，使英国殖民当局既要对付巴苏陀兰人的反抗，又要镇压南恩戈尼人，疲于奔命，共耗费500万英镑镇压他们的反抗，却不能在战场上获取胜利，被迫让步。1881年，双方签订休战协定，巴苏陀兰人被允许保留枪

---

① 为了防止奥兰治自由邦布尔人进犯，也出于自卫的需要，大批巴苏陀兰人外出到金伯利矿做工，用工资购买枪支并带回家乡，这引起英国殖民当局的恐慌。

支，但每年需交付枪支税（每支枪交纳 1 英镑）。① 开普英军撤出巴苏陀兰，白人不得在这里定居。

三 英国间接统治制度的确立

鉴于开普殖民当局的力量不足以统治巴苏陀兰，1884 年 3 月，英国宣布巴苏陀兰为其"高级专员领地"②，进行直辖管理。根据合并谈判的协议，英国殖民当局承认巴苏陀兰是专属巴苏陀兰人的非洲领土，英国人拥有巴苏陀兰的主权，全部的土地所有权属于巴苏陀族，最高酋长是民族土地的世袭托管人，任何土地的所有权和使用权都不能转让给非巴苏陀兰人，欧洲人和印度人只有经过酋长的允许才能开设商店。双方妥协的结果使巴苏陀兰领土保持完整，避免出现斯威士兰那样的土地纷争。

英国在巴苏陀兰进行直辖管理后，废除开普殖民地的法规，建立了间接统治制度。新法涉及政治经济各个方面，主要有：保留酋长的最高权力，承认世袭制度；③ 立法权属于高级专员，行政权则由各地的酋长行使；传统的"皮特索制度"（即部落会议制度）也被保留，但它已失去决策国家事务的作用，更多地用于宣布重大事件和规范接待贵宾的礼仪。

1902 年，英布战争结束。与布尔人联合统治南非土著，成为英国制定南非政策的出发点，因此，英国加强了对巴苏陀兰的统治。1903 年，英国高级专员在巴苏陀兰召开第一届国民会议，有 100 多名议员参加，其中 5 名由驻节专员任命，其余由最高酋长任命。驻节专员担任议长。议会以巴苏陀兰习惯法为依据，通过了涉及各种规章的法典。1910 年，巴苏陀兰议会建立。这个议会包括 1 名主席（由驻节专员担任）、99 名议员。最高酋长担任议长，同时也是议员。最高酋长提名驻节专员任命的 94 名

---

① 理查德·P. 史蒂文斯：《莱索托博茨瓦纳及斯威士兰》，山东大学翻译组译，山东人民出版社，1979，第 47 页。
② 首任驻节专员是马歇尔·克拉克爵士（上校军衔）。
③ 1891 年，勒罗托利继任最高酋长；1907 年，他去世，儿子莱齐耶二世继任最高酋长。

议员，驻节专员有权提名不超过 5 名议员。议会的成立对莱索托来说是一个进步，至少在那里，参加者可以自由表达，但这个议会是莫舒舒家族（或莫舒舒子孙，他们多担任各地酋长）的议会，事实上的功能是维护传统的酋长利益。

第四节 现代简史

一 巴苏陀兰民族独立运动的兴起和发展

巴苏陀兰民族主义的出现和独立运动的兴起，是英国殖民统治的必然结果，同时与南非民族主义的影响分不开。

英国殖民统治时期，巴苏陀兰建立了以畜牧业为主的单一经济结构，英国将巴苏陀兰作为南非联邦矿区的劳力主要提供地之一，在巴苏陀兰修建了公路、铁路等，此时巴苏陀兰的城市开始出现，西式教育也开始兴办。第一次世界大战前后，巴苏陀兰出现了一个相对和平的时期，经济和人口有了明显的发展和增长。1911～1921 年，全国人口增加了 23%；由于风调雨顺，加上国际市场羊毛价格上升，1925 年，巴苏陀兰的年收入为 242053 英镑，比 1904 年的 96806 英镑增长了 150%。[1] 此外，在其他领域，巴苏陀兰也有较大的进步，1906 年在马塞卢修建了通往南非的铁路，教育普遍发展。

但是，过度增长的人口、单一的经济结构、沉重的英国赋税很快压垮了巴苏陀兰。1929～1933 年，资本主义世界性经济危机波及巴苏陀兰，羊毛价格大跌。1932～1933 年，巴苏陀兰发生历史上罕见的旱灾，牲畜由于缺水大批死亡，整个国家没有牛奶，野草被拿来充饥。当时巴苏陀兰国内的小马几乎绝迹，整个国家饿殍遍野，许多家庭一无所有。整个巴苏陀兰陷入无穷的灾难之中，这也暴露了英国殖民统治的危机。巴苏陀兰的

---

[1] 理查德·P. 史蒂文斯：《莱索托博茨瓦纳及斯威士兰》，山东大学翻译组译，山东人民出版社，1979，第 66 页。

莱索托

逐步开放和经济的发展为民族主义的产生创造了条件,一些进步的知识分子开始了争取民族独立的斗争。1907 年,"巴苏陀兰进步协会"(Progressive Association)成立,它由少数商人、教师和职员组成,主要为非洲人在教育、商业和行政方面争取更好的条件。

去南非联邦做工的流动劳工促进了民族主义思想的传播。南非联邦成立后,为了补充南非联邦矿区的劳工,英国殖民当局在巴苏陀兰逐步增加通行证的发放量,约有 40% 的壮劳力去南非联邦矿区做工,这增加了巴苏陀兰的收入,更重要的是,"当这些人回到村庄时,不仅带回了矿工的职业病,也带回有关外界的知识,如其他地方,其他的人民,以及他们争取自身权利斗争中新的团结方式"①。

同时,巴苏陀兰民族主义的发展也与南部非洲民族主义组织密切相关。1910 年,南非联邦成立后,巴苏陀兰、斯威士兰和贝专纳兰这三个直属英王的保护国,不仅在经济上完全融入南非经济体系,而且与南非政治上的联系大大加强,这在客观上有利于南部非洲民族主义者的联合。1912 年成立的南非非洲人国民大会,② 实际上是整个南部非洲的民族主义组织。该组织是在斯威士兰国王索布扎二世的支持下成立的,在南非非洲人国民大会的创始人中,马阿马·赛索是巴苏陀兰人,约书亚·莫莱马是茨瓦纳人,在成立大会上当选的南非非洲人国民大会的几位名誉主席中,就有巴苏陀兰最高统治者莱齐耶二世。此外,该组织的机关报《人民报》还在财政上得到了斯威士兰摄政太后的资助,以英语和三种非洲语言(祖鲁语、科萨语和苏陀语)出版,因此,该组织的纲领也成为南部非洲民族主义运动的共同纲领。③

在南非非洲人国民大会的影响和支持下,"巴苏陀兰进步协会"和"贫穷者同盟"(Lekhotla la Bafo)④ 在巴苏陀兰积极开展活动,尤其是

---

① A. 阿杜·博亨主编《非洲通史 第七卷》,中国对外翻译出版公司,1991,第 552 页。
② 1912 年 1 月 8～12 日成立,初期称"南非土著人国民大会",1923 年改称现名。
③ 该组织的纲领是:消除"肤色壁垒",实现种族平等;采取非暴力的合法方式和适当措施向当局请愿;动员舆论和争取各方潜在的支持。参见艾周昌、郑家馨主编《非洲通史·近代卷》,华东师范大学出版社,1995,第 915 页。
④ "贫穷者同盟"另一译为"平民联盟"(League of the Common Man),参见理查德·P. 史蒂文斯《莱索托博茨瓦纳及斯威士兰》,山东大学翻译组译,山东人民出版社,1979,第 99 页。

"贫穷者同盟"成为最活跃的组织,在两次大战之间起着重要作用。"贫穷者同盟"的社会基础为农民,其中不少人在德兰士瓦充当季节矿工。该组织由马弗曾和约赛尔·莱费拉两兄弟担任领导人,他们与南非非洲人国民大会保持密切联系。[①] 其宗旨是反对英国殖民统治,要求废除殖民行政制度,公开宣称英国驻节专员是巴苏陀兰的头号敌人,并向农民、工人和一切赞成其纲领的人敞开大门。该组织宣称,英国已经违反了与莫舒舒签订的保护条约,从而丧失了对巴苏陀兰的合法权利,巴苏陀兰人因此要求脱离英国的殖民统治,争取自治和独立。到20世纪20年代,"贫穷者同盟"成为巴苏陀兰最大的群众性组织。1928年8月,该组织在马塞卢组织了反对英国殖民当局的抗议示威活动,这是巴苏陀兰历史上第一次群众示威活动,有几千人参加,该组织一度遭到英国殖民当局的迫害。[②]

二 英国殖民当局的改革

巴苏陀兰民族主义运动的发展,迫使英国殖民当局对殖民政策做出调整。1934年,英国派出了以艾伦·皮姆为首的调查团,试图调整殖民政策以加强对巴苏陀兰的殖民统治。英国殖民当局的改革主要涉及行政管理体制和议会。前者旨在削弱小酋长的权力,后者则是根据民族主义运动的发展而适当调整议会。1938年,英国殖民当局颁布了土著行政管理第61号文告和土著法院第62号文告,对行政管理体制和法院体系进行改革。这次改革效仿英国在尼日利亚和坦噶尼喀的做法,大大加强了英国对当地的控制,这次改革的核心是由驻节专员掌握人事权,最高酋长对所有酋长的任命必须得到驻节专员的认可;规定最高酋长只能在禁种有毒烟草、防止土壤侵蚀、牲畜的牧养等方面"发号施令",且受到驻节专员的限制。由于拥有司法权的人限于那些得到驻节专员委任状的酋长,土著法院由原来的1300多个急剧减少到122个。[③]

---

① A. 阿杜·博亨主编《非洲通史 第七卷》,中国对外翻译出版公司,1991,第552页。
② A. 阿杜·博亨主编《非洲通史 第七卷》,中国对外翻译出版公司,1991,第555页。
③ 理查德·P. 史蒂文斯:《莱索托博茨瓦纳及斯威士兰》,山东大学翻译组译,山东人民出版社,1979,第75页。

莱索托

第二次世界大战中,为获取殖民地的支持,英国被迫做出让步,在巴苏陀兰进行议会改革。1943年,英国殖民当局开始在巴苏陀兰县级机构设立议会,所有重要部落的酋长和巴苏陀兰议会的议员是他们所在县当然的议员,其他议员则由直选产生,最高酋长从每县议员中选一名到国家议会。1945年,县议会开始正式行使职权,每县的议员包括居住在该县的重要酋长或地区酋长和行业协会代表,平均为30人,一个议员大约代表1000个纳税人。1950年,各县选举的议员总数增加到36名,另外还增加了行业协会的6名代表作为议员。与此同时,议会的权力对最高酋长也有了制约,要求最高酋长提出的政策凡是对巴苏陀兰人生活福利和行政管理有重大影响的,都要和议会进行协商。在1950年,规定没有获得议会的批准,所有地方税或其他税的征收都可以被认为无效。同时,为了控制最高酋长,英国殖民当局还为最高酋长指派了顾问。这些措施在客观上为后来莱索托独立后的国体与政体的设置奠定了基础。

三 巴苏陀兰——从自治到独立

第二次世界大战后,蓬勃兴起的民族解放运动席卷了整个非洲大陆,巴苏陀兰也不例外。二战期间,有20000名巴苏陀兰人作为辅助工兵加入了英国的军队。这些士兵在战争中得到锤炼,接触到民族自由、自治以及自决的观念,成为民族独立的觉醒者和传播者。国内的民族主义组织也积极开展政治活动,争取自治和独立。他们与以最高酋长为代表的传统主义者汇成一股独立洪流,猛烈地冲击着英国的殖民统治。

1952年,巴苏陀兰第一个现代民族主义政党"巴苏陀兰非洲人大会党"(Basutoland African Congress,BAC)成立。[①] 该党以"贫穷者同盟"的成员为基础,要求英国殖民当局立即进行改革,实现巴苏陀兰自治,直至最终实现完全独立。该党出版的《战士》刊物成为巴苏陀兰民族主义

[①] 该组织领导人莫赫勒出生于巴苏陀兰中等富裕家庭,曾就读于南非黑尔堡学院,19岁投身民族主义运动,1942年加入"贫穷者同盟",并成为南非非洲人国民大会青年联盟中的积极分子。参见理查德·P.史蒂文斯《莱索托博茨瓦纳及斯威士兰》,山东大学翻译组译,山东人民出版社,1979,第101页。

第二章 历 史

运动的喉舌。与此同时，被限制权力的最高酋长也不满足于仅仅在位，要求掌控实际权力，进行实际统治。最高酋长的继承人贝伦·西伊索·莫舒舒从英国留学归来后，联合莫舒舒家族，也投入独立运动的洪流中，并力图掌握独立运动的主导权。

在巴苏陀兰人民要求独立的巨大压力下，英国殖民政府被迫任命穆尔组成委员会，研究进行改革的可能性。1954年，委员会提出了几项改革建议，但排除了巴苏陀兰自治的可能性，这引起包括酋长们在内的巴苏陀兰人的强烈抗议。1955年9月，英国被迫在巴苏陀兰议会通过了一项重要提案，即给予巴苏陀兰议会针对所有内部事务制定法律的权力，并由最高酋长批准这些法律。巴苏陀兰取得了争取立法权的初步胜利。

1956年，巴苏陀兰议会成立宪法起草委员会，邀请开普敦大学比较法学教授D. V. 科温担任顾问。1958年6月，委员会完成宪法的起草工作。1958年11月，英国联邦关系大臣霍姆勋爵代表英国和巴苏陀兰议会代表团在伦敦进行为期一个月的首轮谈判。同年，巴苏陀兰和英国政府的代表在马塞卢进行了第二轮谈判。9月，英国批准巴苏陀兰"宪法改革"白皮书，并于1960年成立巴苏陀兰国民议会和行政议会。英国殖民当局颁布敕令，宣布新宪法从1960年开始生效。

1960年1月，巴苏陀兰人举行了新宪法生效后的第一次议会选举。共选出40名立法议员[1]，巴苏陀兰大会党获得了大选的胜利，在40个经选举产生的议席中占据了30个议席。同年3月，莫舒舒二世被宣布为巴苏陀兰的最高酋长。

这部新宪法并未根本改变英国对莱索托进行管理的殖民体制。英国驻巴苏陀兰高级专员虽改称"驻节专员"，但他仍然掌控巴苏陀兰外交、国防、国内安全、货币、关税、邮电、电话、广播以及出版等重要权力，最高酋长的咨询机构也由专员任主席的执行委员会负责。当时英国的真实意

---

[1] 这届巴苏陀兰议会共有80名议员，40名从各县议会议员中选出，其余40名不是由选举产生的议员中有4名是政府官员（作为当然议员参加），22名是地区重要酋长，14名由最高酋长挑选。

莱索托

图是，可以给予巴苏陀兰内部自治地位，但其最终的政治前途是与南非联邦合并。

该宪法还未真正实施，非洲独立运动高潮就已经到来。在巴苏陀兰的独立已成为不可阻挡之势后，国内争取独立的政治力量也发生了分化和重组。1958年，莱布阿·乔纳森（Leabua Jonathan）和曼耶利成立巴索托国民党（Basutoland National Party），该党得到英国天主教会的大力支持，主要宗旨是实现英国统治下的自治，恢复"酋长们与人民之间的旧的民主关系"。[①] 而巴苏陀兰非洲人大会党受南非非洲人国民大会分裂的影响，也发生了分化：1960年，巴苏陀兰非洲人大会党副主席哈基特拉退出巴苏陀兰非洲人大会党，另组巴苏陀兰自由党（Basutoland Freedom Party）；[②] 另一部分人则于1962年组成巴苏陀兰共产党（Communist Party of Lesotho，CPL），巴苏陀兰非洲人大会党也更名为巴苏陀兰大会党（Basutoland Congress Party）。1961年，马特特（Matete）酋长率其支持者组成马里马特卢自由党（Marematlou Freedom Party，MFP），要求保存酋长权力，逐步实现独立。在各大政党纷纷成立的同时，巴苏陀兰的工人运动开展起来，在巴苏陀兰共产党的参与组织下，巴苏陀兰成立了工会。1961年3月，巴苏陀兰的工人发动了第一次总罢工，引起了很大的反响。1962年11月，巴苏陀兰工党成立。1963年，巴苏陀兰民族独立运动达到高潮，各大党派在立法议会中纷纷提出独立诉求，给英国殖民当局施加了巨大压力。

1964年4月，以最高酋长莫舒舒二世组成的宪法委员会成员前往伦敦，与英国政府进行谈判，经过激烈而艰难的谈判，英国政府被迫同意制定巴苏陀兰独立新宪法。1965年4月，巴苏陀兰议会进行大选，巴索托

[①] 参见理查德·P. 史蒂文斯《莱索托博茨瓦纳及斯威士兰》，山东大学翻译组译，山东人民出版社，1979，第107页。1966年莱索托独立后，其更名为巴索托国民党，参见第三章"主要政党"一节。

[②] 1961年马里马特卢党与自由党合并为马里马特卢自由党，马特特酋长为主席，哈基特拉为副主席，并选举马科托科博士为马里马特卢自由党书记。参见理查德·P. 史蒂文斯《莱索托博茨瓦纳及斯威士兰》，山东大学翻译组译，山东人民出版社，1979，第110页。

国民党在选举中获胜,组成巴苏陀兰自治政府。1966年10月4日,巴苏陀兰正式宣布独立,定名为莱索托王国,莫舒舒二世任国王。独立后,莱索托实行君主立宪制,由巴索托国民党执政,乔纳森任首相。从此,莱索托的历史翻开了新的一页。

四 独立后的发展

1966年10月4日,莱索托独立,从此,进入了一个新的发展时期。从独立至今,莱索托的发展可以分为三个阶段,即乔纳森执政时期(1966~1986年)、军人执政时期(1986~1993年)和民选政府执政时期(1993年至今)。

(一) 乔纳森执政时期

乔纳森领导的巴索托国民党在执政初期在政治、经济上靠拢南非,反对非洲统一组织确定的不与南非对话的原则。这一政策使乔纳森政权失去民心,因此,在1970年的大选中,巴索托国民党失去多数党地位,反对党巴苏陀兰大会党赢得选举。但是,乔纳森拒绝交权,宣布进入紧急状态并取缔反对党,莫赫勒等反对党领导人被关进监狱。国王莫舒舒二世被软禁,后流亡国外。当年12月,莫舒舒二世接受政府不准他参与政治的要求,回到莱索托。乔纳森遂实行独裁统治。

在国内外舆论的压力下,乔纳森为寻求国际援助,开始采取疏远南非的政策。1973年3月,乔纳森建立了包括被指定的反对派代表在内的临时国民议会,提出起草新宪法。当年7月取消紧急状态。乔纳森的怀柔政策导致反对党巴苏陀兰大会党分裂:愿意参加临时国民议会的"国内派"和要求恢复正常政治生活的"国外派"。后者由流亡南非的巴苏陀兰大会党领袖莫赫勒领导,其在南非建立了军事力量——"莱索托解放军",莫赫勒任司令,进行反政府的武装游击活动,并要求举行在联合国监督下的选举。[1]

---

[1] 现代国际关系研究所世界人物研究室编《现代非洲名人录》,时事出版社,1987,第238页。

莱索托

乔纳森一方面指责南非政府支持莱索托反政府组织的活动；另一方面继续实行怀柔政策。1980年6月，临时国民议会通过大赦法令，鼓励流亡在南非的巴苏陀兰大会党人回国。1981年7月，乔纳森宣布莱索托准备于1982年举行全国第二次大选。次年5月，乔纳森在临时国民议会中再次宣布，政府准备大选。但几个月后，乔纳森又改变了态度。1982年10月，乔纳森在与《新非洲》杂志记者的谈话中表示：政府只有在和平、自由和公正地得到社会各阶层的绝对信任的情况下，才能确定大选的日期，而且拒绝反对派等提出的由联合国或其他国家监督举行大选的要求。乔纳森政府这种反复无常的态度，引起反对派的极端不满，巴苏陀兰大会党"国外派"武装"莱索托解放军"在国内制造了一系列暴力事件，甚至对乔纳森首相的乡间住所用迫击炮和火箭炮进行袭击。莱索托国内的政治局势由于外部势力的干预而更加动荡。

随着南部非洲民族解放斗争的发展，特别是莫桑比克和安哥拉独立后力量对比的变化，乔纳森开始批评南非的种族隔离政策，支持南非解放运动的态度更为坚决，这使南非对莱索托进行武装袭击和经济封锁。1983年8月，南非对莱索托发出最后通牒，要求莱索托驱逐南非难民，否则将对其进行经济制裁。南非难民被迫离开莱索托，乔纳森拒绝同南非签订和约。同时，乔纳森政府还与中国、朝鲜和苏联等社会主义国家建立了外交关系，由此导致南非对其进行进一步的经济制裁和政治渗透。[①] 同年，乔纳森首相与掌握军权14年之久的准军事部队司令贾斯汀·梅辛·莱哈尼耶[②]发生冲突，首相要求解除莱哈尼耶的职务，但莱哈尼耶拒绝交出军权，这为后来莱索托的军人政治埋下隐患。

[①] 1984年初，南非正、副外长同莱索托反对派会晤，鼓励并资助他们结成"巴苏陀民主联盟"。参见沐涛《南非对外关系研究》，华东师范大学出版社，2003，第118页。

[②] 贾斯汀·梅辛·莱哈尼耶（Justin Metsing Lekhanya，1938年4月7日~），莱索托著名政治人物，生于塔巴采卡。任陆军司令时，于1986年发动军事政变推翻乔纳森政府，开启了莱索托军政府时期，上台后着力改善与邻国南非的关系，发展本国经济。1990年，莱哈尼耶再次发动军人哗变，独揽大权，1991年被赶下台，莱索托恢复文人政府。卸任首相、国防及国家安全大臣和军事委员会主席之后，1999年，莱哈尼耶出任巴索托国民党主席，并在2001年举行的党内选举中获胜，成功连任。

1986年元旦，南非派兵封锁莱索托边界，并停止了对莱索托的物资供应，使正遭大旱的莱索托陷入经济混乱之中，加重了国内的紧张局势，首相乔纳森与准军事部队司令莱哈尼耶的矛盾激化。1月20日，莱哈尼耶少将发动军事政变，乔纳森政权被推翻。

(二) 军人执政时期

1986年1月兵变上台的莱哈尼耶少将，立即建立军事委员会，随后成立了以文职人员为主的部长议会。国民议会被解散，国王莫舒舒二世被赋予最高行政和立法权力，但是要接受军事委员会的指导。南非的封锁随即解除。据此，国王莫舒舒二世解散国民议会，成立大臣委员会。莱哈尼耶少将兼任大臣委员会主席，主持政府事务，军事委员会为最高决策机构。军政权驱逐流亡在莱索托的南非非洲人国民大会成员，宣布禁止非法政治活动。莱哈尼耶上台后，由于在政治上和南非建立了良好的关系，在经济建设上，军人政府获得了南非的支持。1986年，南非政府和莱索托签订了涉及高原水利工程的协议，并于当年进行实际准备。高原水利工程的启动为莱索托的经济可持续发展奠定了基础。

1988年4月，莱索托五个主要反对党向非洲统一组织、英联邦和南非政府发出呼吁，要求恢复文职政府。不久，巴苏陀兰大会党领导人莫赫勒结束14年的流亡，回到莱索托，参与和平谈判。

1990年2月19日，国王与莱哈尼耶在人事任免上发生矛盾，爆发了军人政府执政以来的首次危机。莱哈尼耶采取铁腕措施，逮捕了外交及国际关系大臣莱齐耶、交通大臣及两名军事委员会成员，减少和打击国王的主要支持者。与此同时，莱哈尼耶重新改组政府，将亲王室的大臣全部清除，随即宣布废除1986年给国王授权的法令，军事委员会接管国家权力。国王被迫于3月10日去英国"度假"。其间，由玛莫哈托王后"摄政"。当年10月，军政府邀请莫舒舒二世回国，但他提出以结束军人统治、组成代表所有政党的临时政府、恢复1966年宪法、在国际监督下进行大选为回国的条件，这遭到军政府的断然拒绝。11月6日，军政府废黜莫舒舒二世，11月12日，莱索托的22个主要酋长选举莫舒舒二世的长子莫哈托为新国王，11月12日，新国王继位，称莱齐耶三世。①

军政府执政时期，莱索托政局依然动荡，国内要求政治民主化的浪潮日益高涨，工人、教师、银行职员等要求增加工资的罢工运动此起彼伏。1991年4月30日，莱索托再次发生不流血的政变，莱哈尼耶被赶下台，埃利亚斯·拉马艾马（Col Elias Ramaema）上校任军事委员会主席。拉马艾马取消对政党活动的禁令，并于同年6月到伦敦与莫舒舒二世会谈，国王于7月回到莱索托。

（三）民选政府执政时期

1. 1993~2007年——由混乱到稳定时期

随着冷战的结束和世界格局的变化，非洲大陆出现了广泛而深刻的变革，民主化浪潮冲击各国，一党制纷纷瓦解，多党制以旋风之势席卷整个非洲。到20世纪90年代，非洲大陆大多数国家已经确立以多党制为特征的政治多元化民主政体。南非在德克勒克上台后，也启动了国内民主化进程，并最终废除了种族隔离制度。

受整个非洲政治变革的影响，莱索托国内开始出现一股民主化浪潮，要求取消军人政治，重新选举民选政府。1993年3月27日，在国际社会监督下，莱索托举行了独立以来的第二次大选，共有17个政党参加角逐。巴苏陀兰大会党赢得54%的选票，取得国民议会的全部65个议席，该党主席莫赫勒出任首相，从而结束了自1986年以来的军人统治，莱索托真正进入了多党制议会政治时期。新政府执政后，提出了"和谐、民主、和平和稳定"以及进行经济建设的治国方针。

---

① 莱齐耶三世全名为戴维·莫哈托·贝林·塞伊索，生于1963年7月17日，为已故国王莫舒舒二世长子。莱齐耶三世先后在马塞卢私人小学和英国的一所罗马天主教学校就读。1980年在王室创办的安普利弗斯托学院完成高中学业后，于1980~1984年进入莱索托国立大学攻读法律专业，获法学学士学位；1984年转入英国布里斯托尔大学学习英国法律，毕业后进入剑桥大学和伦敦大学进修发展学和农业经济学。1989年12月，被任命为地区最高酋长并在马塞卢市政厅和制宪会议任职。1990年即位，1995年1月让位于其父莫舒舒二世。1996年1月莫舒舒二世车祸身亡后，其于2月再次登基。他喜欢打橡皮球、壁球、网球、板球、橄榄球和骑马，现有二女一子，其独子已被立为王储，即莱罗托利·塞伊索王子（Prince Lerotholi Seeiso）。莱齐耶三世曾于1999年10月对中国进行访问，并于2010年10月出席在中国上海举行的世界博览会。

但国内政治局势并未因此稳定。只得到16%选票的巴索托国民党拒绝接受大选结果,不与新政府合作。军队分裂为支持政府和支持反对党巴索托国民党两派,莱齐耶三世也想借助军队和反对党的力量抑制废除君主制的呼声。

1994年初,士兵因对军饷和待遇不满而爆发军队内部冲突。当年8月,莱齐耶三世借助军队和反对党的力量发动政变,宣布解散国民议会和政府,任命临时过渡政府,成立新的选举委员会准备重新举行大选,并提出恢复莫舒舒二世的王位。该行动遭到国内外舆论的谴责和反对,西方国家对莱索托进行经济制裁,南部非洲国家也向莱齐耶三世施加压力;南非、津巴布韦和博茨瓦纳三国首脑集体干预,要求莱索托恢复民选政府。三国首脑促使莫赫勒首相和莱齐耶三世签署和解协议,同意尽快恢复莫舒舒二世的王位。莫赫勒领导的巴苏陀兰大会党政府于当年9月重新执政。

1995年1月25日,根据和解协议,莫舒舒二世恢复王位,莱齐耶三世退为王位继承人。1996年1月,莫舒舒二世遇车祸身亡。2月,莱齐耶三世再度登基。3月,执政党巴苏陀兰大会党召开第24届全国人民代表大会,莫赫勒首相和莫西西利副首相分别担任党的主席和副主席,司法、人权及劳教大臣,原党的副主席科贝拉落选。5月,莫赫勒宣布改组政府,解除了司法、人权及劳教大臣科贝拉,公共工程大臣马波提,通讯及科技大臣科简等人的政府职务,完成了巴苏陀兰大会党执政以来的第四次内阁改组。7月,莱索托电讯公司近千名工人罢工,造成莱索托与外界联系一度中断。

1997年2月,部分警察哗变,莱索托政府采取果断措施予以平息,外逃至南非的叛乱分子被捕回国,被移交到莱索托高等法院受审。6月,巴苏陀兰大会党发生分裂,以巴苏陀兰大会党原领导人莫赫勒为首的"首相派"退出执政党,另成立莱索托民主大会党,选举莫西西利为主席。莱索托民主大会党获议会多数席位并组阁,莫赫勒仍任政府首脑。

1998年5月,莱索托举行第三次大选,莱索托民主大会党以绝对优势获胜,在议会80个席位中占据79个,该党主席帕卡利塔·莫西西利出

莱索托

任首相。① 反对党认为选举存在舞弊，不承认选举结果，并于8月开始举行一系列抗议示威游行和罢工。在反对党的要求下，南非副总统姆贝基率领南非外长恩德及国防部部长莫迪塞于10日飞抵马塞卢进行斡旋。双方同意成立一个由南非、博茨瓦纳、津巴布韦三国专家组成的多国委员会对大选进行调查，调查结果将送往南部非洲发展共同体、非洲统一组织、英联邦和联合国。莫西西利还承诺，如大选有舞弊行为，他就辞去首相职务。17日，多国委员会的调查报告认为并无足够的证据证明莱索托政府有舞弊行为，因此不能认定选举无效，但同时也认为在选举过程中确实存在某些令人关注的违规问题。反对党据此要求政府下台，立即重新举行大选。为了协商解决双方的争议，南非政府邀请双方在南非召开联合大会，研究解决办法。但执政党以缺乏安全保卫为由拒绝与会，反对党也退出联合大会，从而引发了莱索托新一轮的危机。

9月中旬，局势急转直下，部分军人哗变，最后导致全国性的骚乱，包括首都马塞卢在内的全国各主要城市商业街道被抢，国家一度处于无政府状态，经济因此受到重创，在这场骚乱中，经济损失近10亿马洛蒂。9月22日，在莱索托政府请求下，南部非洲发展共同体联军入莱平息动乱，莱索托局势恢复正常。10月，执政党和反对党达成协议，同意在15个月或18个月内重新进行大选。但双方在未来大选的很多问题上激烈争执，使原定于2000年5月前举行的大选一再推迟。2000年，莱索托政局趋于稳定和缓和，朝野双方围绕选举模式等

---

① 帕卡利塔·莫西西利（Pakalitha Mosisili），莱索托著名政治家。1945年3月14日生于莱索托夸查奈克地区。1966~1970年在博茨瓦纳—莱索托—斯威士兰大学读书，获文学学士学位和教育学证书。1975~1976年在美国威斯康星大学学习，获文学硕士学位。1979~1982年在加拿大西蒙·弗雷泽大学学习，获教育学硕士学位。1972~1993年从事教学工作，至今仍是南部非洲多家学术机构的成员。于1967年加入巴苏陀兰大会党，1997年6月脱离该党，参加新建党——莱索托民主大会党。1998年成为莱索托民主大会党领袖。1993~1995年任教育与培训大臣、性别及青体大臣，1995~1998年任副首相。1998年5月任首相。在2002年、2007年以及2015年大选中获胜，担任首相一职。在2017年6月的大选中失利。

斗争激烈，但基本维持了政治对话的大框架，一些问题逐步得到解决。执政党对军队的掌控也有所加强，与王室和酋长的关系得到了改善，执政的根基逐渐巩固。

2001年，朝野双方就大选模式问题达成协议，决定采用莱索托民主大会党提出的"80+40"的方案，即国民议会议席由现在的80席增至120席，其中80席按选区代表制选举产生，另外40席按比例代表制选举产生。莱索托民主大会党政府抓紧整顿军队、警察和政府机构，控制局势的能力不断增强。2001年9月，该党发生分裂，党的副主席、副首相克莱波·马霍佩（Kelebone Maope）另立新党——"莱索托人民大会党"（Lesotho People's Congress，LPC），使原属莱索托民主大会党的74名议员分成两大阵营，其中47人支持莱索托民主大会党，27人支持莱索托人民大会党。

2002年5月，莱索托按照"80+40"的混合选举模式顺利举行大选，莱索托登记注册的83.13万名选民中，有55.4万人参加了投票，投票率为66.6%。执政党以确保国家安全稳定，致力于发展经济、吸引外资、增加就业岗位、消除贫困及实现莱索托的繁荣为纲领，赢得了选民的认同，在选举中，莱索托民主大会党以54.9%的选票击败主要反对党巴索托国民党获胜，再次赢得大选，莫西西利蝉联首相。此次大选共有19个政党进行角逐，来自美国、英国和加拿大等10多个国家的200多位观察员监督了整个过程，他们认为大选公平、自由和透明，因此大选之后莱索托保持了政局稳定。

2. 2007~2012年——党派角逐时期

2006年10月，原通讯及科技大臣莫措阿哈·托马斯·塔巴内[①]，脱离执政

[①] 莫措阿哈·托马斯·塔巴内（Motsoahae Thomas Thabane，1939年5月28日~），莱索托著名政治家。20世纪60年代投身政治活动，曾在乔纳森手下担任卫生部首席秘书，1990~1991年担任外交及国际关系大臣。1995年初担任莫赫勒的顾问。在1998年6月至2002年6月任莫西西利政府的外交及国际关系大臣，之后担任内政大臣和警察及公共安全大臣、通讯及科技大臣。2006年，他宣布脱离莱索托民主大会党，组建全巴索托大会党，成为著名反对党领袖。2012年赢得议会大选，组成多党联合政府并担任首相。在2015年2月的议会选举中，他领导的全巴索托大会党被前任首相莫西西利领导的政党联盟推翻。

莱索托

党莱索托民主大会党，成立了一个新的党派——全巴索托大会党（All Basotho Convention Party，ABC），17个议会成员跟随塔巴内加入这一新的党派。这使莱索托民主大会党在议会中的席位下降到61个（总席位为120个），只占微弱优势。为了防止反对党的势力进一步增强，首相莫西西利向国王建议解散国民议会并提前举行选举。国王莱齐耶三世在2006年11月24日宣布解散国民议会，并将计划于2007年4～5月举行的全国大选提前到2007年2月。此举使反对党没有足够的时间来为竞选活动和选举做准备，引起反对党的极大不满。

2007年2月17日，大选在南部非洲发展共同体和美国国家民主研究所监督下举行，大选共有80个选区代表席位以及40个比例代表席位。选举结果显示，莱索托民主大会党获得80个选区代表席位中的61席，全巴索托大会党获得17席，国会政党联盟赢得1席。与莱索托民主大会党联盟的民族独立党赢得了21个比例代表席位，与全巴索托大会党联盟的巴苏陀兰大会党赢得了10个比例代表席位，其余席位被其他政党赢取。选举之后，全巴索托大会党领袖塔巴内声称这次选举是"自由的，但不是公平的"，产生了一系列对比例代表席位分配情况的争端。

对于执政党莱索托民主大会党来说，虽然赢得了选举得以继续执政，但受到全巴索托大会党的严重挑战。作为最大反对党，全巴索托大会党势头强劲，所得选票远远超过2002年大选中最大反对党巴索托国民党的得票。曾经的主要反对党巴索托国民党由于内部分裂而在此次大选中全面崩溃，得票率从2002年的22%下降到2007年的7%，并且没有在任何一个单独选区赢得选举胜利。引发该党分裂的原因来自该党领袖莱哈尼耶，莱哈尼耶在1999年上台时就饱受争议，2006年更是被指控非法持有枪支并被停职（在议会中的职务），与此同时，巴索托国民党重要议员博朗·萨孔亚那（Bereng Sekhonyana）因党内纷争被谋杀。一系列事件加速了该党分裂。最终，部分党员组建巴索托民主国家党而彻底脱离巴索托国民党，并在2007年选举中获得2%的选票。国会政党联盟同样因内部分裂面临选举失败。

第二章 历 史

此次选举中,最大反对党全巴索托大会党的支持主要来自城市地区,在首都马塞卢的16个选区中,全巴索托大会党获得9个选区的胜利,北部地区城镇也倾向于全巴索托大会党。反对党的主要支持者包括被宣传理念和氛围所吸引的年轻人,以及部分对现状不满的公务人员。与此形成对比的是,获胜的莱索托民主大会党获得更多来自农村地区的支持,农村地区选民满意并感激政府的一系列社会政策,其中包括为小学生提供免费午餐以及为老年人提供养老金等,此外,政府对地区传统领导人的支持态度也颇得农村选民的认可和支持。

民族独立党与莱索托民主大会党结成非正式联盟,部分莱索托民主大会党成员以民族独立党成员的身份参加选举,并通过比例代表选举的方式获得席位,使执政党在议会中的力量更加强大。莱索托民主大会党和民族独立党的这种"合作"行为激起了其他党派的强烈不满和广泛抗议,其认为莱索托混合选举制度就是为了帮助小党派在议会中获得更多的席位,而两党的行为虽然没有明显违法,但严重违背了制度设计初衷,属于公然的"操纵"选举的行为,因此,全巴索托大会党在首都马塞卢发起了一场为期三天的工人罢工;大选结果不佳的巴索托国民党对票选结果提出公开抗议,不仅剑指获胜的执政党和民族独立党,还指责独立选举委员会对执政党有包庇和袒护行为,呼吁举行大规模抗议活动以抵制票选结果;马里马特卢自由党也向法院提出上诉,要求法院裁决比例代表选举的1/3席位无效;对票选结果表示抗议甚至来自民族独立党内部,该党主席安东尼·曼耶利(Anthony Manyeli)与副主席塔波·莫迪科(Thabo Motikoe)在进入候选人名单的具体安排上持有不同见解,由于该党副主席掌握党内实际权力并决定了最终的候选人名单,党主席安东尼·曼耶利将他的竞争对手告到高等法院,并对比例代表的分配结果表示强烈抗议。莱索托混合选举制度的复杂性以及针对此次大选争论的激烈程度由此可见一斑。

在比例代表席位分配问题出现后,莱索托各党派就化解争端的途径再一次爆发矛盾并陷入僵局。大选获胜方莱索托民主大会党主张由法院裁决,而以全巴索托大会党为代表的反对派则希望由国际专家做

出仲裁。在长时间争执不下的情况下，双方同意在南部非洲发展共同体代表介入调查的情况下暂时停止各种抗议活动。以博茨瓦纳前总统凯图米莱·马西雷（Ketumile Masire）为代表的南部非洲发展共同体代表接连会见了莱索托各反对派的领导人，并呼吁反对派通过谈判解决争端。2009年，凯图米莱·马西雷向南部非洲发展共同体提交工作报告，并声称完成调解工作，但莱索托国内各方对此次调查表现出极大的不满。反对派认为南部非洲发展共同体根本没有触及反对派与政府的矛盾和核心问题，反而一直在做安抚选民的工作；执政党本就不赞同通过调解来解决争端，首相莫西西利在2008年10月的一次公开讲话中称，莱索托作为独立的主权国家，选举结果不受任何外部力量的干涉。调解失败后，反对党领袖塔巴内将莫西西利描述为不顾人民愿望而决心控制权力的"非洲阴谋集团独裁者"，他还指责独立选举委员会在争议中偏袒莱索托民主大会党。最终，反对派的抗议和南部非洲发展共同体的调解都没能改变大选结果，由莫西西利领导的莱索托民主大会党成功组建了新一届内阁。

3. 2012~2018年——多党联合执政时期

从2010年起，以突尼斯"茉莉花革命"为起点，中东、北非国家相继出现政局动荡和要求民主的革命浪潮，莱索托也被波及。2012年大选前，莱索托各地出现不同程度的工人罢工和学生游行，政局动荡和大选的不确定性提高。截至2017年，莱索托在5年内已产生三届多党执政的联合政府，莫西西利和塔巴内先后担任首相。

首先，执政党莱索托民主大会党内部权力斗争激烈，出现了分裂。

2012年2月，首相莫西西利因专权而受到党内挑战，宣布脱离莱索托民主大会党，另组民主大会党继续执政。莱索托民主大会党原秘书长莫泰乔阿·梅辛（Mothertjoa Metsing）接替莱索托民主大会党领袖。大选前一个月的民意调查显示，莫西西利的支持率达到39%，民主大会党在选举中赢得相对多数的可能性很大，莫西西利自己也一直坚信民主大会党将在大选中取得胜利，甚至在大选前两天，他还公开表示民主大会党将在投票中以简单多数获胜。

第二章 历　史

大选于2012年5月26日举行。次日，独立选举委员会突然宣布由于受到"严重的后勤问题"的影响不得不暂停选举投票的统计工作，此举在莱索托引发紧张局势，最终，独立选举委员会在全巴索托大会党等反对党的强力施压下公布了选票情况。票选结果显示，执政党莱索托民主大会党仅获得48个席位，未超过半数而无法组阁。由于其他政党得票数均未超过半数，根据莱索托宪法，各参选政党可自由结盟，结盟政党获得的席位超过61席即可组阁。5月30日，全巴索托大会党领袖塔巴内向外界公开表示，全巴索托大会党已经与莱索托民主大会党、巴索托国民党、人民民主阵线党以及马里马特卢自由党组成联盟，联盟获得选票数超过半数。塔巴内同时还历数前任政府在消除贫困、就业、教育、基础设施和卫生防疫等方面的政策过失，并说"我们将权力放到了错误的人手中，现在我们正将权力从他们手中拿走"①。紧接着，首相莫西西利于2012年5月31日宣布辞职。民主大会党秘书长林肯·拉莱差特·莫高西（Lincoln Ralechate Mokose）表示，"我们可能成功，也可能失败，如果我们失败了，我们将承认并且作为反对派在议会中继续工作"。2012年6月9日，全巴索托大会党领袖塔巴内正式就任新一任首相。2012年大选实现了莱索托历史上第一次政权和平转移，由此次大选产生的政府也是第一个由反对党联盟组建的多党联合政府，在莱索托历史上具有重要意义。

其次，联合政府内部权力斗争激烈，斗争演变为准军事政变。

虽然组成了联合政府，但政府内的权力斗争并未停止，各党派之间的争端与矛盾不断并日渐升级。其中，警察支持的首相塔巴内和军方支持的副首相莫泰乔阿·梅辛的矛盾十分尖锐。2014年6月19日，塔巴内关闭了议会，及时避免了一场信任投票以及可能由此引发的政变。但是，在塔巴内宣布解除国防军司令肯尼迪·特拉利·卡莫利（Kennedy Tlali Kamoli）的职务后，局势变得更加紧张：2014年8月30日3点左

---

① "Lesotho Election: Tom Thabane's ABC to Form Coalition," http://www.bbc.com/news/world-africa-18262094，最后访问时间为2016年6月10日。

莱索托

右,首都马塞卢的三个警察机构(其中包括警察总部)遭到军方突然袭击,一名警察被杀害,多人在事件中受伤。莱索托军方控制了电视台和电台,广播和电视信号被切断,受到生命威胁的首相塔巴内被迫逃往南非。

从关闭议会到政变发生,莱索托的一系列非正常动荡引起地区其他国家的高度关注,南非政府对此发表声明,称南非政府已经高度关注议会闭会以来莱索托出现的政治和安全局势变化,南非政府对发生在莱索托首都马塞卢的军方的不寻常动作表示严重关切。南部非洲发展共同体也一度向莱索托政府发出违宪警告。逃往南非的塔巴内和继续主持政府工作的梅辛各执一词。塔巴内声称莱索托军方被"一名已经遭到免职的军官"控制而发动非法政变,同时呼吁南部非洲发展共同体帮助恢复莱索托的秩序;梅辛则表示军方的行为针对"涉嫌对一个政治派别进行武装的警察",军方已经全部返回营区,否认发动政变。

最后,国际社会介入,提前大选仍然维持了多党执政的局面。

2014年9月3日,南非警方和纳米比亚警方护送塔巴内返回莱索托,并对其进行24小时随身护卫。在南共体和南非副总统西里尔·拉马福萨(Cyril Ramaphosa)的介入调解下,莱索托各方终于就提前举行大选达成共识,本应于2017年举行的大选被提前到2015年2月举行。

2015年2月28日,莱索托提前两年多举行大选,选举依然采用"80 + 40"混合模式。共有120万名选民登记,在选举当日,士兵被限制在军营内活动,由非盟、英联邦和南部非洲发展共同体派出特别代表负责监督大选。投票结果显示,没有任何一个政党获得超过半数议席的绝对优势,投票结束后,莫西西利领导的民主大会党与梅辛领导的莱索托民主大会党会同其他五个较小的政党结成联盟,成立莱索托历史上第二个联合政府,莫西西利时隔三年再次出任首相,梅辛则继续担任副首相一职。

2017年,莱索托再次陷入政治混乱。受到执政党分裂、首相不信任案和国王提前解散议会的多重影响,本应在2020年举行的大选被提前到2017年6月。共有125.35万名选民登记,投票率为46.85%,是恢复民选政府以来投票率最低的一次，共有30个政党参加竞选，其中12个获得议会席位，参选政党数量和获得议会席位政党数量均为莱索托历史上最多的一次。全巴索托大会党领袖塔巴内当选首相。但是，在新政府组建仅仅几个月之后，莱索托就因国防军总司令遭遇枪杀而再度陷入乱局。为了协助莱索托调查此次枪杀案件并维持社会秩序，南部非洲发展共同体先后派出调查团和应急部队进入莱索托。① 与此同时，塔巴内领导的内阁由于推行《改革委员会法案》而陷入分歧，种种迹象表明，莱索托政治稳定和社会稳定仍然面临较大风险。②

第五节　著名历史人物

一　莫舒舒一世

莫舒舒一世（Morena Moshoeshoe I，1786～1870）是巴苏陀王国的创立者。莱索托历史上最杰出的政治家、外交家、军事家。生于1786年。本名为莱坡科（Lepoqo），是巴莫科特利氏族首领莫哈强（Mokhachane）的长子，幼年身体强壮，孔武有力，性格豪爽，胆识过人，是格斗、作战和偷牛（巴苏陀兰人以善偷牛为良技）的高手，其名"莫舒舒"（Moshoeshoe）由象声词而来，表明他偷牛干净利落，就像"唰唰"的刮胡子声一样。他胸怀大志，很快在同龄人中崭露头角。18岁时，在行割礼、完成成人仪式后，他的祖父带他拜见了当时巴苏陀族著名的酋长莫洛米，据称，莫洛米对他十分赏识，按本族的风俗用自己的前额擦他的前额为他祝福，并摘下自己的一个长耳环给他戴上，还赠给他一头公牛、一块盾牌和一支矛。③

莫舒舒牢记莫洛米的教诲，领悟到仁爱、和平的治国之道，立志要当

---

① *Country Report Lesotho 1st Quauter 2018*（London：EIU，2018），p.17.
② *Country Report Lesotho 3rd Quauter 2018*（London：EIU，2018），p.17.
③ 〔法〕D. F. 埃伦伯格编著《巴苏陀史（上册）》，山东大学翻译组译，山东人民出版社，1975，第185～187页。

莱索托

一位伟大的酋长。在本氏族内，他恩威并施，逐渐树立了威望，迪法肯战争又为他统一巴苏陀兰各部落，成为巴苏陀王国的创立者提供了舞台。在群雄逐鹿的迪法肯战争中，莫舒舒审时度势，多谋善断，多次化险为夷，粉碎敌人的进攻，并且在战争中始终高举民族团结的旗帜，不仅团结巴苏陀兰各部落，而且招徕了其他部落，经过10余年的战争，将酋长国发展成巴苏陀王国，定都塔巴博修。

19世纪30年代后，巴苏陀兰人面临布尔人和英国殖民者的双重威胁。莫舒舒励精图治，进行一系列政治、经济以及文化改革，抵抗外来侵略、保卫巴苏陀兰人的家园。他领导巴苏陀兰人民同殖民者进行数十年斗争，表现了非洲人民不屈不挠的精神。1870年3月11日，莫舒舒逝世，王位由儿子莱齐耶继承。他作为巴苏陀王国的缔造者深受巴苏陀兰人的尊敬和缅怀。莱索托人民至今仍骄傲地称自己为"莫舒舒的儿子"，并将莫舒舒一世的忌日——每年的3月11日作为"莫舒舒日"。

二　莫舒舒二世

莫舒舒二世（Constantine Berreng Seeiso Moshoeshoe Ⅱ，1938~1996），莱索托国王，1938年5月2日生于莱索托莫霍特隆区，天主教徒。巴苏陀王国创始人莫舒舒一世后裔，最高酋长格里莫思之子。1940年，其父逝世，年仅两岁的莫舒舒二世被指定为王位继承人。因年幼，由其母摄政。他早年在家乡读书，1954年赴英国，先后学习政治学、哲学、经济学等内容，获得文学学士学位。

回国后，莫舒舒二世积极与国内各党派和民族独立运动组织合作，致力于使该国摆脱英国殖民统治，争取民族独立。1960年宪法改革后，他被确立为巴苏陀兰大酋长。1958年和1964年，他两次出席伦敦制宪会议并签署关于巴苏陀兰独立的协议。1966年巴苏陀兰宣布独立，改名为"莱索托王国"，他正式登基。因与首相乔纳森出现政见分歧，1966年12月至1967年1月和1970年2月他两度被软禁，一度流亡国外。1967年1月，他签署文件，同意限制国王权力的宪法规定。

莫舒舒二世还热心教育事业，亲自创建马哈托奖学金基金会，在马茨恩创办莫舒舒二世中学。1971～1974年任博茨瓦纳—莱索托—斯威士兰大学校长。他还是莱索托红十字会和拯救儿童基金会等慈善组织的赞助人、乌特辛格开发信托公司的创始人。1982年，他率代表团出席联合国安理会会议，抗议南非入侵莱索托。1986年1月，莱索托发生军事政变，乔纳森政府被推翻，新成立的军事委员会授予他行政权和立法权，改变了过去国王不参与政事的状况。1985年8月，他访问中国。

1990年2月，军事委员会主席莱哈尼耶解除了莫舒舒二世除举行仪式外的一切权力，并指责他反对国家民主化过程。同年3月，莫舒舒二世被迫离开莱索托。11月，军政府废黜莫舒舒二世，立其长子莫哈托为国王，称"莱齐耶三世"。1993年，军政府宣布"还政于民"，举行莱索托第二次大选，巴苏陀兰大会党获胜。1995年1月，莫舒舒二世复位。1996年，莫舒舒二世因车祸去世。

三 乔纳森

乔纳森（Leabua Jonathan, 1914～1987），莱索托前首相。1914年10月30日出生于莱里贝区，巴苏陀王国创始人莫舒舒的后裔，酋长乔纳森·莫拉波之子。早年在教会学校上学。1933～1937年在南非兰德矿区当职员。1937年回国，在地方政府任行政助理至1950年。之后出任巴苏陀兰法庭庭长和司法专员顾问。1952年开始从事政治活动，1954年当选莱里贝区委员会委员。1956年当选国民议会议员，是马舍埃拉大酋长的三名顾问之一。

1958年，乔纳森创建巴索托国民党。1958～1964年两度随代表团出席伦敦制宪会议。1965年5月在巴苏陀兰的大选中，领导巴索托国民党获胜，在成立的自治政府中出任首相和国防及国家安全大臣。1966年，巴苏陀兰独立，改名为莱索托王国，他继任首相，并先后兼任公共工程大臣、社会发展大臣等。1970年，在莱索托举行的第一次全国大选中，乔纳森领导的巴索托国民党被莫赫勒领导的巴苏陀兰大会党以微弱优势击败。

乔纳森运用手中的权力宣布选举无效，暂停宪法，莱索托进入一党专政时期。

1983年5月出访中国。1984年因拒绝与南非签订互不侵犯条约而获得布鲁塞尔和平外交学院的哈马舍尔德奖。1986年1月，乔纳森政府被准军事部队司令莱哈尼耶少将发动的军事政变推翻。1987年4月去世。

四　莫赫勒

莫赫勒（Ntsu Mokhehle，1919～1999），莱索托前首相，巴苏陀兰大会党前主席、莱索托民主大会党前名誉主席。1919年出生于莱索托泰亚泰亚嫩。曾在南非格雷厄姆斯敦圣马休斯学院学习。1940年进入南非黑尔堡学院，1942年因参加政治活动而被校方除名，1944年再度入学，1946年获理学硕士学位。在南非时，曾参加南非非洲人国民大会青年联盟。1949年回国，1952年创建巴苏陀兰非洲人大会党，任主席。1955年创办刊物《战士》。1958年参加在加纳召开的第一届全非人民大会，并当选常务委员会委员。1960年当选泰亚泰亚嫩地区委员会委员。1963年当选国民议会议员，为议会反对党领袖，同年12月参加在伦敦召开的制宪会议，因英国政府拒不接受莱索托在独立前举行新的普选的要求而退出会议。莱索托独立后，莫赫勒仍然积极投身于政治活动。1967年因"煽动暴力"被捕1年。1969年再度被捕，后获保释。1970年以反对党身份参加大选，他领导的巴苏陀兰大会党获得微弱优势，但首相乔纳森宣布选举无效，莫赫勒再次被捕，后于1971年6月获释。1974年，莫赫勒逃离莱索托，在南非的支持下建立了反政府武装——"莱索托解放军"，并自任司令。该武装多次制造针对执政党和执政党领袖乔纳森的暴力事件。

1988年，莫赫勒结束国外的流亡生活，回到国内参加恢复民主选举的谈判。1993年3月，在莱索托独立后的第二次大选中，莫赫勒领导的巴苏陀兰大会党获胜，莫赫勒出任莱索托首相，1994年8月因政变而中断执政。在南部非洲国家的集体干预下，莫赫勒于当年9月重新执政。

1997年6月，鉴于党内反对声音强烈，莫赫勒率副主席莫西西利等高层领导人退出巴苏陀兰大会党，另组莱索托民主大会党，莫赫勒仍任主席。1998年2月由于健康原因改任该党名誉主席，莫西西利为主席。在1998年5月莱索托大选、莫西西利任首相后，莫赫勒基本上退出了政坛。1999年1月6日去世。

第三章

政　治

第一节　政治制度演变

一　独立前的政治发展演变

莱索托的政治发展进程经历了三个阶段，即从氏族部落发展到部族国家时期、殖民地时期和民族独立时期，其政治体制的发展也经过了相应的三个时期。这在很大程度上决定了现代莱索托的政治特征。

17~18世纪，班图人的一支南迁到卡勒登河和马洛蒂群山之间，形成了一些以家族为单位的巴苏陀部落，其社会政治结构特点是高度分散。既有自治村社，也有较大的酋长国，但50~100人的村社是基本形式，血缘和亲属关系构成村社的基本特征，村社有时也会收容一些无亲属关系的成员。酋长、头人及其亲属构成村社的核心，掌握村社的财产、宗教以及司法大权，他们往往非常尊重村民大会的意见，村社民主制得以保留。各村社和酋长国之间形成各式各样的隶属和依附关系。由于巴苏陀族人喜欢分家独居，动辄率众脱离，因此小邦林立。[①] 在风俗习惯上，巴苏陀族人保留了班图人的传统习俗。酋长实行长子继承制。

通过迪法肯战争，巴苏陀酋长莫舒舒一世统一和兼并了南苏陀人分

---

① 艾周昌、郑家馨主编《非洲通史·近代卷》，华东师范大学出版社，1995，第560页。

莱索托

散的部落，19世纪30年代初，将其发展为权力集中的巴苏陀王国。莫舒舒酋长将王国分成三大区，派王族子弟驻守，由中央控制中心区域；边远地区则被给予充分自治权；继续讨伐未被统治的酋长国，以巩固中央集权。

英国殖民当局在巴苏陀兰实行间接统治制度，在巴苏陀兰大权独揽，由高级专员颁布法律，任用殖民地官吏和警察，但同时也保留了最高酋长的权力和酋长制度，承认其世袭制度和土著习惯法。第二次世界大战后，在非洲民族独立浪潮的冲击下，英国殖民当局被迫于1956年召开巴苏陀兰第一届立法会议，1960年进行第一次议会选举，1965年举行第一次建立在成年公民普选基础上的大选，这为莱索托现代政治制度的确立奠定了基础。

二 独立后政治制度的发展

1966年10月独立后，莱索托仿照英国的政治体制，颁布了1966年独立宪法。根据宪法的规定，莱索托为君主立宪政体，实行三权分立和议会制君主制，国王是国家元首，首相为政府首脑，实权掌握在内阁手中。实行两院议会制，参议院由首相指定的11名议员和22名主要酋长组成，众议院由65名选举议员组成，同时保留了巴苏陀族的政治传统，其中包括宗法关系和酋长制度。

莱索托独立后的政治发展，遵循了大多数发展中国家政治发展的模式，即"政党中心主义"①。独立后至今，莱索托的政治发展经历了多党制、一党专政、军人执政时期的党禁制、多党制四个阶段。莱索托政党体制的变迁看似一个循环，实际与莱索托独立建国时期、集权统治时期和民主建设时期的政治进程是相互影响的。通过对莱索托历次政党转型的影响

---

① 政党中心主义是一种政党主导下的制度变迁模式。发展中国家的制度变迁由于缺乏把充分的经济发展和成熟的国家机构作为基础，无法遵循"社会+政党"（例如英国和法国）或"国家+政党"（例如德国和日本）的既定模式，因此政党成为主导政治发展的单一的、核心的，甚至具有决定性的因素。参见杨光斌《制度变迁中的政党中心主义》，《西华大学学报》（哲学社会科学版）2010年第2期。

因素的分析，可以看出，政党体制转型推动了政治发展，而不同时期政治发展的诉求又影响了政党制度的变迁①。

根据莱索托政治发展进程的特征，可以把影响政党转型的变量概括为三个要素，即莱索托政治精英及社会各阶层的民族主义意识、对民主化的诉求和对政治秩序的诉求。

（一）民族主义的勃兴带来现代政党和独立国家的建立

民族意识觉醒和民族主义的勃兴是非洲国家现代政党诞生的原初动力。莱索托也不例外。1952 年成立的"巴苏陀兰非洲人大会党"起源于 20 世纪早期三次巴苏陀兰殖民抵抗运动，是莱索托第一个民族主义政党。它首次把反对英国殖民统治、争取巴苏陀民族自治和独立写进党的纲领，沉重打击了英国殖民统治。紧随其后成立的马里马特卢党、巴索托国民党、巴苏陀兰自由党和莱索托共产党虽然政治主张各不相同，但在争取民族独立的目标上始终一致。20 世纪 60 年代中期，各政党在反对英国殖民统治原则下开展有限合作，共同参与制定了旨在扩大自治权的 1965 年宪法，迫使英国于 1966 年承认莱索托独立。1965 年 4 月，莱索托举行首次国民议会选举，除莱索托共产党外的其他 3 个政党参与了大选，乔纳森领导的巴索托国民党以微弱优势获胜，组建了独立后的第一个民族政府。1966～1970 年，莱索托实行了短暂的多党制。

民族独立目标的达成，使莱索托民族主义的目标由"争取民族独立"转向了"提升发展速度"，如何发展经济，尽快摆脱落后的发展状况，成为各政党关注的首要问题。由于各政党利益诉求不同，在 1970 年举行的第二次国民议会选举中，反对党巴苏陀兰大会党以微弱优势战胜执政的巴索托国民党，但首相乔纳森拒绝承认选举结果，宣布终止宪法，解散议会，驱散并关押反对党领导人。莱索托政党体制转变为一党专政。1970 年，执政党宣布禁止反对党活动。一党专政的体制滋生了党内专权

---

① 陈晓红、于文龙：《非洲政党政治对政治发展的影响及其启示——以南部非洲莱索托为例》，《湘潭大学学报》（哲学社会科学版）2018 年第 3 期。

和腐败，但同时也保证了政权的稳定性和延续性，促进了国民经济的快速增长。在巴索托国民党执政时期，执政党连续实施了三个经济发展五年计划，为莱索托初步建立了民族工业体系，并与南非签署了迄今为止最重要的工程——"莱索托高原水利工程"① 协议，该项目也是非洲最大的水利枢纽工程。

（二）第三波民主化浪潮衍生了多党制，也带来了"昂贵的民主"

20世纪60年代中期，莱索托在争取民族独立时，民族主义政党通过发起群众运动、唤醒民族独立意识、鼓动人民参加政党活动和参加选举投票，实现了第二波民主化，建立了现代国家。冷战结束之后，非洲面临新一轮政治民主化和经济全球化浪潮的冲击。此时，全球权力结构发生根本性变化，"华盛顿共识"处于高潮，第三波民主化浪潮在非洲大部分地区传播了西式自由、民主和善治的思想理念，莱索托深受影响。1993年3月，在国际社会的干预下，莱索托恢复多党制，举行了实行一党制以来的首次民选。

大选过后，巴苏陀兰大会党以绝对多数选票占据国民议会席位，其余11个政党被排挤于议会之外，军队沦为政党竞争的另一舞台，由巴索托国民党控制的部分军队在新政府成立仅1年之后发动叛变，议会被迫解散。自大选后，政党之间陷入无序竞争之中，而民众的民主化诉求又缺乏表达机制，政治参与度下降。到选举制度改革之前，莱索托国内政治表现为频繁的党际冲突、严重的暴力对抗和持续的社会动荡，政府孱弱，经济下行，几近崩溃，国内政治并未出现预想的稳定局面，政治发展严重受阻。这说明民主的确是一项"昂贵的事业"——民主化虽然衍生了多党制，但多党制未必能带来真正的民主。

---

① 莱索托高原水利工程是非洲地区最大的水利传送工程，由南非和莱索托共同计划、开发。预计完全建成后，输水能力可达80m³/s。截至2017年，在建项目处于第二阶段。详细资料参见莱索托高原水利工程二期官方网站，http://www.lhda.org.ls/phase2/index.php，最后访问时间为2017年11月12日。

(三) 民众对政治秩序的诉求促成选举制度改革，加快政治发展进程

由多党制回归引发的政治失序全面波及社会和经济领域，1998 年议会选举再次引发军人哗变，导致全国骚乱，损失近 10 亿马洛蒂，GDP 增长率仅为 1.4%，创下了自 1981 年以来的历史最低水平[①]。恶劣的社会状况促使莱索托政治精英和民众开始反思政治稳定的重要性，并最终促成选举体制改革。

1998 年莱索托开始政治重建进程。在联合国、非洲统一组织和南部非洲发展共同体的监督和斡旋下，莱索托组建了囊括所有参选政党的临时政治局 (Interim Political Authority, IPA)，该机构为严重分裂对立的莱索托政党搭建起有效的对话桥梁。尽管各党派利益主张不同，但共同的政治秩序诉求仍然促成了选举体制改革方案。依据方案，莱索托国民议会选举采取"80 + 40"混合比例代表制度，即国民议会共设 120 个席位，其中 80 个议会席位由全国 80 个选区获胜的政党占有，40 个议会席位按照得票数分配给其他政党。事实证明，通过为选举失利的党派提供利益表达途径来增强国民议会的合法性，将长期影响政治稳定的党际竞争纳入制度范围之内，减少了以往大选时由于一党独大而引发的反对党暴力抵抗的情况。[②] 在 2002 年 5 月大选中，新的选举模式得到朝野双方的支持，莱索托民主大会党赢得大选，莫西西利任首相，新政府继续贯彻"稳定、发展、良政"的施政方针，推进民族和解，调整与王室、酋长、教会及反对党的关系，控制政局的能力不断增强。

表 3-1 比较直观地反映出在莱索托政党体制变迁的不同时期，三个变量对体制转型的影响是有差异的。

---

① 数据引自国际货币基金组织网站，http://www.imf.org/external/datamapper/NGDP_RPCH @WEO/LSO，最后访问时间为 2017 年 11 月 12 日。
② Khabele Matlosa, "Electoral System Design and Conflict Mitigation: The Case of Lesotho," in *Democracy, Conflict and Human Security, Further Readings* (International IDEA, 2006), p. 95.

莱索托

表 3-1 影响莱索托历次政党体制转型的因素分析

莱索托历次政党体制转型		民族主义	民主化追求	政治秩序诉求
1966 年	独立初期温和多党制	●	●	○
1970 年	温和多党制→一党独裁制	●	○	●
1986 年	一党独裁制→党禁制	○	○	●
1993 年	党禁制→极化多党制	○	●	○
2002 年	选举体制改革	●	●	●

注：①●表示影响程度较强，○表示影响程度较弱。②温和多党制和极化多党制是乔万尼·萨托利对政党体制的分类。前者指的是一种政党之间意识形态差距较小、政党竞争呈现向心性的政党体制；后者则指存在"反体制政党和不负责任的反对党、政党竞争的离心性驱动力超越向心性驱动力"的多党制。参见〔意〕G. 萨托利《政党与政党体制》，王明进译，商务印书馆，2006，第 185～267 页。③2002 年的选举体制改革虽然并未从根本上改变政党体制，但其对政党数量、政党力量格局和政党竞争方式的影响十分深刻，从影响上来看并不亚于一次比较彻底的政党体制转型。

资料来源：笔者根据莱索托政治发展进程的特征整理而成。

三 莱索托政党政治的特点

1993 年实行多党制至今，莱索托政党政治表现出来的特征进一步说明政党政治对政治发展的深刻影响。具体表现如下。

（一）政党裂变频繁

受国际社会民主化浪潮的影响，政党数量急剧增加，参选政党从 1993 年的 12 个增加到 2017 年的 30 个①，呈现不断裂变的特征。大多数分裂几乎在国民议会选举之前的短期内发生，比如，1998 年大选前 11 个月，执政党巴苏陀兰大会党主席莫赫勒脱离，组建莱索托民主大会党；2002 年大选前 8 个月，执政党莱索托民主大会党副主席马霍佩脱离，组建莱索托人民大会党；2007 年大选前 4 个月，执政党莱索托民主大会党成员塔巴内脱离，组建全巴索托大会党；2012 年大选前 3 个月，执政党莱索托民主大会党主席莫西西利脱离，组建民主大会党。2017 年大选前，莱索托各主要参选政党同样相继发生分裂——从莱索

---

① 《莱索托注册政党列表》，http://www.iec.org.ls/index.php/menu-options，最后浏览时间为 2017 年 11 月 12 日。

托民主大会党中分裂出经济改革运动党（Movement for Economic Change，MEC）、从民主大会党中分裂出民主联盟党（Alliance of Democrats，AD）、从全巴索托大会党中分裂出真理和解团结党（True Reconciliation Unity，TRU）。

莱索托政党频繁分裂的原因复杂多样。从政党内部机制来看，莱索托主要政党普遍缺乏民主。一般认为，奉行民主原则的政党较奉行专制原则的政党拥有更高的党员参与程度，因而拥有更高的党内团结度或结合度[①]。虽然几乎所有莱索托政党都标榜自己为民主政党，许多甚至不惜将"民主"字眼直接写入政党名称，但实际上党内组织原则与民主要求相去甚远。大多数莱索托政党内部没有供普通党员影响政策和控制领袖的架构与渠道，失去监督控制的政治寡头可以以一己利益为准则肆意地在政党之间进行分裂或组合。事实上，莱索托频繁发生的政党分裂很少涉及意识形态或政策立场分歧，也并不像其他非洲国家那样涉及种族利益、宗教信仰或地域划分（莱索托为单一种族国家，绝大多数国民信仰基督教），而几乎总是缘于党内高层领导人之间的冲突。

从政党外部环境来看，现行选举体制的弊端加剧了政党分裂。虽然改革十分见效，但混合比例代表制有利于小党发展的特征也加快了莱索托政党分裂的速度，当同一个政党内部的政治精英就席位分配产生无法调和的矛盾时，一方会更倾向于通过另建小党直接谋求议会席位，从而导致主要政党，特别是执政党内部分裂。莱索托对政党注册和参选的宽松条件，同样助长了莱索托政党的内部分裂。

（二）政党力量格局"碎片化"

从独立建国到 20 世纪 90 年代末，莱索托政党力量格局基本上呈现朝野对立形态，即以莫赫勒领导的巴苏陀兰大会党和乔纳森领导的巴索托国民党为代表的两方在制度内或者制度外展开竞争。从 20 世纪 90 年代末开始，上述两个主要政党内部接连发生分裂，主要政党的规模

---

① 刘红凛：《政党类型与党内民主分析》，《中国人民大学学报》2010 年第 5 期。

缩小，参选政党数量急剧增加，极大地改变了莱索托政党政治的力量格局。

对比莱索托民选政府时期历次大选结果可以发现，进入国民议会的政党数量在2002年选举体制改革前后有明显变化：获胜党大选得票率从1993年的74.8%下降到2015年最低时的38.37%；议会最大党占有席位比例从1993年的100%下降到2015年最低时的39.17%（见表3-2）。这表明莱索托议会权力在党与党之间的分布趋向平面化，在不进行政党体制大幅变革的情况下，很难再现一党主导或朝野均衡的力量格局，这对于遏制长期困扰莱索托的一党专权和行政腐败具有一定的积极作用。

但是，失去了稳定结构的政党力量格局进一步向"碎片化"发展，政党数量众多，无一政党可以在全国选举中赢得过半数票单独组建政府，而且很多政党之间的差别仅仅体现在名称、党徽和章程的措辞上。这不仅意味着出现一种混乱无序的消极竞争状态，同时也使政党对社会的渗透能力下降，政党与公众、公共部门和利益集团之间的联系持续减弱。政党纯粹沦为政治精英攫取国家权力的工具，完全脱离社会经济状况和民众参与基础，执政党对国家的控制力和治国理政能力下降。

表3-2 1993~2017年国民议会席位情况

单位：%，个

选举时间	获胜党大选得票率	议会最大党占有席位比例	赢得议会席位政党数量
1993	74.8	100	1
1998	60.7	98.75	2
2002	54.9	64.17	10
2007	—	51.67	11
2012	39.58	40	12
2015	38.37	39.17	10
2017	40.52	42.5	12

资料来源：笔者根据莱索托独立选举委员会公布的数据整理而成。

（三）党际冲突主要表现为选举暴力

选举暴力指的是一种见于政治活动中的暴力行为，旨在通过暗杀、动用军队扰乱政治集会和投票，使用武器恐吓、威胁选民等手段，影响、拖延甚至决定选举过程。1970年，莱索托大选的流产和反对党领导人被关押驱逐，标志着选举暴力在莱索托出现，继而对整个国家的政治发展轨迹产生深远影响。此后在整个20世纪90年代，围绕1993年和1998年两次大选的暴力行为引发全社会的持续动荡。2002年，选举制度在进行改革后，有效遏制了选举暴力，但之后莱索托军队和警察之间的冲突再一次引发严重的政治危机。不仅如此，政党竞争的暴力倾向还波及莱索托政治、文化领域，持续影响莱索托政治发展。

（四）外部因素对莱索托政党政治影响深刻

独立初期的大多数非洲国家的政党制度和选举模式几乎是殖民宗主国的复刻，莱索托也不例外。而且由于与南非的特殊关系，莱索托政党政治也深受南非的影响。

应当说，外部因素对莱索托政党政治的影响有积极的一面。比如，20世纪90年代莱索托民选政府的建立，在很大程度上得益于国际社会对军政府的施压；南部非洲发展共同体对调和莱索托党际纷争和稳定政治局势起到了一定的积极作用[1]；此外，2002年，在南非等国家的协调和斡旋下，莱索托选举体制的改革取得成功。

但也应该看到，西方国家对莱索托实施的所谓"选举援助"[2]对莱索托政党政治的发展带来了不小的负面作用和消极影响。西方国家利用莱索

---

[1] 1994年，南非、津巴布韦和博茨瓦纳三国政府首脑向莱索托施压，促成国王与首相和解；1998年，南部非洲发展共同体联军帮助莱索托平息了由大选引发的社会暴乱；2014年，南部非洲发展共同体就莱索托政治危机发出违宪警告并及时避免冲突升级，这一系列事件中表现出来的集体调停机制成为南部非洲区域合作的特色。参见张瑾《非洲区域经济一体化探索：南部非洲发展共同体30年》，浙江人民出版社，2014，第77~79页。

[2] 选举援助指的是西方国家对由"非民主政权"向"民主政权"转变的国家的援助行为，也是间接党援助的主要内容之一。参见赵绪生《西方选举援助评析》，《国际论坛》2014年第3期。

托经济对国际援助的严重依赖附加了很多条件，并且通过为参选政党提供政治献金和活动资本，直接影响选举进程和选举结果。这种现象不仅成为莱索托出现政治乱局的深层原因，而且普遍存在于许多非洲国家的政治发展过程中。

第二节 立法、行政和司法体制

一 立法机构

莱索托独立时，仿照英国三权分立制度，建立了立法、行政和司法体制。根据1966年的独立宪法，莱索托立法机关为议会，由参议院和国民议会组成。但到1970年乔纳森政府实行一党专政后，议会实际上被解散。1973年，乔纳森政府成立临时国民议会，其由原参议员和国民议会议员共93人组成，其中执政党巴索托国民党占34席，其他政党占26席，主要酋长占22席，国王指定者占11席。议长为科拉尼。至1983年，莱索托议会先后通过200项法案。其中重要的有：建立莱索托国立大学法案、1978年发行莱索托货币马洛蒂法案、1980年颁布大赦令法案、1983年议会法案。在1983年8月22日这天，议会通过了22项法案，内容如为纪念1982年12月9日南非袭击首都马塞卢事件中的死难者，将这一天定为"人权日"等。

1986年，莱哈尼耶政变上台后，国王下令解散国民议会，由大臣委员会代替其职能。1991年，莱哈尼耶政权被推翻，同年7月4日莱索托议会通过新宪法，1993年4月2日，新宪法正式实施。这部新宪法再次确立了莱索托议会的地位、议会的产生、议会的组织结构以及议会的工作程序等，并沿用至今。

1993年宪法共15章166条，包括基本人权和自由的保障、国家政策原则、公民权利、国王、议会、宪法的修改、行政、土地、财政、司法以及公共服务等。宪法规定：莱索托实行世袭君主立宪制，国王为国家元首，无行政权和立法权，但有解散议会和政府的权力；立法权属于议会，实行两院议会制，行政权属于内阁，由议会多数党主席组阁，首相为政府首脑和武装力量首领；司法机关由高等法院、上诉法院、中心法院和地方法院组成，行使司法权。宪法第 7 章第 85 条规定，宪法的修改权归议会，由议会多数票通过修改宪法的法案，并提交国王同意。另外，莱索托还设立宪法委员会进行违宪审查。[1]

根据 1993 年宪法，立法权归议会，议会提出、审议并通过法律，首相和内阁大臣组成的内阁管理行政机构，实际管理国家，并将法律付诸实施，将所有政府事务通知国王。同时，所有议会成员必须向国王及其继承者宣誓。国王可以根据首相或国务委员会[2]的建议召集、延长和解散议会；如果国王认为解散议会损害莱索托王国的利益的话，那么他也可以拒绝解散议会。

莱索托议会选举采取简单多数制和自愿投票制。由国王根据司法咨询机构的建议，任命一个独立的选举委员会来进行管理。选举委员会独立于任何人或权力，负责监督全国选民登记、汇总选民名单、监督选举过程。宪法规定，凡年满 18 岁，在莱索托居住的莱索托公民均有权参加选民登记，但下列人员除外：效忠外国政府者、被判处死刑者和精神失常者。选举委员会以人口、共同利益、通信和地理将全国划分为 80 个选区，选民被基本平等地划分到各个选区中，每个选区的人口数量相差不超过 10%，每隔 8~10 年，或者在每次全国人口普查后，选民都要重新登记，选举委员会也要相应地重新划分选区。[3] 凡年满 21 岁的莱索托公民都有资格成为参议员或国民议会议员，但下列人员除外：被判处死刑的

---

[1] 《莱索托宪法》，莱索托政府网站，http://www.lesotho.gov.ls。
[2] 国务委员会是莱索托重要的议政机构，国王主要负责召集并主持国务委员会会议，首相亦可代行其职。它至少包括：首相、国民议会议长、国王根据首相大法官的建议指定的高等法院或上诉法院的两名法官、首席检察官、武装力量总指挥、警察机关的专员、酋长协会指定的大酋长、国民议会议长指定的两名反对党议员、国王根据首相建议任命的不超过两名具有专业技术的人以及法学会指定的一名提供私人服务的法律工作者。国务委员会所有成员必须是莱索托公民，任期为 6 年，可以连任，也可以被推举单位免去职务。参见王晓民主编《世界各国议会全书》，世界知识出版社，2001，第 255 页。
[3] 王晓民主编《世界各国议会全书》，世界知识出版社，2001，第 255 页。

莱索托

人,患有精神病的人,不能用塞苏陀语或英语阅读、写作的人,警察及在军队、监狱或国家安全部门工作的人。此外,任何参议员或酋长都不得当选国民议会议员。

1993年宪法第59条规定,参议院共设31个席位,由首相指定的10名议员和21名大酋长组成;① 参议院设置主席、副主席和秘书长,主席可以从参议员中选举产生,也可以不必是参议员或国民议会议员(但须具备能够当选国民议会议员的资格);国民议会由120名议员组成,其中80名议员通过选区代表制产生,40名议员按比例代表制产生,任期5年。议员须遵从宪法第59条的规定,议员在任期间,享有刑事豁免权。参议院主席、国民议会议长在国家官员体系中排位分别为第三、第四。

莱索托议会的工作程序如下。议案在国民议会通过后,要送交参议院审议。参议院可以对其进行修改,提出修改意见。国民议会与参议院对议案达成一致意见后,将其送交国王签署。如果国民议会送交参议院审议的议案在30天内未获参议院通过,则无论在何种情况下,它都将被送交国王签署。如果国王同意该议案,则其将被公布在政府公报上并最终具备法律效力。当国王不同意签署某项议案时,首相可以签署,这样视为国王同意并签署。②

2017年大选后的议会根据大选结果组成。全巴索托大会党占48席(同年9月30日补选后占51席),民主大会党占30席,莱索托民主大会党占11席,民主人士联盟占9席,经济振兴运动占6席,巴索托国民党占5席,大众民主阵线占3席,民族独立党、莱索托改革大会党、巴苏陀兰大会党、莱索托民主党、马里马特卢自由党等各占1席。议长是塞菲里·伊诺克·莫塔尼亚内(Sephiri Enoch Motanyane)。

莱索托历任国家元首在位时间见表3-3。

---

① 宪法规定,除了丧失莱索托公民资格、不具备选举权、没有进行选民注册等外,参议员终身任职。
② 王晓民主编《世界各国议会全书》,世界知识出版社,2001,第255页。

表3-3 莱索托历任国家元首在位时间

国家元首	在位时间
莫舒舒二世	1966年10月至1990年11月
莱齐耶三世	1990年11月至1995年1月
莫舒舒二世	1995年1月至1996年2月
莱齐耶三世	1996年2月至今

资料来源：根据英国欧罗巴出版社出版的《撒哈拉以南非洲国家年鉴》编制。

二 行政机构

莱索托行政机构由首相领导的内阁组成。首相及内阁大臣从议会组成人员中产生，首相由国民议会多数党领袖担任，国民议会提名，国王任命。如果政府解散，则首相由参议院议长担任。设副首相一职，内阁部门根据政府需要设置，内阁成员由首相提名，国王任命。

自1993年民选政府执政以来，行政机构经过了多次调整。

2003年3月24日，首相莫西西利宣布调整和改组行政机构，新增林业和土地开垦部，将原财政部与发展计划部合并为财政与发展计划部，并将原交通部、国防部、家庭事务部和工业、贸易与市场部分别更名为"交通、科学和技术部""国防与国家安全部""家庭事务与公共安全部""贸易工业和合作市场部"，总计23个行政部门。

2012年大选后，全巴索托大会党、莱索托民主大会党与巴索托国民党等组成执政联盟，塔巴内成为联合政府首相，组成新一届内阁，对内阁部门进行了部分调整：把财政与发展计划部又再次拆分为财政部和发展计划部；自然资源部一分为二，分为采矿部和能源、气象和水务部；社会发展部从卫生与社会福利部中分离。这样共有26个行政部门。

本届政府于2017年6月组成，经过几次改组。目前主要内阁成员有：

首相兼国防及国家安全大臣莫措阿哈·托马斯·塔巴内（Motsoahae Thomas Thabane）

副首相及议会事务大臣莫尼亚内·莫莱莱基（Monyane Moleleki）

莱索托

公共服务大臣楚库特拉内·阿乌（Tsukutlane Au）

劳工大臣凯凯措·兰措（Keketso Rants'o）

林业及土地保护大臣泰福·马佩塞拉（Tefo Mapesela）

通讯及科技大臣泰塞莱·马塞里巴内（Thesele 'Maseribane）

性别及青体大臣马哈莉·帕莫采（Mahali Phamotse）

水务大臣萨莫尼亚内·恩采凯莱（Samonyane Ntsekele）

教育与培训大臣莫科托·赫洛阿埃莱（Mokoto Hloaele）

财政大臣穆凯齐·马乔罗（Moeketsi Majoro）

首相府大臣莱硕波洛·莫赫拉乔阿（Leshoboro Mohlajoa）

贸工大臣哈莱波诺埃·塞察比（Halebonoe Sets'abi）

社会发展大臣莫特洛希·马利赫（Motlohi Maliehe）

小企业及市场大臣查莱恩·波里（Chalane Phori）

农业及粮食安全大臣利措阿内·利措阿内（Litsoane Litsoane）

司法、人权及劳教大臣塞马诺·塞卡特尔（Semano Sekatle）

外交及国际关系大臣莱塞戈·马霍蒂（Lesego Makgothi）

地方政府及酋长事务大臣马哈拉·莫拉波（Mahala Molapo）

矿业大臣泰梅基·措洛（Temeki Ts'olo）

公共工程大臣马利赫·普林斯·马利赫（Maliehe Prince Maliehe）

交通大臣凯凯措·塞洛（Keketso Sello）

国防及国家安全大臣泰福·马佩塞拉（Tefo Mapesela）

卫生大臣恩卡库·卡比（NKAKU KABI）

发展计划大臣特洛赫朗·奥马内（Tlohelang Aumane）

内政大臣莫赫勒·莫莱察内（Mokhele Moletsane）

旅游、环境及文化大臣乔昂·莫拉波（Chief Joang Molapo）

法律及宪法事务大臣哈博法诺·莱哈纳（Habofanoe Lehana）

警察及公共安全大臣莱赫洛霍诺洛·莫拉莫采（Lehlohonolo Moramotse）

莱索托历任政府首脑在任时间见表3-4。

表3-4 莱索托历任政府首脑在任时间

政府首脑	在任时间
莱布阿·乔纳森	1966年10月至1986年1月
莱哈尼耶	1986年1月至1991年4月
拉马艾马	1991年4月至1993年4月
恩祖·莫赫勒	1993年4月至1998年5月
帕卡利塔·莫西西利	1998年5月至2012年6月
托马斯·塔巴内	2012年6月至2015年3月
帕卡利塔·莫西西利	2015年3月至2017年6月
托马斯·塔巴内	2017年6月至今

资料来源：根据英国欧罗巴出版社出版的《撒哈拉以南非洲国家年鉴》编制。

三 司法机构

按照三权分立原则，莱索托司法体系是独立的，由高等法院、上诉法院和下级法院（地方法院）以及主要存在于偏远地区的习惯法法庭组成。司法体系基于罗马—荷兰法。高等法院、上诉法院、下级法院（地方法院）和酋长主持地方习惯法法庭的工作。根据莱索托宪法，上诉法院和高等法院法官可以由外籍人士担任，但上诉法院法官必须是英联邦国家公民。现任高等法院首席大法官是恩托蒙·马贾拉（Nthomeng Majara）。上诉法院院长是卡纳奈罗·莫西多（Kananelo Mosito）。

高等法院是最高司法机关，它负责保护人权，保证宪法和法律得以遵守，确保议会通过的法律不违宪。高等法院是独立的，国王、首相以及议会议长均不得违背或影响高等法院的判决，也不得要求高等法院做违反宪法的事情。任何有关选举效力或议会任命的问题都须提交高等法院裁决，高等法院首席大法官由首相提名，国王任命，其他法官由司法委员会提名。

下级法院（地方法院）按照10个行政区设立，地方法官主持下级法院的工作。

莱索托

第三节 主要政党

民族主义政党的出现是莱索托政治发展的一个重要标志，也是推动国家政治发展的主要动力。在莱索托政治发展进程中，政党发挥了重要作用。1952年，在非洲民族独立运动的影响下，莱索托诞生了第一个民族主义政党——巴苏陀兰非洲人大会党，随后，乔纳森创建巴索托国民党，在莱索托独立运动中，莱索托的政党极大地推动了莱索托的独立进程。

莱索托政党制度经历了从短暂的多党制到一党制再到多党制的历程，这与莱索托政治发展的特征息息相关：根据1966年宪法，莱索托独立初期建立的是多党议会制政体，但只持续了4年时间。1970年莱索托举行独立后的首次大选，反对党巴苏陀兰大会党获胜，执政党巴索托国民党失去多数党的地位，但乔纳森宣布选举无效，国家进入紧急状态，反对党遭到镇压，国家实际上实行的是一党专政。在军政府统治时期，政党活动被禁止，莱索托原有的政党基本上处于地下活动状态或在国外活动。20世纪80年代末90年代初，受世界格局的变化和非洲民主化浪潮的影响，莱索托各种党派和组织纷纷出现，到1993年大选前，主要有17个党派活跃在政治舞台上。1993年宪法颁布后，莱索托再次从法律上确立了多党议会制。

但是，莱索托政党体系呈现不稳定的特点，表现为政党数量多，缺乏强有力的政党。从莱索托1993年以后的几次选举来看，没有一个强有力的政党可以赢得简单多数选票，各政党不得不通过结成同盟来组成联合政府，比如在2012年大选中，得票最多却未达半数的民主大会党无法组建政府，而得票率排第2~4位的全巴索托大会党、莱索托民主大会党和巴索托国民党与其他政党结成联盟，暂时组建联合政府。这种为了政治利益临时组成的联盟本身就是脆弱的，加之严重的内部分歧，政党联盟仅仅支撑了2年，首相出逃国外，国民议会解散，大选被迫提前举行。而在2015年大选中，民主大会党同莱索托民主大会党、全巴索托大会党、马

80

里马特卢自由党等结成联盟组建政府，范围更广泛，权力也更分散，仅仅维持了1年多，由于议会通过对首相的不信任案，大选不得不再次提前举行。2017年的大选仍然没能产生一党政府，由全巴索托大会党会同其他3个小党联合执政。

截至2017年，莱索托有24个注册政党。①

一 1993年以前成立的主要政党

（一）巴苏陀大会党

巴苏陀大会党是莱索托第一个民族主义政党，前身为巴苏陀兰非洲人大会党，1952年由莫赫勒在南非非洲人国民大会影响下创建。该党在莱索托争取独立的运动中发挥了重要作用。1962年更名为巴苏陀兰大会党，1970年在莱索托独立后的首次大选中获胜，但遭巴索托国民党政府取缔。该党在莫赫勒领导下开展了反政府活动。1993年在大选中再次获胜，成为执政党。1997年6月，该党领袖莫赫勒另立新党——莱索托民主大会党，巴苏陀兰大会党失去执政地位，影响力大为减弱。1997年更名为巴苏陀大会党。2002年大选前，该党再次发生分裂，以科贝拉为首的一部分党员另组"巴苏陀兰非洲人大会党"。其余在柴利索·马卡赫（T'seliso Makhakhe）领导下继续其政治活动。现任党领袖是图洛·马赫拉肯（Thulo Mahlakeng）。

（二）巴索托国民党

巴索托国民党是莱索托历史上最重要的政党之一，1958年由乔纳森创立。创立初期主张政府权力由巴苏陀兰人掌握，效忠于英王和当地最高酋长，得到天主教会和酋长的支持，在莱索托独立运动中发挥了重要作用。1966~1986年成为执政党，党的主席乔纳森任首相。1986年军人政变后被禁止活动，1991年取消党禁后恢复正常活动，在1993年的选举中成为主要反对党。该党拒绝承认选举结果，不与莱索托民主大会党合作而引发莱索托政治危机。1993~2002年，巴索托国

---

① *Africa South of the Sahara 2018*（Europa Pulications，2017），p. 658.

民党致力于推动国家政治民主化和多党制进程,与执政党在国民议会选举的模式、程序以及代表比例分配等方面矛盾尖锐,引发多次政治危机。2001年后,巴索托国民党等反对党与执政党就大选模式达成协议,与执政党关系步入正常轨道,2017年大选,成为联合执政党之一。自成立至今,该党先后有四任主席:首任主席是乔纳森(1958~1987年在任),继任主席是依瓦利斯图·塞科尼亚纳(1987~1999年在任),第三任主席是莱哈尼耶(1999~2007年在任),现任主席是泰塞莱·马塞里巴内(Thesele Masertnane)。

(三) 莱索托共产党

它是一个以共产主义为信仰的莱索托政党,在乔治·莫洛荷洛阿(John Motloheloa)的领导下于1962年5月5日成立。该党自称是一个代表莱索托所有工人和农民利益的政党,以建立社会主义莱索托为目标,主张与一切莱索托进步力量结成同盟。20世纪60年代,该党分裂为亲苏和亲中两个派别,70年代被列为非法组织而禁止活动。1986年后,该党领袖在军政府中担任大臣,莱索托共产党于1991年成为合法政党。现任领导人是曼尼·史蒂文森(Manny Stevenson)。

二 1993年以后成立的主要政党

(一) 全巴索托大会党

莱索托的主要执政党之一。2006年10月由塔巴内脱离莱索托民主大会党成立。2012年大选后,与莱索托民主大会党和巴索托国民党等结成联盟执政。2015年大选后,失掉执政权,成为反对党。2017年大选后,成为最大执政党,领袖塔巴内任首相。

(二) 民主大会党

2012年2月,由莫西西利脱离莱索托民主大会党组建。2012年大选中,未获半数以上议席。2015年大选后,成功与其他政党组成执政联盟,党领袖莫西西利出任首相。2017年大选后,成为最大反对党,仍然由莫西西利任党首。

(三) 莱索托民主大会党

莱索托的联合执政党之一。1997年6月成立,由巴苏陀兰大会党原主席莫赫勒率大部分党员另行组建而成。该党进入21世纪后发生过三次分裂:第一次为2001年该党副主席马霍佩另立新党;第二次是2006年原通讯及科技大臣塔巴内另立全巴索托大会党,该党再度分裂,实力下降;第三次是2012年时任党领袖莫西西利成立民主大会党。经过三次分裂,该党由梅辛领导。2012年和2015年大选后,该党与全巴索托大会党和民主大会党等组成联合政府,党领袖梅辛在两届联合政府中都出任副首相。2017年大选后成为第二大反对党。

(四) 民主人士联盟

它是莱索托的联合执政党之一。2016年,民主大会党内部派系斗争激烈,副领袖莫莱莱基于2016年底脱离民主大会党成立民主人士联盟,任党领袖。2017年莱索托大选后成为联合执政党,莫莱莱基任副首相。

(五) 莱索托人民大会党

2001年9月,莱索托民主大会党发生分裂,以副主席马霍佩为首的"马派"脱离莱索托民主大会党,另立"莱索托人民大会党"。该党主张政府应遵守宪法和法律,通过增强司法、警察、军队和情报部门的力量,保障基本人权,消除性别歧视,扩大地方政府职权范围。现任主席是马布塞察·马卡里莱莱(Mabusetsa Makharilele)。

(六) 民族独立党

该党是从巴索托国民党中分离出来的一个政党,创建者为曼耶尼。在1993年和1998年大选中,该党表现平平,但在2002年大选中,民族独立党获得5.5%的选票并通过比例代表制成功赢得5个议会席位,2007年大选中,获得21个席位并与执政党莱索托民主大会党结盟。现任主席是基梅措·马塔巴(Kimetso Mathaba)。

莱索托主要政党(按建立年份排列)见表3-5。

表3-5 莱索托主要政党（按建立年份排列）

政党	历任领导人	建党年份
巴苏陀大会党（前身：巴苏陀兰非洲人大会党、巴苏陀兰大会党）	莫赫勒(1952~1997年) 特斯利索·马卡克(1997~2003年) 恩祖昆耶·姆帕尼亚(2003~2014年) 图洛·马赫拉肯(2014年至今)	1952
巴索托国民党	乔纳森(1958~1987年) 依瓦利斯图·塞科尼亚纳(1987~1999年) 莱哈尼耶(1999~2007年) 泰塞莱·马塞里巴内(2007年至今)	1958
马里马特卢自由党	马科托科 文森特·莫耶克策·马莱波 穆凯策·马莱博	1961
莱索托共产党	乔治·莫洛荷洛阿 曼尼·史蒂文森	1962
联合民主党	本·细亚 查尔斯·莫费利	1967
莱索托劳动党	帕特里克·萨利耶 马佩拉	1991
人民民主阵线党	莱克赫托·纳库阿尼	1991
科帕纳·巴苏陀党	莫萨拉(1992~2002年) 利玛卡措·恩塔卡萨内(2002年至今)	1992
塞菲特民主联盟	波菲赫拉·恩库耶贝	1994
民族进步党	佩特·恩科埃贝	1995
莱索托民主大会党	莫赫勒(1997~1998年) 莫西西利(1998~2012年) 梅辛(2012年至今)	1997
莱索托教育党	T. 皮特索	1998
社会民主党	马斯迪塞·塞莱索	1998
莱索托新自由党	马纳波·马贾纳 P. 霍巴尼	1999
莱索托工人党	比利·马卡耶法	2001

续表

政党	历任领导人	建党年份
莱索托人民大会党	马霍佩 马布塞察·马卡里莱莱	2001
全巴索托大会党	塔巴内	2006
民主大会党	莫西西利	2012
民主人士联盟	莫莱莱基	2016

资料来源：http：//www.eisa.org.za/WEP/lesothopp.htm。

第四章

经 济

第一节 经济发展概况

莱索托自然资源贫乏,经济基础薄弱,是联合国公布的世界最不发达国家之一。独立之后,经济以传统农牧业为基础,但由于自然灾害、水土流失和土地退化等原因,粮食不能自给,农牧业产值占国内生产总值的比重逐年下降。国民收入主要来源于关税、侨汇、建筑业、成衣、制革、建材、家具、电子产品等。近年来,莱索托政府采取了一系列措施,大力吸引外资,发展以来料加工为主的劳动密集型、外向型出口企业;鼓励发展私营企业,加快私有化进程;加强财政管理,改革税制;增加就业岗位,减少贫困人口等,使经济开始恢复增长。但是,国际市场的变化、人口的持续增长、艾滋病以及对南非经济的依赖,成为制约莱索托经济发展的主要因素。2012年以来,莱索托经济逐步走出国际金融危机造成的困境。随着南部非洲关税同盟税收分成增加,莱索托财政收入增加,整体收支状况也有所好转。根据世界经济论坛发布的全球竞争力报告,2013~2017年,莱索托的全球竞争力排名有所提升:2013~2014年从第137位上升至第123位;[1] 2016~2017年提升到第120位。[2]

---

[1] 《莱索托概况》,中华人民共和国驻莱索托王国大使馆经济商务参赞处网站,http://ls.mofcom.gov.cn/article/ddgk/201505/20150500988092.shtml,最后访问时间为2015年5月27日。

[2] The Global Competitiveness Report 2016 – 2017,https://cn.weforum.org/agenda/2016/09/2016 – 2017/,最后访问时间为2018年7月24日。

莱索托

一 独立前经济发展状况

莱索托在殖民时代以发展农牧业为主。全国90%的劳动力从事农业活动,过度的耕作和放牧使这个山区小国自然资源遭到严重破坏,加上雨水的影响,农牧业的收成不能满足日益增长的人口的需要。在农作物主要产区,尽管年均降雨量在740毫米左右,但雨水并没有均匀地分配在种植和生长季节,造成莱索托农作物产量很低。英国殖民当局曾对1950~1957年莱索托农作物产区的降雨量做过统计,发现当降雨量高于年平均降雨量时,农作物就歉收,而低于年平均降雨量时,则可能丰收。[①] 为了解决莱索托水资源的利用问题,英国殖民当局在1951年以后做过莱索托水源问题的专门调查,但是面对南非的压力,最后不了了之。

独立前,莱索托几乎没有工业,在金融投资、援助、技术支持和医疗卫生等方面,基本依赖南非。20世纪50年代,英国殖民当局针对莱索托的矿产资源进行过两次地质勘探。1955年,南非人杰克·斯科特从英国殖民政府那里取得在莱索托勘探和开采矿石的专有权,为期5年。根据英国殖民当局的统计,莱森—拉—特雷矿区的钻石产量为18930克拉。1961年,英国殖民政府收回了该矿区的开采权,莱索托在1961~1963年共生产了9439克拉钻石,但后来殖民政府没有继续开采。到1960年4月,在莱索托已发现15个钻石矿的管状矿脉和109处钻石矿的裂痕。20世纪60年代初,在莫里贾地区发现了金矿,在莱里贝和布塔布泰之间发现磷,但殖民政府并未开始正规开采。[②] 由于单一的农业经济,莱索托每年有10万多人被迫在南非的矿山和农场工作,根据当时

---

① 参见理查德·P. 史蒂文斯《莱索托博茨瓦纳及斯威士兰》,山东大学翻译组译,山东人民出版社,1979,第177页。
② 理查德·P. 史蒂文斯:《莱索托博茨瓦纳及斯威士兰》,山东大学翻译组译,山东人民出版社,1979,第178~180页。

世界卫生组织所做的营养调查，75%以上的莱索托人由于营养不良而患病。①

二 独立后经济发展状况

莱索托独立后，政府把发展民族工业作为促进民族经济发展的重中之重。独立初期，国家经济面临两种严峻的形势：一是国家经济非常落后，经济基础十分薄弱；二是经济依赖南非。为了发展本国经济，乔纳森政府执政时制订了相应的经济计划，改变本国单一的农牧业经济体系，重点发展工业、交通运输业、旅游业。在独立后的第二年，莱索托就成立了莱索托国家发展公司，开始兴办本国工业，并同时颁布《公司法》，对公司的类型、义务和责任进行规范。

（一）工业化的起步和民族经济的发展

莱索托的工业发展从一开始就充满艰辛。莱索托政府在政治上坚决反对南非的种族主义和"班图斯坦"政策，拒绝承认特兰斯凯等黑人家园的所谓独立，谴责南非当局镇压黑人的行为，但为了发展经济，莱索托必须与南非保持密切的往来。这种奇怪的现象使莱索托的经济发展受到政治环境的制约，与南非关系较为密切的时候，莱索托经济发展相对顺利；与南非关系紧张的时候，经济封锁成为南非打压莱索托政府的"一张牌"。

20世纪70年代至80年代中期，莱索托的经济也就在这种特定的环境下开始起步。为摆脱南非的束缚，从1970年开始，乔纳森政府先后实施了三个五年发展计划。第一个五年发展计划期间（1970～1975年），莱政府着手发展民族工业，提高工业在国民经济中的比重。为增加出口，减少外贸运输对南非的依赖，莱索托大力发展航空运输。多方争取国际援助，使经济发展计划顺利实施。在此期间，莱索托工业体系基本建成，国内生产总值增长了27%，在国内，政府收入由400万兰特增至800万兰

---

① 理查德·P. 史蒂文斯：《莱索托博茨瓦纳及斯威士兰》，山东大学翻译组译，山东人民出版社，1979，第187页。

特，并创造了6000个就业岗位，其中半数以上集中在制造出口和建筑业部门。

第二个五年发展计划期间（1976~1980年），国内生产总值比1974~1975年增长约35%，但也有不少指标未能实现。在第二个五年发展计划期间，莱索托获得了大量的外援，从1975~1976年的1300万兰特增至1979~1980年的2900万兰特。主要赠援者为英国、美国、联邦德国、加拿大、丹麦、瑞典、联合国、世界银行等。

从1980年开始，莱索托实施第三个五年发展计划，主要目标是：发展多样化的工农业，争取粮食基本自给，鼓励建立小工业企业和钻石采掘合作社，创造更多的就业机会，进一步减少经济上对南非的依赖。莱索托于1980年发行与南非货币兰特等值的本国货币马洛蒂，以减少对南非的依赖。第三个五年发展计划期间，莱索托工业产值由独立前的空白增长到占国内生产总值的4%，小工业企业增加到数十家。但由于受世界经济萧条的影响和南非政治以及经济上的压迫，莱索托的经济受到了严重的冲击。以1982~1983年为例，经济增长率不到3.5%，物价上涨，消费品价格指数如以1975年为基准（假设为100），1980年为188.9，1981年为217。1982年7月，莱索托政府不得不宣布提高各级玉米的价格，各级玉米的价格平均上涨24%。

（二）外援与工农牧业并重阶段

1986~1993年军人统治时期，莱索托政府注意发展同南非的关系，在双方首都设立商务办事处，莱索托领导人出访南非，寻求经济合作。1988年，莱索托与南非签署高原水利工程议定书。在国内，军人政府继续沿着过去的经济发展方向并执行第四个五年发展计划。1988年，莱索托接受国际货币基金组织的条件，开始进行为期3年的经济结构调整。在这一时期，莱索托的工业发展速度非常快，1990年的工业产值已经占到国内生产总值的24%，而在1980年，工业产值占国内生产总值的比例还不到10%。但作为莱索托经济发展基础的农业毫无起色，在这个时期，受自然灾害的影响，农业年年歉收，每年的粮食产量只能满足国内40%

的需求，其余部分需要进口和依靠国际社会的支援。1991年6月，国际货币基金组织向莱索托提供了1810万特别提款权（约合2430万美元）以促进其经济增长。

莱索托军人政府在1993年还政于民，此后，民选政府于1996年开始实施为期3年的发展计划。政府采取了一系列措施，包括继续推行经济调整计划，使宏观经济保持稳定；控制金融系统资金流向，加速私有化进程，改善投资环境，大力吸引外资，发展以来料加工为主的劳动密集型、外向型出口企业；鼓励私营企业发展，加快私有化进程；加强财政管理，改革税制；增加就业岗位，减少贫困人口等，使经济增长。经过努力，莱索托的经济形势逐步好转，通货膨胀率明显下降，财政收支基本平衡。1996年，莱索托国内生产总值继续增长，通货膨胀率下降，财政收支平衡并略有节余。1996年9月，国际货币基金组织再次提供1200万特别提款权（约合1730万美元）帮助莱索托投资制造业，这使1996~1997年莱索托国内生产总值提高10.2%，通货膨胀率控制在10%。20世纪80~90年代，莱索托政府认真落实国际货币基金组织提出的各项建议，在财政金融方面实现其提出的指标。1995~1996年，财政盈余为1.083亿马洛蒂（约合2310万美元，符合调整计划的规定）。但需要指出的是，这个时期经济增长主要靠工业，而工业的增长点以加工业和手工业为主，多数莱索托人从事手工艺品、食品、家具、饮料、成衣、制革、家电（组装）和建筑材料等的生产工作。工业制成品已在出口产品中占主导地位，从而带动了加工贸易的崛起，尤其是纺织服装加工贸易得到了迅速发展。但由于邻国南非经济不景气，在南非矿井就业的一些莱索托工人失业，劳务汇款有所减少，使莱索托的经济起色不大。莱索托1998年的政治动乱使国内生产总值下降8%。政局稳定后，1999年，经济开始复苏。

（三）外向型经济的发展与减贫措施

2000年是莱索托经济的一个转折点。自2000年开始，莱索托大力推进经济自由化和私有化改革，而欧美也在此时继续对莱索托开放无关税、无配额的市场，使莱索托以出口为导向的外向型经济获得了较大的发展，尤其是纺织、服装、制鞋三个行业成为莱索托整个国家出口的主导行业，

莱索托

大量外资进入莱索托,通过合资的方式办企业。2001年4月,美国批准莱索托成为《非洲增长与机遇法案》(AGOA)① 的受惠国,根据该法案,莱索托的商品进入美国市场可以享受零关税的待遇。按照 AGOA 的规定,莱索托被定义为"欠发达国家",意味着包括服装在内的7000余种商品出口美国可以享受法案中提到的免税优惠,而不受原产地要求的限制。

莱索托抓住有力的外部条件,以此为契机,加大吸引外资、获得外援的力度,落实一系列恢复建设措施,国内投资环境有了明显的改善,招商引资成效显著,经济快速增长。但是,由于世界经济体系的重建和"9·11"事件的发生、兰特大幅度贬值等因素的影响,莱索托经济仍未走出困境。其主要表现是农业严重歉收,玉米、小麦等主要农作物价格上涨了近1/3,通货膨胀率及失业率居高不下,在南非工作的莱索托劳工数量急剧减少到6.1万人。

2003年,莱索托新一届政府把工作重点放在"发展经济、降低贫困率、改善人力资源结构和促进政治稳定"四大任务上,出台了国家三年发展计划,其中涉及增强经济增长力、减少贫困人口、改善人力资源结构、深化民主结构建设、促进和平和维持稳定,其中计划人均国内生产总值增加48%,失业率降至17%,粮食产量增长127%,识字率提高到80%,HIV/AIDS 在成人中的流行率从31%降至6%,提高网络普及率,发挥妇女在决策中的作用等。

(四) 新规划、新目标

在2012~2013年的国家发展计划中,莱索托政府将创造更多就业岗位、减少贫困人口和实现可持续发展作为重要目标,具体措施包括:进一步完善基础设施、加大对投资特别是私人投资领域的支持力度、提高国民

---

① 《非洲增长与机遇法案》是美国针对撒哈拉以南非洲国家颁布的一个非互惠性法案,该法案主要对撒哈拉以南非洲37个国家出口美国的服装和纺织品实行配额和关税免除制度,以鼓励非洲国家进一步向美国开放市场。法案规定受益国必须是"已经建立或正在建立民主和市场经济及法制体系"的国家。该法案自2000年10月1日起生效。符合 AGOA 条件的撒哈拉以南非洲国家在2000年10月至2008年9月8年内可按普惠制向美国免税出口6350种商品,其中服装和纺织品中5类商品可免关税、免配额。参见美国白宫网站,http://www.whitehouse.gov/。

工作技能水平、缩小艾滋病蔓延范围、积极应对气候变化以及维护和平、加强民主建设等。

此外,莱索托政府还制定了《2020年国家经济发展远景规划》,改善投资环境,努力增加就业岗位,发展农业和进行基础设施建设。近年来,莱索托经济有所发展,钻石开采业成为新的经济增长点。但是,受世界经济低迷、南部非洲关税同盟税收分成减少以及政局不稳等因素影响,莱索托吸引外资能力下降,经济发展放缓趋势明显。2015年4月,惠誉对莱索托长期外币和当地币信用评级分别为"BB-"和"BB",投资等级为"AAA"至"BBB"。[1]

三 基本经济指标和产业结构指标

(一) 1966~1999年基本经济指标和产业结构指标

莱索托在第一个五年发展计划(1970~1975年)实施后,国内生产总值比独立前增长了27%,第二个五年发展计划(1976~1980年)期间,国内生产总值增长约35%。莱索托的经济建设取得了一定的成效。[2]

自20世纪80年代以来,莱索托经济受到南非经济衰退和干旱的影响,发展较慢。1980~1988年,国内生产总值年均增长率为1.9%,人均国内生产总值下降了0.7%。为了挽救不断下滑的经济,1988年,莱索托政府接受国际货币基金组织的条件,开始进行为期三年(1988~1991年)的经济结构调整,取得了明显的成效:当年莱索托的经济增长率就达到了5.7%,1989年为9.4%,1990年为4%,1991年为5.2%,基本实现了经济预期目标。1992年是莱索托经济增长最慢的一年,国内生产总值增长率为2.4%。此后的经济发展保持相对稳定,1993年,国内生产总值增

---

[1] 《莱索托2015年3月~4月公布的主要经济数据及惠誉评级》,中华人民共和国商务部网站,http://www.mofcom.gov.cn/article/i/dxfw/gzzd/201505/20150500989974.shtml,最后访问时间为2018年7月15日。

[2] 世界知识年鉴编辑委员会编《世界知识年鉴1983》,世界知识出版社,1984,第293页。

长率为5.6%，1994年为11.9%，1995年为9.8%。[①]

从1996年开始，莱索托实施为期3年的发展计划。莱索托政府采取了一系列措施，经济开始增长。1996～1997年，经济增长率为14%，国内生产总值为14.7亿美元（约为68.796亿马洛蒂），人均国内生产总值为690美元（约为3229.2马洛蒂）；1997～1998年，国内生产总值为14.2亿美元（约为69.296亿马洛蒂），人均国内生产总值为720美元（约为3513.6马洛蒂）；1998～1999年，国内生产总值为12亿美元（约为69.6亿马洛蒂），世界排名第164，人均国内生产总值为550美元（约为3190马洛蒂），居世界第152位。[②]

独立前，莱索托除了农业外，几乎没有工业和其他产业。独立后，为改变国内单一的农业经济结构，莱索托政府大力支持和扶持农业以外的产业。其中以制造业和服务业为主的产业受到重视，它们快速发展，成为国民经济中的增长点。以食品、饮料、服装和建筑材料为主的工业总产值占比在第一个五年发展计划期间不到1%，到20世纪80年代中期达到8%。1986年，工业产值在国内生产总值中的比例上升到13%，此后，工业产值在国内生产总值中的比例逐年提高。1997年已经占国内生产总值的36%。[③]

（二）2000～2009年基本经济指标和产业结构指标

2000年以来，欧美相继向莱索托开放无关税、无配额市场，莱索托国内纺织、服装、制鞋等高附加值的出口加工产业发展很快，成为主导产业。2000～2009年，莱索托GDP增长率基本在1%～5%浮动，平均增长率为3.58%。其中，2002年的经济低增速主要缘于国内政治动荡所导致的社会失序；2004年和2005年，莱索托受到连年自然灾害的影响，经济增长速度较慢；全球金融危机对莱索托经济的影响从2009年开始逐渐显

---

① 以上数据来源于世界知识年鉴编辑委员会编《世界知识年鉴》（1991～1996年），世界知识出版社，1992～1997。
② 以上数据来源于世界知识年鉴编辑委员会编《世界知识年鉴》（1997～2001年），世界知识出版社，1998～2002。
③ 世界知识年鉴编辑委员会编《世界知识年鉴2000》，世界知识出版社，2001，第417页。

现（见表4-1）。

从产业结构指标来看，莱索托各经济部门产值占GDP的比重不断变化，总体而言，农业产值占GDP的比重下降，而制造业和服务业产值所占比重上升。2001年，工业产值占GDP的44.4%，其中建筑、制造、水电业产值分别占GDP的22.7%、15.8%和5.9%。[①] 到2009年，农业产值占GDP的比重已经下降到5.736%，工业和制造业的占比分别为26.934%和16.519%，服务业的占比达到56.659%（见表4-2）。[②] 2000~2009年莱索托各经济部门的年均增长率见表4-3。2000~2009年莱索托国内生产总值部门构成情况见表4-4。2000~2009年莱索托国内生产总值收支情况见表4-5。

表4-1 2000~2009年莱索托主要经济指标

年份	GDP增长率（%）	国内生产总值（亿美元）	人均国内生产总值（美元）
2000	3.876	8.87	474.8
2001	3.562	8.26	437.8
2002	0.724	7.76	407.8
2003	4.56	11.58	603.6
2004	1.692	15.11	781.5
2005	3.466	16.28	862.9
2006	4.23	18	915.8
2007	4.833	18.21	918.5
2008	6.74	18.71	935.4
2009	2.154	18.66	924.1

资料来源：根据世界银行数据编制。

---

① *Country Profile 2003*: *Lesotho* (London：EIU，2003)，p. 29.
② 以上数据来源于世界银行数据库，https：//data. worldbank. org/，最后访问时间为2018年7月31日。

表4-2 2000~2009年莱索托各经济部门产值占GDP的比重

单位：%

年份	农业	工业	制造业	服务业
2000	7.827	29.484	13.621	51.319
2001	8.299	44.4	20.514	48.271
2002	6.395	28.188	24.558	49.106
2003	6.347	28.19	22.662	49.236
2004	5.984	28.519	23.028	48.701
2005	5.671	28.759	19.985	48.878
2006	4.483	28.99	21.824	47.453
2007	4.981	28.723	20.74	52.542
2008	5.209	28.525	20.268	50.953
2009	5.736	26.934	16.519	56.659

资料来源：根据世界银行数据编制。

表4-3 2000~2009年莱索托各经济部门的年均增长率

单位：%

年份	农业	工业	制造业	服务业
2000	-4.396	4.893	5.929	3.765
2001	12.936	-0.05	-1.198	1.645
2002	-29.384	1.375	0.997	4.704
2003	3.424	3.556	3.585	3.295
2004	-0.908	5.594	5.66	2.381
2005	1.387	3.589	3.487	2.878
2006	-10.311	5.152	5.453	4.826
2007	-0.686	4.765	4.801	3.22
2008	19.392	1.1	-0.57	4.215
2009	-5.353	-4.618	-9.773	7.242

资料来源：根据世界银行数据编制。

表4-4 2000~2009年莱索托国内生产总值部门构成情况

单位：百万马洛蒂

部门	2000年	2001年	2002年	2003年	2004年	2005年	2006年	2007年	2008年	2009年
农林畜渔业	1167	1320	946	984	975	987	887	907	1082	1140
采矿业	23	26	30	98	150	444	531	796	1184	800
制造业	1217	1630	2217	2584	2740	2346	2581	2597	2543	2454
电力	243	249	255	262	276	327	370	401	430	376
水利	873	878	858	857	830	888	855	850	835	867
建筑业	1734	1218	975	937	757	786	775	781	908	1032
批发、零售与维修	1368	1408	1464	1542	1553	1660	1735	1840	1982	1987
运输与仓储业	340	345	364	384	394	429	430	463	490	489
餐饮和旅店业	230	228	226	245	268	263	281	286	286	270
通信与信息业	144	170	199	205	234	272	309	366	384	451
财务与保险业	316	330	339	362	421	419	512	540	602	653
房地产业	1068	1075	1107	1124	1143	1162	1183	1201	1198	1210
科学研究	—	—	—	—	—	—	—	127	129	145
行政服务业	—	—	—	—	—	—	—	276	283	289
公共事业与国防	1385	1437	1585	1716	1761	1776	1862	1924	2032	2305
教育	1426	1449	1470	1420	1402	1470	1457	1371	1406	1613
健康、社会工作	287	295	294	298	290	294	302	286	281	317
其他	197	192	194	196	200	201	207	211	217	216

注：按时价计算。

资料来源：根据莱索托统计局数据编制。

表4-5 2000~2009年莱索托国内生产总值收支情况

单位：百万马洛蒂

指标	2000年	2001年	2002年	2003年	2004年	2005年	2006年	2007年	2008年	2009年
政府消费支出	1897	2079	2548	2725	2839	3193	3426	4017	4959	5747
私人消费支出	6582	6684	7822	8332	8859	9543	10445	11862	13785	1492
存货变化	15	33	-75	-137	13	75	-85	253	-36	19
固定资本总额	2315	2275	2166	2256	2108	1838	2083	2471	3756	3920
国内支出总额	10809	11071	12461	13176	13819	14649	15869	18603	22464	9686
商品与服务出口收入	1865	3275	4581	4404	4494	4253	5181	5864	7547	6632
商品与服务进口支出	7211	8304	9949	10218	10347	10518	11523	13281	16237	16348

注：按时价计算。

资料来源：根据莱索托统计局数据编制。

莱索托

（三）2010~2016年基本经济指标和产业结构指标

21世纪的第二个10年，莱索托的基本经济指标仍然呈不稳定态势，2010~2016年，GDP增长率为2%~6%。2010年增长2.2%，2011年增长3.8%，2012年增长3.4%，2013年，由于采矿业和建筑业的驱动，GDP增长率达到了一个高点，为5.5%，随后呈下降趋势，2016年仅为2.4%（见表4-6），2017年，随着纺织业的发展，GDP增长率又回升到5.6%。[①] 国内生产总值从2010年的23.86亿美元增加到2017年的26.4亿美元，人均国内生产总值超过1000美元，超过了联合国规定的最不发达国家人均国内生产总值不到800美元标准。

2010~2016年，农业产值占GDP的比重始终维持在较低水平。2010年，农业产值占GDP的比重为5.124%，工业和制造业产值占比分别为27.376%和12.531%，服务业产值占GDP的比重为56.45%（见表4-7）。在接下来的几年当中，莱索托高原水利工程二期的顺利启动成为工业增长的主要动力，2012~2015年，莱索托制造业年均产值超过14亿马洛蒂，2012年产值为16亿马洛蒂。[②] 与此同时，美国宣布延期《非洲增长与机遇法案》，改变了莱索托制造业产值连续下滑的趋势。2010~2016年莱索托各经济部门的年均增长率见表4-8。2010~2014年莱索托国内生产总值收支情况见表4-9。2010~2016年莱索托国内生产总值部门构成情况见表4-10。

表4-6　2010~2016年莱索托主要经济指标

年份	GDP增长率（%）	国内生产总值（亿美元）	人均国内生产总值（美元）
2010	2.2	23.86	1169.3
2011	3.8	27.88	1350.7
2012	3.4	26.78	1281.6

[①] *Country Profile 2010-2017：Lesotho*（London：EIU，2010-2017）.
[②] 以上数据来源于世界银行数据库，https：//data.worldbank.org/，最后访问时间为2018年7月31日。

98

续表

年份	GDP 增长率（%）	国内生产总值（亿美元）	人均国内生产总值（美元）
2013	5.5	25.26	1193
2014	3.1	26.15	1218.5
2015	2.5	25.06	1152.3
2016	2.4	22.91	1039.7

资料来源：根据世界银行数据编制。

表4-7 2010~2016年莱索托各经济部门产值占GDP的比重

单位：%

年份	农业	工业	制造业	服务业
2010	5.124	27.376	12.531	56.45
2011	5.152	27.501	12.038	54.706
2012	4.998	27.128	10.847	56.009
2013	5.925	26.777	10.618	56.628
2014	5.621	26.598	11.989	54.435
2015	4.97	25.792	14.622	52.913
2016	5.198	25.4	15.567	52.6

资料来源：根据世界银行数据编制。

表4-8 2010~2016年莱索托各经济部门的年均增长率

单位：%

年份	农业	工业	制造业	服务业
2010	-5.243	6.956	9.093	6.423
2011	5.268	3.966	3.15	8.521
2012	-3.356	2.317	0.737	7.238
2013	24.392	2.647	1.412	4.646
2014	3.574	3.436	2.873	5.774
2015	-6.893	2.883	2.479	3.509
2016	7.245	2.771	1.903	1.254

资料来源：根据世界银行数据编制。

莱索托

表4-9 2010~2014年莱索托国内生产总值收支情况

单位：百万马洛蒂

指标	2010年	2011年	2012年	2013年	2014年
政府消费支出	6085	6370	7316	7526	8717
私人消费支出	16283	17791	19390	20288	21652
存货变化	379	-81	-610	-446	0
固定资本总额	4386	4861	5937	7538	7779
国内支出总额	27133	28941	32078	34906	38149
商品与服务出口收入	7107	8575	8336	8494	9284
商品与服务进口支出	17838	19412	20193	21722	23786

注：按时价计算。

资料来源：根据莱索托统计局数据编制。

表4-10 2010~2016年莱索托国内生产总值部门构成情况

单位：百万马洛蒂

部门	2010年	2011年	2012年	2013年	2014年	2015年	2016年
农林畜渔业	1081	1138	1099	1368	1416	1319	1414
采矿业	842	1215	1211	878	982	990	966
制造业	2551	2474	2385	2326	2130	2392	2910
电力	391	354	356	342	358	348	326
水利	860	868	853	828	831	813	805
建筑业	1264	1190	1608	1464	1426	1494	1292
批发、零售与维修	2129	2296	2585	2901	2910	2776	2790
运输与仓储业	509	536	568	612	621	600	606
餐饮和旅店业	281	297	326	339	341	298	302
通信与信息业	544	613	647	744	919	1059	1197
财务与保险业	769	855	985	1193	1465	1632	1507
房地产业	1212	1226	1251	1278	1295	1319	1343
科学研究	168	181	204	255	258	254	248
行政服务业	311	397	425	419	502	679	659
公共事业与国防	2354	2583	2709	2495	2541	2717	2762
教育	1783	1840	1808	1815	1815	1807	1834
健康、社会工作	317	465	590	633	752	783	831
其他	227	224	239	243	256	244	262

注：按时价计算。

资料来源：根据莱索托统计局数据编制。

第二节 农林牧渔业

一 农业

莱索托是传统的农牧业国家，全国 2/3～3/4 的地区是高耸入云的山脉和山区，矿产资源十分有限，从独立后到 20 世纪 80 年代中期，农业在莱索托国民经济体系中处于支柱地位。1970 年，农业产值占国内生产总值的比重为 47%，国内 85% 的劳动力从事农业生产，1985 年，农业产值占国内生产总值的 45%。① 从 20 世纪 80 年代末期开始，农业产值占国内生产总值的比重逐年下降，2016 年，农业产值占国内生产总值的比重仅为 5.198%。

20 世纪 70～80 年代，莱索托政府采取了刺激农业发展的一些措施，如 80 年代初期，为了提高农业的产量，莱索托在美国、英国、瑞典和世界银行的资助下，进行了试验性农业发展项目。但是，由于地理环境的影响，特别是自 1981 年连续 4 年的干旱，莱索托国内近 80% 的粮食作物歉收，粮食长期不能自给。1982～1983 年的粮食产量为 4.9 万吨，只能满足国内需求量的 1/5。1983～1984 年粮食产量为 13 万吨，其中玉米产量为 7.9 万吨，高粱产量为 3.1 万吨，小麦产量为 1.5 万吨。由于粮食不能自给，缺少 15 万吨，其中一半必须依赖进口，另一半要靠各国政府和国际组织的援助。② 针对粮食生产所面临的困境，莱索托政府引入市场经济机制，通过减少对农产品价格和市场贸易的控制，增加农业投入等措施，提高粮食产量。由于国内水土流失严重和连年旱灾，粮食产量增加情况并不明显。

农业产值占国内生产总值的比重持续下降的原因是多方面的。首先，在莱索托国土中仅有 11% 为可耕地，且这些耕地上缺少绿色植被，土壤

---

① 世界知识年鉴编辑委员会编《世界知识年鉴 1986》，世界知识出版社，1987，第 209 页。
② 世界知识年鉴编辑委员会编《世界知识年鉴 1985》，世界知识出版社，1986，第 219 页。

莱索托

贫瘠，水土流失严重，可耕地被侵蚀严重；其次，受不发达农业技术和气候的影响，农业产量不断波动；再次，艾滋病在从事农业生产的人口中不断蔓延导致农业劳动力数量下降；最后，政府政策导向发生变化，从以农业为支柱产业逐渐转向以工业为经济重心。

即便如此，农业也仍然是当前吸引莱索托劳动力的最主要产业。根据联合国粮农组织的统计，2008年，莱索托从事农业生产的人口近30万人，占所有劳动人口的近一半。[①] 根据联合国粮农组织与世界粮食计划署的调查报告，2009年，莱索托的粮食产量仅为6.6万吨；2012年，莱索托主要粮食作物（小麦、玉米和高粱）的产量总和为8万吨；2015年的产量为8.5万吨[②]。然而，莱索托全国粮食年需求量为33万吨，其产量始终无法达到粮食年需求量的一半，无法实现自给，长期依赖进口和援助。究其原因，一方面，莱索托连年遭受自然灾害，水土流失、过度放牧、土壤板结和种子退化等；另一方面，由于化肥和种子的价格持续上涨，许多农民负担不起从事农业生产所需要的投入，大量可耕种土地被荒废，莱索托农业发展前景堪忧。

2013年，莱索托签署《非洲农业发展综合计划》，成为南部非洲发展共同体第6个、非洲大陆第34个参与此计划的非洲国家。按照《非洲农业发展综合计划》要求，莱索托必须致力于实现农业产值年均增长6%的目标，并保证国家预算中用于农业生产经费的比例不少于10%。签署该计划之后，莱索托政府承诺增加农业补贴，并采取一系列旨在提高莱索托农业生产率的措施，例如加强农业及粮食安全部和林业及土地保护部等部门的相互协作，制定确保今后国家食品安全的战略和政策；发挥农业部门在减贫战略计划中的核心作用；发展灌溉控制系统，建立灌溉网络；实施小规模农业灌溉计划和完善农村地区供水系统计划；政府还建立牧业管理区，采取改善牲畜放牧条件的有关措施；资助农村修建蓄水池，解决农民用水问题等。2013～2014年，莱索托农业预算为193万亿马洛蒂，

[①] *Africa South of the Sahara 2018* (Europa Pulications, 2017), p.653.

[②] *Africa South of the Sahara 2018* (Europa Pulications, 2017), p.654.

2014~2015年，农业预算增长到209万亿马洛蒂。[①] 此外，莱索托农业及粮食安全部还制定了旨在振兴农业的中期发展愿景，致力于从以下几个方面促进农业发展，具体包括：第一，增加和提升谷物产量和食品安全水平；第二，促进高价值作物、牲畜和家庭手工业产品的生产；第三，严格控制农业病虫害；第四，改善农业结构、加强技术和服务推广和鼓励技术创新。

加强与国际组织的合作长期以来都是莱索托农业发展的优先方向。莱索托自1966年成为联合国粮农组织正式成员以来，始终与该组织保持着比较密切的合作。近年来，莱索托积极与联合国粮农组织在农业应急机制、适应气候变化、可持续土地管理、提升农业技能等方面合作。当前，莱索托在联合国粮农组织框架中的合作项目包括："建立莱索托土壤信息系统技术支持项目（2017~2019）""加强莱索托动物疾病检测项目（2017~2018）""零饥饿倡议下的农业食品价值链分析（2017~2018）"等。莱索托在农业生产与贸易发展方面还积极与世界贸易组织合作，在世界贸易组织的一项旨在帮助最不发达国家增加与贸易相关产业的援助计划中，国际组织将援助莱索托利用温室技术种植黄瓜、西红柿、辣椒、甘蓝、莴苣等，并在融资和销售方面提供技术和资金支持。

莱索托农作物包括玉米、高粱、小麦、土豆、大豆、豌豆等。莱索托山区以种植夏季（8月1日至次年1月31日）作物为主，包括玉米、高粱、小麦、豆类等；冬季（2月1日至7月31日）作物主要包括小麦和豌豆。在耕地使用方面，用于耕种玉米的土地面积约占耕地面积的60%，接着是高粱，约占30%。在产量方面，1989~1990年，玉米产量为17.2万吨；2002年，玉米产量为10.8万吨；2003年，玉米产量为15万吨；高粱产量从2002年的3.8万吨增加到2003年的4.6万吨[②]。2003年后，粮食产量受到连年洪水、干旱、水土流失和其他人为因素的影响而逐年下降，2010年，玉米产量为12.8万吨，高粱产量为2.38万吨[③]。2012年，

[①] 参见莱索托统计局数据库，http://www.bos.gov.ls/，最后访问时间为2018年7月31日。

[②] *Africa South of the Sahara 2005*（Europa Pulications，2004），p. 606.

[③] *Africa South of the Sahara 2014*（Europa Pulications，2013），p. 678.

莱索托

莱索托主要粮食作物小麦、玉米和高粱的产量分别为 1 万吨、7.8 万吨和 2000 吨；2015 年，小麦、玉米和高粱的产量分别为 1 万吨、7 万吨和 5000 吨[①]。近年来，政府称引进高产农作物以用于出口创汇，这是莱索托摆脱农业困境的唯一途径，但长期以来效果并不明显，只有小麦成批量出口，并且出口地仅为南非。

二 畜牧业

莱索托是世界上著名的马海毛生产基地，羊毛与马海毛是该国主要的创汇来源，因此，莱索托畜牧业在农牧业中占有重要地位。全国 66% 的土地可供放牧，主要牲畜有牛、山羊、绵羊等。20 世纪 90 年代以前，由于连年干旱、水草不盛和对牧畜疾病控制不力，牲畜存栏量无大幅增长。畜牧业大多采用粗放式管理方式，牲畜品种落后，牲畜的产量不多，质量不高。

莱索托政府采取措施逐步改善放牧和饲养环境，同时，为了帮助莱索托发展畜牧业，从 1998 年起，国际农业发展基金（IFAD）与联合国项目事务署（UNOPS）在莱索托三个高山地区——莫霍特隆、加查斯内克和塔巴采卡实施了为期 5 年的农业开发计划，其目的是降低这些地区的贫困程度，改善当地家庭的食品保障与人口营养状况。这三个地区共有 45000 个家庭，其中大约有 50% 的家庭每日的热量自给量达不到 2500 卡路里（2500 卡路里是每日人体所需的最低热量）。整个计划估计投入资金 1090 万美元，其中 250 万美元由政府提供，另外 840 万美元为特惠条件的特别提款权。计划中的一项增加当地家庭收入的重要措施是，投入一定资金以提高与增加羊毛、马海毛与肉类的质量与数量，该计划还推广采用了一系列增加畜产品产量的措施，如更好的动物健康与营养标准、更可行的管理方式、保持放牧地的稳定性、保持一定的牲畜数、防止土地退化、成立放牧协会、划分管理区等。

养羊业是莱索托畜牧业的支柱。畜牧和放养地点主要集中在莱索托的

---

① *Africa South of the Sahara 2018*（Europa Pulications, 2017）, p. 653.

丘陵和山区，莱索托以饲养本土麦兰奴种绵羊和安哥拉山羊为主，且存栏量呈稳步增长的趋势。2002年，莱索托全国仅有3万只绵羊和57万只山羊，2003年有85万只绵羊和65万只山羊，当年可供交易的羊毛为234万公斤，马海毛为66万公斤。① 到2009年，全国绵羊的存栏量达到124.1万只，山羊为95.3万只；到2011年，莱索托全国的绵羊和山羊存栏量超过了200万只。羊肉是当地居民的重要食物，据联合国粮农组织的统计，2001~2011年，莱索托平均每年消耗绵羊肉和山羊肉分别达到4000吨和2200吨。② 此外，羊毛和海马毛也是莱索托重要的创汇农牧产品，除了大部分销往南非之外，每年也有相当数量的莱索托羊毛和马海毛远销亚洲和欧洲。非洲发展银行通过对莱索托羊毛和马海毛产业的长期观察发现，该产业在莱索托的发展自20世纪70年代以来维持在非常稳定的水平，并且依旧蕴藏着一定的发展潜力。为了进一步发展羊毛产业，莱索托计划于2018年在塔巴博修开始建设"国家羊毛和马海毛中心"。项目建成后，莱索托全国范围内的羊毛和马海毛都将被运至此中心进行加工、包装和仓储。此举不仅能够创造可观的经济收益和工作岗位，还能为从事羊毛和马海毛产业的农牧民降低加工和运输成本，促进该产业可持续发展。

不过，严重影响莱索托羊毛产量和畜牧业发展的是绵羊癣病，这是目前莱索托最严重的动物疾病，政府每年组织投入大量人力、物力和财力用于该疾病的防治。从2003年开始，莱索托政府加大了防控力度，每年春季和秋季在全国范围内开展绵羊癣病的防治运动，要求地方各级政府牵头组织本地的防控工作，农业及粮食安全部畜牧司组织召开由各地畜牧兽医官员、技术人员和养殖户代表参加的全国培训班，2006年，莱索托农业及粮食安全大臣出席了绵羊癣病防治的技术培训班以示重视，当地媒体通过电视和广播电台进行宣传报道，联合国粮农组织派出专家对当地相关人员进行技术培训，中国也派出相关专家帮助莱索托进行该病的防治。经过多方努力，该病的防

---

① 《莱索托经济环境和贸易投资政策》，中华人民共和国驻莱索托王国大使馆经济商务参赞处网站，http://ls.mofcom.gov.cn/article/200303/20030300075049_1.xml。
② 联合国粮农组织数据库，http://www.fao.org/economic/ess/countrystat/en/，最后访问时间为2018年7月31日。

莱索托

治工作取得了显著成效，在 2003 年以后，疫情暴发次数显著下降。

牛肉和猪肉都是莱索托主要的食物。据统计，莱索托的牛肉年产量约为 13.5 万吨，且基本上可以自给自足。[①] 联合国粮农组织数据显示，莱索托在 2010 年之前牛的存栏量维持在 60 万头以上，并在 2011 年前后达到 67.5 万头。此后受到屠宰量增加和动物疾病的影响，到 2015 年，全国牛的存栏量下降到 51.3 万头。[②] 莱索托猪肉的产量常年维持在 3 万吨左右，从产量上来看仅次于牛肉，是莱索托最主要的动物蛋白来源之一。但相比之下，养猪业在莱索托的发展仍然相对落后。目前，莱索托的养猪业仍然以中小规模养殖为主，没有足够的经过认证的屠宰设备和厂家，这是莱索托仍需要每年从南非进口大量猪肉的主要原因之一。

莱索托禽类养殖的规模较小，且以养鸡业为主。根据联合国粮农组织的估算，莱索托 2015 年全国养鸡规模仅为 800 只左右，国内鸡肉消费主要依靠进口。"巴索托农民家禽社团"（BPFA）是家禽产业的合法管理机构。目前莱索托国内的家禽市场分为三类：第一类是面向高收入者的正规活禽市场，第二类是主要面向城市低收入者的非正规家禽市场，第三类是农村地区的非正规市场。但从销量来看，每年通过正规渠道销售的活禽量只占总销售量的不到 20%，亟须加强监管。[③] 莱索托禽类养殖落后的另一个表现是缺乏正规、高效的孵化技术，进行禽类养殖的莱索托农民不得不从南非进口雏鸡，养殖成本居高不下，禽类养殖业发展缓慢。

乳制品方面，尽管莱索托大部分乳制品为农民自产自销，但每年仍需从南非进口大量奶制品，才能满足莱索托人民对乳制品的需求。全国仅有一家乳制品加工企业——"莱索托乳品厂"（LDP），平均每天可以收集加工鲜奶 1.45 万升，但受制于技术和设备因素，一些奶制品的加工环节

---

① "The Lesotho Review – 2018 Edition," http：//www.lesothoreview.com/contents/agriculture/，最后访问时间为 2018 年 7 月 31 日。

② 联合国粮农组织数据库，http：//www.fao.org/economic/ess/countrystat/en/，最后访问时间为 2018 年 7 月 31 日。

③ "The Lesotho Review – 2018 Edition," http：//www.lesothoreview.com/contents/agriculture/，最后访问时间为 2018 年 7 月 31 日。

仍然需要借助南非的设备才能完成。① 近年来，莱索托政府开始重视促进乳制品加工行业发展，不仅斥资对乳品厂进行了大面积翻修，还计划新建乳制品加工平台，促进乳制品加工行业发展。按照乳制品厂相关重建规划，新组建的乳制品厂将具备从加工到包装等全线生产工艺。

三 林业和渔业

莱索托缺少绿色植被，林木面积不到全国总面积的1%，而且主要分布在塞赫拉巴泰贝国家公园和马斯蒂斯自然保护区（Masitise Nature），这两个地方的森林覆盖面积为6500公顷。20世纪90年代，莱索托兴起全国植树造林运动，至今成效并不显著：2000年，莱索托全国森林面积为1.4万公顷，只占总面积的0.46%，而同时期全非洲造林面积为649.866平方公里，占全非洲总面积的21%，而且，根据英国经济学家情报社的统计，非洲的森林覆盖面积每年增加52.64平方公里，而莱索托基本无增加。② 中华人民共和国驻莱索托王国大使馆经济商务参赞处网站提供的数据显示，2003年的树木总数为100万棵，果树为25000棵。

莱索托除加工部分木材外，其余木材用作燃料。1991~2000年，莱索托原木砍伐总量增加了140.3万立方米，增幅为326%。根据联合国粮农组织的估计，2000年，包括燃料木材在内的原木采伐总量为202.2万立方米，之后莱索托原木采伐量以每年约0.7万立方米的速度增长，2011年，原木采伐量为209.9万立方米。③

莱索托境内多山，少河、湖，地形地貌特殊，鱼类品种、数量有限，而且在逐渐减少。本地只有13个鱼种，其中8个鱼种有官方记载，2个为稀有鱼类品种，即马洛蒂小鲤（Cyprinus micritius）④ 和岩石鲶鱼

---

① "The Lesotho Review – 2018 Edition," http://www.lesothoreview.com/contents/agriculture/，最后访问时间为2018年7月31日。
② 以上数据参见 Country Profile 2005：Lesoto（London：EIU，2005），p.29。
③ 联合国粮农组织数据库，http://www.fao.org/economic/ess/countrystat/en/，最后访问时间为2018年7月31日。
④ 马洛蒂小鲤是莱索托特有的本地脊椎动物种类。

莱索托

(Austroglanis)。目前，鲤鱼是国内最重要的品种，已有小规模商品化养殖，另外，莱索托已将3个翻车鱼（sunfish）和低音鱼（bass fish）品种引入低地水坝区进行人工养殖，因此，莱索托渔业欠发达：1991年鱼的总产量为25吨，1992年、1993年和1994年鱼的总产量依次为30吨、35吨和35吨。高原水利工程所形成的人工湖并未对莱索托渔业生产有更大的促进作用。1999年，捕捞总量为34吨，到2001年，捕捞总量却只有32吨，反而减少了2吨。近年来，莱索托渔业捕捞量稍有增加，2010年，捕捞总量为45吨，其中，鲤鱼为15吨，北非鲶鱼为5吨，其他淡水鱼为25吨；2015年，上升至52吨，其中，鲤鱼为14吨，北非鲶鱼为10吨，其他淡水鱼为28吨。但总体来说，由于受地理条件限制，莱索托渔业捕捞总量一直保持在比较低的水平。[①]

相比之下，渔业养殖在莱索托的历史虽然比较短暂，但发展势头强劲。莱索托渔业养殖以虹鳟鱼、翻车鱼和低音鱼为主。2007年，莱索托矿产公司遭遇发展困境，为了给那些被矿产公司解雇的劳动力提供工作岗位，一家名为"金地矿业"（Gold Fields）的矿产公司提出在卡特斯大坝（Katse Dam）养殖虹鳟鱼的想法，并成立了专门负责商业养殖的"高原鳟鱼公司"（Highlands Trout），以养殖原产于美洲的虹鳟鱼为主。卡特斯大坝纯净的水质、适宜的水温为虹鳟鱼养殖提供了天然的理想场所，莱索托渔业养殖发展迅速。到2010年，莱索托虹鳟鱼产量已经突破300吨，占当年渔业总产量的87%。2011年，该养殖公司正式取得莱索托政府的官方认证，并被两家总部位于南非的公司——"南非高级管理公司"（Advance Africa Management Services）和"纯净海洋水产养殖公司"（Pure Ocean Aquaculture）收购。到2015年，莱索托虹鳟鱼产量为1000吨，在莱索托渔业总产量中的比重超过了95%。莱索托养殖的虹鳟鱼大多销往国外，售价高达5美元/公斤。寿司大国日本是莱索托虹鳟鱼的主要购买方。按照莱索托官方的估测，虹鳟鱼的年产量很快会突破3000吨，将有力带动与渔业养殖相关的加工、熏制、分装、生

---

① 联合国粮农组织数据库，http：//www.fao.org/economic/ess/countrystat/en/，最后访问时间为2018年7月31日。

物提取等一系列产业发展。① 1990~2015年莱索托农业有关数据见表4-11。2000~2015年莱索托主要农产品产量见表4-12。2000~2015年莱索托的牲畜存栏数见表4-13。2000~2015年莱索托家禽家畜产品产量见表4-14。2000~2015年的木材产量（包括燃料木材）见表4-15。2000~2015年莱索托渔业产量见表4-16。

表4-11 1990~2015年莱索托农业有关数据

指标	1990年	1995年	2000年	2005年	2010年	2015年
农业产值占国内生产总值的比重(%)	12.2	8.8	7.8	5.7	5.1	5
农业人口占总人口的比例(%)	86	83	80	78	75	73
可耕地面积占土地面积的比例(%)	10.4	10.5	10.9	10.6	10.6	9
人均可耕地面积(公顷)	0.198	0.182	0.177	0.166	0.158	0.125
谷物生产用地面积(千公顷)	233.5	104.6	208.3	162.6	190.6	148.9
农业人口占全国经济活动人口比例(%)	61.67	58.49	53.66	21.02	12.35	10.68

资料来源：根据世界银行数据编制。

表4-12 2000~2015年莱索托主要农产品产量

单位：吨

农产品	2000年	2003年	2006年	2009年	2012年	2015年
小麦	15500	21800	6000	7400	10500	10400
玉米	106800	82000	100800	57100	78500	70800
高粱	26800	12000	11300	10200	1900	5300
土豆	87000	91000	93000	91000	115000	121400
大豆	10700	3700	700	3500	5000	2700
豌豆	4800	2700	2000	1400	550	580
蔬菜	20000	27000	30000	32200	29000	31500

资料来源：根据联合国粮农组织数据编制。

---

① "The Lesotho Review – 2018 Edition," http://www.lesothoreview.com/contents/agriculture/，最后访问时间为2018年7月31日。

表4-13 2000~2015年莱索托的牲畜存栏数

牲畜	2000年	2003年	2006年	2009年	2012年	2015年
牛（头）	709900	682500	687600	614600	650000	513100
绵羊（只）	1116700	936400	904700	1242000	1220000	12793000
山羊（只）	830300	775600	879300	953300	835000	783500
驴（只）	179400	143400	172400	159700	128000	98400
马（匹）	96800	75900	69000	74200	69000	52600
猪（只）	128600	69900	215700	92300	80000	60000
鸡（只）	1000	900	900	700	500	800

资料来源：根据联合国粮农组织数据编制。

表4-14 2000~2015年莱索托家禽家畜产品产量

单位：吨

产品	2000年	2003年	2006年	2009年	2012年	2015年
牛肉	10100	10000	10100	10400	12600	—
牛奶	173200	160800	134600	150200	188200	129500
猪肉	5400	2900	9000	3900	3600	—
鸡肉	1800	1960	2200	1920	1600	3200
鸡蛋	1500	1400	1500	1650	1700	1400
带脂羊毛	2600	2800	3900	3900	4000	—

资料来源：根据联合国粮农组织数据编制。

表4-15 2000~2015年的木材产量（包括燃料木材）

单位：千立方米

指标	2000年	2003年	2006年	2009年	2012年	2015年
产量	2022	2040	2061	2084	2108	2131

注：包括树皮。

资料来源：联合国粮农组织数据库。

表 4-16 2000~2015 年莱索托渔业产量

单位：吨

指标	2000 年	2003 年	2006 年	2009 年	2012 年	2015 年
捕捞业	32	42	45	45	50	52
鲤鱼	20	12	12	15	19	14
北非鲶鱼	2	5	3	5	6	10
其他淡水鱼	10	25	30	25	25	28
水产业	8	4	2	108	400	1001
虹鳟鱼	—	—	—	107	400	1000

资料来源：根据联合国粮农组织数据编制。

第三节 工矿业

一 工商业

莱索托独立前几乎没有工业。1967 年，莱索托成立了"莱索托国家开发公司"（Lesotho Natonal Development Corp., LNDC）和一家为当地企业提供资金的"巴索托企业发展公司"（Basotho Enterprises Development Corp.），开始创办工业。这两个公司对莱索托中小企业的建立和发展起了巨大作用。

最初主要是一些小企业，涉及轮胎修理业、地毯编织业、制鞋业、食品加工业、电灯装配业、钻石切割和磨光业、制衣业等。20 世纪 80 年代中期，全国中小企业有 50 多家。其中"莱索托国家开发公司"在 1980 年拥有 26 个小工业和手工业子公司，雇用工人 1800 人。在 1981 年，该公司批准了 22 个新项目，为 1400 人提供了就业机会。1999 年，"莱索托国家开发公司"率先采取措施吸引外商投资，包括对制造业企业仅征收 15% 的税、降低水电费等。与此同时，"巴索托企业发展公司"也贷款扶持位于马泽诺（Mazenod）的巴苏陀水果厂和蔬菜罐头食品厂、轮胎公司、钢铁厂和位于首都马塞卢的电线厂，这对中小企业的发展起了重要

作用。

莱索托的小企业多数进行食品、饮料、成衣、家具、制革和建筑材料的生产，这一时期，工业产值占国内生产总值的比重达到了4%。从1986年开始，工业产值占国内生产总值的比重上升为13%，1988年，全国中小企业有70余家，从业人员近3万人。2001年，全国中小企业发展到1400家，雇用工人约18万人。

自2000年以来，工业产值占国内生产总值的比重有了较大突破，连续3年工业产值占国内生产总值的比重超过了40%。主要原因有四：一是莱索托政府调整政策，吸引外资；二是欧美相继向莱索托开放无关税、无配额市场，莱索托得益于《洛美协定》和《非洲增长与机遇法案》的有力推动；三是纺织业国际营销网络为莱索托纺织品出口创造了有利条件，使莱索托纺织、服装、制鞋等高附加值出口加工产业发展迅速；四是出于自然灾害和其他原因导致的农业连续多年不景气以及人口快速增加的压力所迫。此外，根据联合国教科文组织2009年的统计，莱索托的成年人识字率高达89.7%，是撒哈拉以南非洲成年人识字率最高的国家之一，这也是莱索托工商业实现持续发展非常有利的条件。

（一）制造业

莱索托工业以制造业为主，主要涉及生产成衣、建材、家具、电子产品、食品等。纺织、制衣、皮革是制造业主导产业。此外，食品、饮料等也在莱索托制造业中占据一定份额，近些年，电子产品和塑料制成品制造方面投资日益增多，成为莱索托制造业的新亮点。

20世纪80年代末期，莱索托制造业开始快速发展。1988年，莱索托开始实施经济结构调整计划，促进了制造业的发展；1989年，制造业的产值进一步上升，使全国工业产值占国内生产总值的15.2%，雇用工人近3万人；1991年的制造业产值达到了2.08亿马洛蒂，1993年则增至3.471亿马洛蒂。纺织、制衣等主导产业产值占制造业产值的比重从1984年的15%上升到1993年的35%。1996年，莱索托开始实施为期三年的发展计划，1997年继续进行经济结构调整，国企私有化进程开始,逐步改善投资环境,加大了对外招商引资的力度,外来投资开始增多。进入21世纪之后,莱索托纺织、服装、制鞋等产业获得快速发展。从2000年开始到全球经济危机到来之前,莱索托制造业保持了年均4.9%的高速增长。莱索托统计局提供的数据显示,1999年,莱索托制造业产值仅占国内生产总值的10.4%。受到全球经济危机的影响,莱索托的制造业产值开始下滑。1999~2014年,制造业充当了莱索托经济增长非常重要的推动者,并且创造了大量的就业岗位[1]。

在莱索托制造业中,纺织业发展最为迅速,英国经济学家情报社称其为"莱索托经济增长的引擎"。[2] 在成为《非洲增长与机遇法案》的受惠国之后,莱索托成衣出口量迅猛增长,连续三年对美出口纺织品量居撒哈拉以南非洲国家第一位,成为非洲最重要的纺织品加工区域,纺织成衣业收入已成为莱索托财政收入的四大支柱(其他三大支柱为关税分成、税收、劳务收入)之一,此项直接收益大约为5亿马洛蒂(合5000万美元),同时新增不少就业机会,纺织企业就业人数从2000年的1.9万人猛增到2001年的4.5万人,占莱索托总就业人数的40%以上。2002年,纺织业产值占国内生产总值的17.7%。[3]

从2005年1月起,实行31年的纺织品配额体制结束,莱索托成衣业面临来自低成本国家如印度、中国和巴基斯坦的激烈竞争,同时,由于美元贬值和全球纺织品一体化的影响,莱索托纺织企业的发展面临很大困难。受此冲击,2005年1月到2006年2月,约有20%的纺织企业倒闭,丢失就业岗位超过10000个。为了扶持纺织企业,莱索托政府于2004年出台了几项主要措施:一是改变每年提高10%的厂房租

---

[1] "The Lesotho Review – 2015 Edition," http://www.lesothoreview.com/commerce-industry-mining-2015.php, 最后访问时间为2016年11月20日。

[2] *Africa South of the Sahara 2003* (Europa Pulications, 2002), p.588.

[3] 《莱索托经济环境与贸易投资政策》,中华人民共和国驻莱索托王国大使馆经济商务参赞处网站,http://ls.mofcom.gov.cn/aarticle/ztdy/200502/20050200341730.html,最后访问时间为2005年2月1日。

莱索托

赁费的惯例，不提高政府工业园区的厂房租金；二是由政府协调各纺织企业工会，强制做出2004年底纺织企业员工不涨工资的决定；三是由政府按照纺织企业出口FOB价格或者代工费价格的30%抵扣进口产品关税，抵扣税额度可转让；四是政府大幅度减免了纺织企业税。即便如此，由于莱索托纺织业所需要的大多数原材料（包括棉花、亚麻、丝绸）必须依靠进口，而这些原材料的主要进口源是中国，因此任凭莱索托政府将优惠税率降到零，莱索托纺织企业的制造成本依然高于中国，莱索托纺织业仍然遭受严重冲击。到2008年，莱索托遭受全球金融危机的影响，以纺织业为主的制造业遭受更加严峻的危机。据统计，2008年，服装加工业出口额下降，多家企业停产或关闭。2012年，美国宣布将《非洲增长与机遇法案》的适用时间延长至2015年，这在一定程度上缓解了莱索托服装业的困难状况，但制造业的数据回升速度缓慢。

为了进一步促进纺织业发展，莱索托政府出台了多项措施。2015年，莱索托迪孔工业园区竣工。整个园区建设耗资3.64亿马洛蒂，包括11座面积为2000～7000平方米的工厂厂房，它们可被用于成衣加工、毛毯生产加工、汽车座椅制造，预计将提供5108个就业岗位，年收入预计达6000万马洛蒂。① 时任首相莫西西利、部分驻莱外国使节以及政府有关部门负责人出席了竣工仪式。工业园区的建成和投入使用将为莱索托制造业的复苏提供新的平台和动力，政府也表示将以此为契机继续改善投资环境，保障投资者和劳工合法权益。2016年，以纺织业为核心的莱索托制造业产值达到29亿马洛蒂。莱索托政府还制订了"重振制造业计划"，在提升产品技术含量的同时，大力发展皮革、羊毛制品、珠宝等加工产业，引领制造业产品种类和出口方式走多样化发展的道路。

莱索托纺织业的另一个显著特征在于，外资（特别是中资企业）是

---

① 《莱索托建成迪孔工业园区，大力发展制造业》，中华人民共和国驻莱索托王国大使馆经济商务参赞处网站，http：//ls.mofcom.gov.cn/article/jmxw/201509/20150901122839.shtml，最后访问时间为2016年10月20日。

莱索托纺织业的主要构成部分。来自中国台湾的"年兴纺织股份有限公司"早在1991年就在莱索托建立起第一家牛仔成衣厂，成为率先进入莱索托市场的纺织企业。紧随其后大批外资，特别是来自中国大陆的纺织企业涌入莱索托。2005年，在莱索托的65家纺织企业中，外资企业占比为80%，达到52家，提供了大量的工作岗位。直到2003年5月，莱索托一家名为MAMOTH的公司才第一次进入服装厂行列，而且由于营业执照、劳工许可等原因直到2004年1月才开业。目前，莱索托已经成功培育出了一批本土纺织企业，例如，特洛利索控股有限公司［Tlotliso Holdings (Pty) Ltd］，该公司成立于2012年，主要生产衬衫、毛衣、牛仔裤等，出口市场以美国为主，该公司现在有马齐恩和马塞卢两个生产基地，共有员工500余人；乔安娜制衣（Johanne Garments）是一家体量虽小但发展迅速的本土企业，该企业的创始人为5名年轻的莱索托大学毕业生，产品以工装为主；莱索托工装制造有限公司［Industrial Garments Manufacturers Lesotho (Pty) Ltd］成立于2014年，拥有员工约150人，以生产工装为主。

（二）商业和服务业

商业和服务业是莱索托经济的重要组成部分。20世纪90年代以来，服务业产值占莱索托国内生产总值的30%以上，进入21世纪后，莱索托政府以旅游业为依托，进一步促进服务业发展，其中批发、零售、餐饮和旅馆业创造了7.388亿马洛蒂，金融、保险、不动产和其他商业服务创造了6.626亿马洛蒂，分别比2002年增加1亿马洛蒂和0.5亿马洛蒂。① 2007年之后，莱索托商业和服务业产值占国内生产总值的比重超过50%，2009年、2010年、2012年和2013年一度超过55%。根据莱索托统计局数据，2016年，莱索托批发、零售、餐饮和旅馆业创造了超过30亿马洛蒂，金融、保险、不动产和其他商业服务

---

① 以上数据参见 Reglonal Surveys of the World: Africa South of the Sahara 2005, EUROPA, 2004, p. 612。

莱索托

创造了约 28 亿马洛蒂。①

莱索托市场特点是经营规模小、产品档次低、居民购买力差。在莱索托先锋购物商厦（Pioneer Mall）开业之前，莱索托较大的商场基本上都是南非的连锁店，中小型商场和超市大部分被中国人和印度人垄断。中国在莱索托年经营规模超过 50 万马洛蒂（约 7 万美元）的中型民营企业有 300 余家。政府正在采取措施保护当地商贩的利益，提高本土零售商的比例，拟使本地商店从 2002 年的 9000 家增加到 2003 年的 1 万家。②

2008 年世界金融危机之后，在莱索托传统的手工制造业和采矿业受影响较重的情况下，莱索托政府开始将商业和服务业，特别是一些中小微企业视为潜在的促进经济增长的力量和提供就业岗位的领域。莱索托五年发展计划将扶持中小微企业作为一项重要任务，力求通过营造良好的商业环境帮助中小微企业实现发展，主要途径包括政策松绑扶持、完善商业设施、发放小额贷款和提供技术指导等。通过一系列政策措施，莱索托商业环境得到改善，在国际金融公司发布的有关全球 190 个国家与地区营商便利报告中，莱索托在 5 年之内排名上升 39 位，是南部非洲改善程度最高的国家。报告显示，莱索托经商环境排名从 2012 年的第 143 位上升到 2013 年的第 136 位，2014 年上升到第 128 位，③2016 年继续上升至第 112 位，2017 年上升至第 104 位。在各子项目的评估排名中，"跨境贸易"和"合同执行"分别排第 40 位和第 95 位，超过了南非和博茨瓦纳。④目前，莱索托政府为了进一步优化商业环境，正在筹划推广一站式商业政务中心模式。按照规划，莱索托政府将在全国 10 个行政区设立一站式商业政务

---

① 以上数据参见莱索托统计局数据库，http：//www.bos.gov.ls/，最后访问时间为 2018 年 8 月 2 日。
② 《莱索托经济环境与贸易投资政策》，中华人民共和国商务部网站，http：//www.mofcom.gov.cn/aarticle/i/k/200502/20050200341731.html，最后访问时间为 2005 年 3 月 20 日。
③ 《世行评估莱索托营商便利性有较大改善》，中华人民共和国驻莱索托王国大使馆经济商务参赞处网站，http：//ls.mofcom.gov.cn/aarticle/jmxw/201210/20121008410329.html，最后访问时间为 2016 年 8 月 12 日。
④ "The Lesotho Review – 2018 Edition，"http：//www.lesothoreview.com/contents/commerce-industry-mining/，最后访问时间为 2018 年 7 月 20 日。

中心，通过提供高效、专业的公共服务，缩短新公司在莱索托的注册时间，进一步促进私营经济发展。

二　采矿业

莱索托只有少量的矿产资源，除少量的煤、方铅矿、石英、玛瑙和铀外，钻石是其主要的具有商业价值的矿石，因此，采矿业以进行钻石开采为主。莱索托钻石矿净度极高，被列为世界珍贵金刚石，在国际上有较高的声誉，是莱索托重要的出口创汇产品。进入21世纪以来，莱索托采矿业快速发展，1999年，采矿业对国内生产总值的贡献率仅为0.1%，2007年时上升到5.72%，2008年时达到峰值8.98%。2009年，莱索托采矿业深受全球经济危机影响，当年采矿业对国内生产总值的贡献率骤然下滑到4.52%。当前，莱索托采矿业正处于复苏过程当中，2014年对国内生产总值的贡献率为7.9%，2014年上升到8.5%。随着新矿藏的不断开采，预计到2020年时，莱索托政府采矿业对国内生产总值的贡献率将超过10%。[1]

莱索托钻石矿的开采始于1955年。主要矿区是莱森—拉—特雷矿，海拔在3200米以上，该矿区的钻石品质良好，大规格钻石较多，受到世界钻石商的青睐。1965年10月，在莱森—拉—特雷地区发现一颗重达527克拉的宝石级金刚石，无色透明，质量极佳，被命名为"皇帝"，当时以11.6万兰特被著名的南非德比尔斯矿业联合公司（De Beers Consolidated Mines）收购。1967年5月，一名叫埃尔内斯廷·拉玛巴的女士和她的丈夫偶然发现了一颗重达601克拉的棕色钻石，被命名为"莱索托之棕"（Lesotho Brown）。1968年，这颗钻石被著名珠宝商哈利·温斯顿在日内瓦拍卖会上买下，随后出现在当时的邮票中，足见其纪念意义。从1973年起，南非德比尔斯矿业联合公司在莱森—拉—特雷矿区大规模投资建设，1977年与莱索托政府合营，莱索托政

---

[1] 莱索托统计局数据库，http：//lesotho.opendataforafrica.org/nnvvmxg/lesotho - national - accounts？indicator = 1000420，最后访问时间为2018年7月31日。

莱索托

府占股25%，开始正式进行机械化开采。随后的5年时间里，南非德比尔斯矿业联合公司共开采了900万吨石头，发现了大约28万克拉钻石，其中包括几个100~300克拉的大钻石。由于开采成本高和世界钻石市场陷入低谷等多种原因，1982年，德比尔斯矿业联合公司决定停止开采，退出莱索托钻石开采业，该矿区自此停产封闭。此后，莱索托全境只有少数个体采矿者开采钻石矿，年产量减少到只有几千克拉。

1995年，莱索托政府提出重新恢复钻石开采的设想，进行公开招标，有14家国际知名公司投标。经过反复磋商，来自南非的莱森钻石公司获得莱森矿的开采权。但当年莱索托发生了政治动乱，经济严重衰退，前期启动工作进展缓慢。该公司于2000年进行基础设施建设，并开始进行钻石的简单开采。2002年大选后，莱索托政局逐渐稳定，投资者信心增加，开始大规模向钻石矿注入资金。2003年4月，该公司重新开采钻石，但当时并未达到满负荷运营状态。

莱森矿的总投资为2.1亿马洛蒂，其中生产设备投资为1.6亿马洛蒂。南非几家主要的黄金公司也为莱森矿提供了资金。莱森钻石公司自身占有该矿52%的股份，其他24%归莱索托政府所有，12%给予自由股东，12%由莱索托政府买入。莱索托政府还将从钻石销售额中提取7%的开采权费，并收取钻石销售税。[1] 政府向该矿派代表，负责记录钻石产量，并确保产品进入市场前的安全。该矿产品通过国际著名专家鉴定品质和等级，并在比利时安特卫普国际钻石市场进行销售。[2] 至2004年9月，价值为1.6亿马洛蒂的生产设备全部投入使用，开始满负荷生产。

2003年11月，莱索托在比利时成功拍卖了三颗分别为215克拉、124.66克拉和95.25克拉的钻石，获利560万美元。这三颗钻石发现于

---

[1] 莱索托政府规定办理经营钻石执照要收费。从2004年4月开始，钻石经营执照费从原来的10000马洛蒂增加到25000马洛蒂。

[2] 《莱索托的钻石业》，中华人民共和国驻莱索托王国大使馆经济商务参赞处网站，http：//ls. mofcom. gov. cn/index. shtml，最后访问时间为2004年7月1日。

同一矿脉，专家预计类似的钻石在相同的矿脉层面上有可能再次被发现。据预测，该矿在每开采7万克拉钻石中有10%的可能性发现一颗20克拉以上的钻石，每1000克拉钻石中高质量钻石超过100克拉。2004年4月到2006年8月，莱森钻石公司共发现100700克拉钻石，其中90%属于宝石级钻石，100克拉以上的钻石占比为1.5%。2004年5月21日，莱森钻石公司再次在比利时出售了价值330万美元的钻石。2005年1月，莱森钻石公司在6天内陆续开采出4颗完美无瑕的大钻石，总重量达到366克拉。据保守估计，价值在600万美元以上。2006年底，来自英属维尔京群岛的宝石钻石公司以1.185亿美元的价格从莱森钻石公司获得70%的股份，莱索托政府持有另外30%股份。

此后三年，莱森矿连续发现大钻石：2006年8月，莱森矿发现世界排名第15的超大天然钻石，重达603克拉，它被发现后立刻轰动全球。该钻石结构复杂，虽然中心有裂缝、杂质和一大块未结成晶体的碳，却拥有顶级的D色，被命名为"莱索托诺言"（Lesotho Promise），在比利时安特卫普以1240万美元的价格被世界顶尖钻石珠宝公司格拉夫公司拍得。格拉夫公司资深切割工匠将原石切割成26颗D色无瑕，共重223.35克拉的多形钻石，并由资深工匠手工镶嵌，做成项链，其成为全球最珍贵、独特、瑰丽无比的"莱索托诺言"项链。2007年9月，莱森矿发现重达493克拉的钻石，为当时世界第18大钻石，被命名为"莱森传奇"（Lets'eng Legacy），最终以1040万美元的价格拍卖成交。一年之后的2008年9月，莱森矿再次发现当时世界第20大钻石，重达478克拉，被命名为"莱森之光"（Leseli la Let'seng），并以1840万美元的高价拍卖。① 2018年1月，莱森矿挖掘到1枚无瑕钻石原石，重达910克拉，大约有两个高尔夫球大，是世界上第五大钻石，目前还没有名字。

除莱森地区外，莱索托还在2001年的矿业考察中识别出33个稀有钻石矿层和140个岩脉，其中24个属于钻石矿脉，并向一家名为利科

---

① "The Lesotho Review – 2015 Edition," http://www.lesothoreview.com/contents/commerce-industry-mining-2015.php/，最后访问时间为2016年8月20日。

莱索托

本矿业发展公司（Liqhobong Mining Development Company，LMDC）的合资企业颁发了为期25年的开采资格证，允准其开采390公顷土地范围内的5个庆伯利岩。莱索托政府拥有此家公司25%的股权，另外75%的股权由来自英国的科帕内钻石发展公司（Kopane Diamond Developments）拥有。该矿于2006年初开始生产，预期年产量为25万~29万克拉，平均价格从开采初期的每克拉40美元上升至2008年的每克拉86美元。而受到经济危机和国际钻石价格下降的影响，该矿于2008年一度中止对卫星矿的开采。距离莱森矿30公里的卡欧矿是莱索托最新发现的矿床，该矿于2007年11月开始开采，预期年产量为74万克拉，开采期长达23年。

莱索托在2014年11月成立了首个国有矿业公司。公司名为"波利哈利国家钻石矿产有限公司"（Polihali State Diamond Mining Company Proprietary Limited），莱索托成立该国有矿业公司的目的是在高原水利工程二期"波利哈利大坝"开工建设之前，对有关地区进行系统的钻石勘探和开采工作。政府试图通过此举实现对矿产资源更进一步的控制，培养更多矿业技术人才，促进莱索托矿业长期健康发展。

目前，钻石开采仍然是莱索托的支柱产业之一，并成为推动经济发展的有力增长点。在《莱索托国家发展战略规划2012/2013年至2016/2017年》中，钻石开采被定义为加速莱索托经济发展的有力助推器。为了达到增加钻石出口量、国内生产总值和财政税收的目标，莱索托钻石开采业预计需要吸引500万马洛蒂的投资。为了促进采矿业发展，莱索托政府于2014年发布矿产资源开发利用发展政策，明确了产业战略发展方向。该政策从矿产资源勘探、行业财政税收、法律管理框架、产品附加值、关联产业发展机遇和整合、传统作坊式小规模矿产开采、行业监督管理和问责、环境社会经济可持续发展、区域合作开发、人力资源发展共10个方面制定发展目标和战略，以及政策实施、监督和评估体系，明确了政府、行业主体、相关机构的工作职责，阐述了政策成功实施所需的经济、社会、政治环境。此外，政府还计划对1970年出台的《宝石条例》进行修订，并筹建新的莱索托钻石中心，对莱索托钻石开采业进行更加精准的评价，促进莱索托钻石出口。

三　能源业和建筑业

（一）能源

莱索托国内资源有限，大部分能源（如石油和电力）从南非进口，能源业成为莱索托可持续发展的瓶颈。莱索托国内主要的可开发能源是水资源，莱索托境内山区水资源非常丰富，地面水达到 3.4 亿立方米/年，流量达 150 立方米/秒，但水土流失严重。[①] 莱索托与南非合作，建设了非洲最大的引水工程——高原水利工程。

1. 水资源的利用与开发——高原水利工程

独立前，英国殖民当局为了解决南非殖民地的水资源利用问题，对莱索托境内的水资源开发情况进行研究。1951 年，英国殖民当局对此进行了反复论证，写了三个关于水资源的报告，提出相关计划，但计划并未付诸实施。[②] 莱索托独立后，莱索托政府注意到水资源对本国经济可持续发展的重要性，但考虑到自身的力量不足以建设耗资庞大的水利工程，莱索托希望和南非联合开发水资源。南非政府对此积极回应，因为南非地处非洲大陆最南端，人口众多，全年平均降水量不多，平均每 10 年就

[①] 《莱索托高地水利项目发展潜力巨大》，中华人民共和国商务部网站，http://www.mofcom.gov.cn/aarticle/i/dxfw/gzzd/201206/20120608169839.html，最后访问时间为 2016 年 7 月 24 日。

[②] 第一个报告是关于建筑水坝的报告。第二个报告是关于利用水资源提供动力的报告。第三个报告是尚德（Shand）报告，指出，希望"使（奥兰治河）上游的支流通过隧道改向西流入陡峭的河谷……这样就可以利用瀑布来发电，并使其有可能（就最高阶段的发展而论）把净水送入奥兰治自由邦"。有关水资源的尚德计划包括三个部分：(1) 奥克斯—贝尔计划（Ox—Bow Scheme，又叫河湾改道计划）；(2) 考河（The Kau River）计划；(3) 色密那河（Semena River）计划。奥克斯—贝尔计划能通过五个步骤实现莱索托及奥兰治自由邦水和电力的发展。尚德计划目标实现后，预计每年能产生 3.5 亿千瓦时的电能，每天能提供 1 亿加仑的纯净水以满足该地生活用水的需要。也就是说，莱索托的水资源能满足南部非洲经济发展的需要。参见理查德·P. 史蒂文斯《莱索托博茨瓦纳及斯威士兰》，山东大学翻译组译，山东人民出版社，1979，第 182~183 页。

莱索托

出现一次干旱，水资源极为匮乏。尤其是豪登省，它是南非的工业和经济中心，主要发展矿山开采，对水的需求量很大，这迫使南非想尽各种办法解决缺水难题。而莱索托水资源非常丰富，可以为南非提供经济发展所需要的水资源。两国政府从本国的经济发展要求出发，达成开发莱索托水资源的共识。

经过莱索托和南非长达10年的谈判和反复论证，两国政府于1986年10月正式签订了共同修建莱索托高原水利工程的协议。根据协议，由南非投入主要资金，在莱索托境内兴建5座大坝和200公里的穿山隧道，把莱索托的水调送到瓦尔河水库。整个项目分四期，预计2020年竣工，届时，奥兰治河源头将有40%的高质量蓄水通过这个工程输送到南非境内的瓦尔河水库，而这些源源不断的水将大部分流入南非豪登省，这可以大大缓解当地的缺水状况。莱索托政府将利用高原水利工程，投资1800万美元修建一座年发电7.2万千瓦时的水电站，这将是莱索托国内第一个独立的水电站。这个水电站建成供电后，莱索托将结束从南非进口电的历史。

高原水利工程共分两期。根据两国签订的协议，莱索托高地水利委员会（LHWC）由两国各派代表组成，代表分别来自莱索托高地开发局（LHDA）和南非输水管理局（TCTA）。工程一期包括A和B两部分，主要建设凯茨大坝和莫哈勒大坝，约75%的费用由南非承担。A部分于1987年开工，开始十分艰难，莱索托境内崇山环绕，很多地方人迹罕至，根本没有电力、电话和供水等基础设施，所有工作都须从零开始。为了确保工作顺利进行，南非政府为当地修建了120公里的沥青公路，架设了150公里的供电线路，甚至还在沿途修建了3座医院。工程主要是在马洛蒂山脉中修建凯茨大坝、莫哈勒大坝和打通连接南非阿什（Ash）河口的82公里长的输水涵洞，另外包括一些地下厂房和输水设施和线路。凯茨大坝位于马里巴马特索河与博康河汇合口下游2.5公里处。凯茨大坝和凯茨水库是莱索托与南非合作的高原水利工程一期的核心部分，由来自意、法、德、英、南非等7家公司合作修建，是世界上为数不多的双曲线形混凝土拱形大坝，也是非洲海拔最高（海拔为 2000 米）的水坝。凯茨大坝高 185 米，宽 710 米，库容量为 19.5 亿立方米。凯茨大坝内建有小型水电站，含三个机组并可泄洪发电，建造整个大坝用掉混凝土 23 亿立方米。这是一座科技含量很高的大坝，大坝内建有一系列"走廊"，安装相关感应装置，随时检测大坝的运行情况，而由计算机控制的调控系统对大坝的任何微小变化都能及时准确地进行监控和调节。1998 年，凯茨水库主体工程完工，水库蓄水量达到 19.5 亿立方米，经过自然净化，水库的水质达到了直接饮用的标准。A 部分于 1995 年完成，A 部分总成本为 110 亿马洛蒂。A 部分竣工时，莱索托国王莱齐耶三世和南非总统曼德拉出席了竣工典礼。

B 部分于 1996 年开始建设，于 2003 年底竣工。它包括 32 公里长的隧道和莫哈勒水库、莫哈勒大坝，B 部分总成本大约为 40 亿马洛蒂。莫哈勒大坝位于塞奎扬尼河上，距离该河与约罗达尼河汇合处下游 2 公里。莫哈勒大坝的迎水面材料为混凝土，背水面则用巨大的压力将各种石块堆在一起，大坝高 145 米，跨度为 620 米，底部厚 600 米，整个大坝使用了780 万立方米的石块，库容量为 9.38 亿立方米。凯茨大坝和莫哈勒大坝两座大坝之间通过一条长 32 公里、直径为 4.5 米的莫哈勒调度隧道相连，32 公里长的莫哈勒隧道从 1998 年开始施工，兼具双重功能，将水调度到凯茨大坝的同时又可在凯茨大坝蓄满水之后将水引回莫哈勒大坝。蓄满水后，莫哈勒水库水位为 2075 米，凯茨水库水位为 2053 米，利用水库之间的落差，前者的水就可以源源不断地流入后者。莫哈勒水库是南部非洲最大的岩石水库，万一出现洪水，水库的泄洪能力可达到 2500 万立方米。每年将有 505 亿立方米的水被引到南非，调水流量将通过荷兰提供的超声波和磁测量系统精确测量，这在世界上是最先进的。[①]

工程一期除凯茨大坝和莫哈勒大坝外，还包括莫埃拉（MUELA）大坝、水电站等，其中进水塔、输水隧道和水电站等在 2007 年完工，部

---

① A. 格里曼：《莱索托高原调水工程》，刘国光译，《水利水电快报》1996 年第 5 期。

莱索托

分缓解了莱索托国内的缺电状况。① 该工程于 2004 年 2 月获得了南非工程院颁发的"世纪工程"称号。② 高原水利工程一期的完工,给莱索托和南非带来了可持续发展的机遇。效益是显而易见的:初步统计,2009 年,莱索托通过高原水利工程向南非出口 7.89 亿立方米水,获得 3.33 亿马洛蒂;2010 年,出口 7.73 亿立方米,获得 4.39 亿马洛蒂(约 5500 万美元)。水电站向莱索托电力公司输送 506.57 万兆瓦时电量,价值 6.69 亿马洛蒂(约 8400 万美元),向南非 ESKOM 公司输送 15.42 万兆瓦时电量,价值 716.4 万兰特(约 90 万美元)③。

2011 年 8 月,莱索托与南非共和国签署了高原水利工程二期协议。高原水利工程二期共计划建设波利哈利大坝及附属的萨斗 (Saddle) 大坝和科佛尔 (Coffer) 大坝、科邦 (Kobong) 蓄水泵站以及从波利哈利大坝到凯茨大坝的输水隧道等。其中,核心工程包括:(1) 森库 (Scnqu) 河上的波利哈利水库(设计高 163.5 米,厚 10 米,宽 915 米);(2) 莫埃拉 (Muela) 水库及其水利枢纽扩展工程;(3) 科邦抽水蓄能水电站(高 101 米,隧道长 6.3 公里,直径为 11.5 米);(4) 连接波利哈利水库和其水利枢纽、通往工地的道路,营地,电力输送线路,行政中心和输水隧道(长 38.2 公里,直径为 5.2 米,输水量可达 18.8 立方米/秒)。④ 按照最初的计划,将在 2015 年前完成管理机构设置、环保和社会影响评估,设计招投标程序等,2018 年前完成基础设施、大坝与输水隧道、蓄水泵站等建设,预计 2020 年完成整个工程。按照预算投资,工程二期大坝、输水隧道、基础设施、设计

---

① 《莱索托高地水利项目发展潜力巨大》,中非友好经贸发展基金会网站,http://www.chnafrica.org/cn/zfxw/2102.html,最后访问时间为 2015 年 12 月 11 日。

② 《非洲最大的引水项目——莱索托高原水利工程》,中国水利科技网,http://www.cws.net.cn/nsbd/newnsbd/newsview.asp?s=301,最后访问时间为 2015 年 12 月 11 日。

③ 《莱索托高地水利项目发展潜力巨大》,中非友好经贸发展基金会网站,http://www.chnafrica.org/cn/zfxw/2102.html,最后访问时间为 2015 年 12 月 11 日。

④ 《莱索托高山水利工程二期计划情况简介》,中华人民共和国驻莱索托王国大使馆经济商务参赞处网站,http://ls.mofcom.gov.cn/article/ztdy/201403/20140300527589.shtml,最后访问时间为 2015 年 12 月 12 日。

招投标程序、行政管理及环保和社会影响评估等约需 78.35 亿兰特，蓄水泵站及电力输送线路预计投资为 76.36 亿兰特，合计 154.71 亿兰特。① 2014 年 3 月 27 日，莱索托国王莱齐耶三世、时任首相塔巴内与来访的南非总统祖马在莱索托莫霍通地区出席工程二期启动仪式。但是，受到国内政局动荡及其他原因的影响，高原水利工程二期最重要的波利哈利大坝直到 2018 年才正式开工建设。

莱索托高原水利工程是莱索托与南非合作和互利共赢的成功典范。从项目最早的设计和论证到实施和管理的各个具体步骤，莱索托与南非的紧密合作是多年来工程顺利推进的根本保证。工程二期的准备和实施同样由两国共同参与，代表包括两国的工程师、测量师、律师和会计师等。同时，该工程也是国际社会援助和合作的结果。除莱索托和南非政府外，欧洲投资银行、沙特发展基金、科威特阿拉伯经济发展基金、阿拉伯非洲经济开发银行、欧佩克国际发展基金、阿布扎比开发基金、美国千年挑战公司和世界银行等提供资金，世界银行等为工程的环保和社会影响评估等提供了支持。中资企业同样参与了莱索托高原水利工程建设。其中，中国水电建设集团以 8000 万美元承包了麦特隆大坝及供水项目的大坝主体及原水泵站工程。该工程于 2013 年 8 月开始进行混凝土大坝浇筑；2013 年底，水库蓄水；2014 年 4~9 月，水处理厂试运行；2014 年 9 月，供应清洁水。该工程距莱索托首都马塞卢仅约 35 公里，该工程的建成和运行将为马塞卢等提供工业和生活用水。当前，莱索托首都马塞卢水处理能力约为 4400 万升/日，麦特隆大坝及供水项目建成后将增加 7500 万升/日的水供应量，可满足莱索托有关地区 2020 年前的用水需求。②

此外，高原水利工程在建设过程中同样需要面对很多社会与环境

---

① 《莱索托高地水利项目发展潜力巨大》，中非友好经贸发展基金会网站，http://www.chnafrica.org/cn/zfxw/2102.html，最后访问时间为 2015 年 12 月 11 日。
② 《莱索托麦特隆大坝供水工程建设已完成 60%》，中华人民共和国商务部网站，http://www.mofcom.gov.cn/article/i/jyjl/k/201311/20131100391020.shtml，最后访问时间为 2015 年 12 月 11 日。

莱索托

问题，如为了解决鸟类和其他一些动物的保护问题，建设者们开辟了专门的自然保护区。为了保护植被，他们在库区建立了苗圃，培育当地特有的植物，然后将它们移植到山上，在建设者的努力下，库区的植物不仅没有减少，反而茂盛生长，过去一些光秃的山岭也出现绿色。另外一个重要的课题是如何安排好库区移民，部分居民生活在库区，受到大坝建设的影响，需要将他们迁移到其他地区，但是很多居民不愿改变生活习惯而拒绝迁移。整个库区有近24000人受到影响，有300户需要搬迁，一些搬迁户在搬迁后遇到生活上的困难。居民的补偿金由于官员的腐败不能到位而引发矛盾。2002年，受高原水利工程影响较大的三个村社获得了超过50万马洛蒂的补偿。

2. 风能与太阳能的利用

尽管高原水利工程可以有效缓解莱索托电力紧缺的问题，但莱索托工业的发展，特别是纺织业和钻石加工业的发展，进一步增加了莱索托对电能的需求量。莱索托五年发展计划中明确提出，要建立全方位的发电供电系统，加大电力供应力度，其中就包括建设风力发电场和太阳能发电场等项目。

莱索托地处高原地区，风力资源丰富，是理想的风力发电场所。莱索托风力发电站筹建工作最早在2007年展开，预计投资达到8亿马洛蒂的风力发电项目计划由莱索托和南非联合注资的电网在线发展有限公司（PowerNet）实施。2013年，莱索托首座风力发电站开工建设。莱特森风电站位于莫霍特隆地区，启用42台涡轮机，产生约35兆瓦时的电量，随着规模的扩大，未来，莱索托不再从南非和莫桑比克进口电。[1]

除了风能发电项目外，莱索托太阳能发电项目也在筹建中。该项目总价值约3000万马洛蒂，总装机容量为280兆瓦时，位于马塞卢莫舒舒国际机场，由日本政府捐资。该项目的建成将大幅度节省机场

---

[1] "The Lesotho Review – 2018 Edition," http://www.lesothoreview.com/contents/water-energy/，最后访问时间为2018年8月2日。

电费。此外，马费滕等地区的太阳能发电项目也在兴建当中，其中一个由中国公司投资的太阳能发电项目总装机容量达 10 兆瓦时。这些项目的实施将减少莱索托自南非和莫桑比克的电力进口量，同时也有利于增加就业岗位和改善基础设施，并解决边远农村的用电问题。

（二）建筑业

莱索托建筑业是在高原水利工程的带动下起步和发展的。20 世纪 80 年代，建筑业产值对国内生产总值的贡献率仅为 5%~6%，而到 2003 年，建筑业产值对国内生产总值的贡献率已经上升到约 18%。伴随着高原水利工程的建设，建筑业一直保持相对较高的增速。莱索托中央银行（CBL）的年度报告显示，2012 年，莱索托建筑业产值的增长率高达 35.08%，当年建筑业产值占国内生产总值的比重达到 7.34%，较 2011 年提升较多。2013 年和 2014 年，莱索托建筑业的发展受到国内政局不稳的影响，一度出现负增长[1]。2017 年之后，随着新政府的产生和高原水利工程二期的开工建设，莱索托建筑业迎来新的发展机遇。据估计，2018~2020 年，仅高原水利工程就能提供 2500~3000 个就业岗位。[2] 交通设施建设、旅游设施建设、医疗系统建设、电力输送等产业的发展都使建筑业面临新的发展契机。此外，美国政府的"千年挑战账户计划"为莱索托基础设施建设提供了大量的资金。据统计，该计划中涉及水利工程、医疗工程等方面的建设资金达 3.625 亿美元。欧洲发展基金也计划通过"国家指示性方案 2014~2020"（National Indicative Programme 2014-2020）为莱索托提供 1.42 亿欧元的基础设施建设资金，其中 0.78 亿欧元涉及饮用水供应、雨水收集和医疗设施

---

[1] 参见莱索托统计局数据库，http://www.bos.gov.ls/，最后访问时间为 2018 年 7 月 31 日。

[2] 莱索托高水项目网，http://www.lhda.org.ls/phase2/，最后访问时间为 2016 年 8 月 23 日。

建设，0.28亿欧元将被用于电力设施建设。① 但是，较低的城镇化水平仍然影响莱索托的民用住宅建筑业发展。在较偏远的山区以及在一些临近城市的地区，居民仍然需要自己去收集盖房所需的建筑材料，自己动手盖房。根据莱索托"国家住房战略计划"的调查结果，莱索托目前仍然面临比较严重的住房缺口。

近年来，莱索托建筑材料价格由于通货膨胀而上涨。中华人民共和国驻莱索托王国大使馆经济商务参赞处介绍，主要建筑材料价格为：水泥为1920马洛蒂/吨，钢筋为8500马洛蒂/吨，型钢为1.1万马洛蒂/吨，木材（型材）为6500马洛蒂/立方米，砂岩石为140马洛蒂/平方米，黏土砖为3.5马洛蒂/块，沙为100马洛蒂/立方米，柴油为11马洛蒂/升，汽油为12马洛蒂/升。②

第四节 交通和通信

一 交通运输业

莱索托是个多山国家，交通运输业成为莱索托经济发展的瓶颈。莱索托独立后，政府为发展经济，将交通运输基础设施建设摆在非常重要的位置，借助国际社会的支援和本国财政的保证，整个交通系统有了长足的发展。目前，莱索托交通系统以公路为主，公路承担着全国70%以上的运输任务，接着是铁路和航空，除此以外，莱索托的运输方式还包括河流轮渡、畜力运输和徒步运输等，特别是人烟稀少的偏远地区，畜力运输和徒步运输仍然是主要方式。莱索托经营客运和货运业务的多为私营企业，由政府经营的"莱索托货运"和"莱索托

---

① "The Lesotho Review – 2018 Edition," http：//www.lesothoreview.com/contents/construction/，最后访问时间为2018年8月2日。
② 《对外投资合作国别（地区）指南——莱索托》，中华人民共和国驻莱索托王国大使馆经济商务参赞处网站，http：//www.mofcom.gov.cn/article/i/dxfw/gzzd/201403/20140300526163.shtml，最后访问时间为2016年8月12日。

公共汽车服务公司"承担的运输量只占一小部分，并且大多分布于私人企业不愿提供服务、运输量小和位置偏远的地区。由于莱索托是南非的"国中国"，出口货物往往经铁路或公路运输到南非的港口，再换海运销往世界各地。

交通设施的修建和维护由莱索托交通部负责，该部门还负责为在莱索托经营运输事业的私人营业者提供维护环境的必要服务，其中包括制定行业规则、进行行业监管、修建辅助设施等。"莱索托五年发展计划"提出优先创建一个高效综合交通系统，在莱索托农业集中产区、工业加工区、重要矿区、旅游景点和主要城镇之间建立起柏油路，使进出口商品和国内主要消费品能够实现快速低廉运输，为莱索托的进出口贸易提供"无缝交通网"，并以此促进国家经济发展。

（一）公路

莱索托多山的地貌特点严重限制了公路发展，独立之前的莱索托只有几百公里简易公路。独立后，莱索托政府重视公路建设，20世纪80年代初，公路建设的重点放在西部经济发达低地，公路干线长近900公里，其中沥青路为144公里。1988年，莱索托公路总长已达4714公里，沥青路有571公里，砂石路为2337公里。1993年和1994年，莱索托财政收入的5.7%被用于改善公路网。1995年，在高原水利工程下面新建了300公里的公路。1996年，世界银行为莱索托政府的五年公路计划拨款40亿美元。进入21世纪后，莱索托政府继续改善交通设施。2003年，莱索托公路总里程为7438公里，其中沥青路为1217公里，碎石路为3758公里，沙土路为2463公里。而由于莱索托复杂的地形，再加上洪水泛滥，多处公路和桥梁被冲毁，公路维护和修建难度非常大。2006年，由国际开发协会、欧盟和莱索托政府共同发起的综合运输项目（ITP）开始实施，项目共耗资3820万美元，先后完成了对莱索托2444.39公里公路的维护、翻修和新建。2010年，在世界银行和欧盟的帮助下，莱索托成立公路指挥部，专门负责落实政府有关公路的政策措施，对所有公路建设工程进行设计规划等。截至2018年，莱索托公路里程达到8638公里，其中沥青路为1817公里，

莱索托

沙石路为4358公里，土路为2463公里。①

在莱索托北部，国家A1公路连接马塞卢、布塔布泰和莫霍特隆，直接通往莱索托与南非边境，基本贯穿莱索托北部地区，而且连接北部主要城镇的部分公路为沥青路。在莱索托南部，国家A2沥青公路连接马塞卢、古廷和木罗斯山。国家A3公路连接马塞卢、莫哈勒大坝和塔巴采卡。

在莱索托的广大山区，交通工具仍以独轮手推车和马为主。巴苏陀族人用独轮手推车运送食品、种子和建筑材料，手推车是运输生活用水的重要工具。此外，马、驴和骡子也是巴苏陀族人常用的交通工具，但牲畜拉车的使用在莱索托不像在非洲其他地区一样普遍。近些年，随着公路交通状况的改善，莱索托以公路运输为主的各项服务业发展起来，莱索托客（货）运输公司负责向全国提供运输服务。

（二）铁路

莱索托没有铁路系统，仅有一条2.6公里长的铁路，它承担从首都马塞卢到南非运送物资的任务，铁路里程在世界的排名为第144。这条唯一的铁路开通于1905年12月18日，将莱索托首都马塞卢与南非铁路网连接在一起。马塞卢火车站是全国唯一的火车站，列车从马塞卢火车站出发，经马塞卢北部工业区跨越莫霍卡尔河进入南非境内。该铁路与南非"布隆方丹—伯利恒"铁路线相连。每天有两列货运列车在这条铁路上运行，主要运输水泥、玉米、燃料等。铁路年运量占莱索托对外贸易量的约1/3。目前，莱索托政府正在谋求建设一条从马塞卢直通伊丽莎白港或德班港的铁路。

（三）航空

民用航空业是莱索托政府发展民族经济的重要依托。莱索托独立后，为了摆脱交通运输对南非的依赖，提升自主外贸运输能力和发展旅游业，

---

① 数据来源：莱索托道路管理信息系统网站，http://www.lesothoreview.com/contents/transport-infrastructure/，最后访问时间为2018年8月4日。

第四章 经 济

提高本国抵抗依赖南非经济风险的能力，莱索托将运输投资重点之一放在航空运输上。

1980 年，莱索托政府决定修建新的马塞卢国际机场，投资 4000 万兰特。与此同时，莱索托政府也加快全国各地和主要风景区的小型机场建设，先后在加查斯内克、莫霍特隆建设了方便旅客进出的小型机场。莱索托政府的航空运输战略很快收到成效：1982 年，莱索托境内拥有大小飞机 40 架，其中莱索托航空公司拥有 6 架；莱索托国内、国际航班起落 10447 架次，旅游收入达到 1300 万马洛蒂。为满足旅游业发展的需要，1983 年 4 月，莱索托政府开始在位于距首都马塞卢不到 20 公里处的多达莫利动工修建莫舒舒国际机场，该机场于 1986 年投入使用，可起降中型民航客机，并有国际航线通往南非、莫桑比克、博茨瓦纳、津巴布韦、斯威士兰、塞舌尔和以色列。主要航线由南非一家航空公司经营，它负责首都马塞卢至南非约翰内斯堡、德班、开普敦的航班。根据联合国提供的数据，1998 年为莱索托民航客运量最多的一年。

到 2009 年，莱索托有 3 个主要机场，跑道长度分别为 3047 米、1523 米和 914 米；小机场有 25 个，914～1523 米的跑道有 4 条，小于 914 米的跑道有 21 条。其中，莫舒舒国际机场是莱索托唯一的国际机场，机场包括 2 个客运航站楼、1 个货运航站楼和 4 条跑道，航站楼内餐馆、商店、咖啡厅、残疾人通道等配套设施完备。每天有四个航班往返于莱索托莫舒舒国际机场和南非约翰内斯堡国际机场（OR Tambo International Airport），飞行时间为 55 分钟。

莱索托第一家私营航空公司马鲁蒂航空（Maluti Sky）于 2016 年 3 月 29 日正式首航，开通首都马塞卢至南非约翰内斯堡的往返航线。马鲁蒂航空是玛德加勒集团（MGC）的下属子公司，前身是 2009 年成立的一家航空租赁公司。马鲁蒂航空试运营打破南非空联航空（SA Airlink）在莱索托航空客运中的垄断地位，也为乘客带来更具竞争优势的票价。马鲁蒂航空飞机机型为庞巴迪（Bombardier）CRJ - 200BER，载客数为 50 人，每天有一趟马塞卢至南非约翰内斯堡的往返航班。玛德加勒集团主席表

示，未来还将开通马塞卢至南非开普敦、伊丽莎白港、德班等更多航线。①

此外，组建于1978年的莱索托国防军也是莱索托航空运输的重要组成部分。莱索托空军拥有3架固定翼飞机和6架直升机，麦赫梅特拉那空军基地位于首都马塞卢东北方位，空军飞机经常为莱索托政府机构、国际组织和社会团体提供飞往莱索托境内偏远地区的服务。2009年，莱索托空军曾向偏远地区的310所学校运输重达62吨的教科书；2010年麻疹病大流行时，莱索托空军负责向全国180个行政村运送卫生队队员和投送医疗用品；此外莱索托空军还负责向偏远地区运送大选选票，进行人道主义救援等。②

（四）水运

莱索托没有出海口，海运完全依赖南非，主要使用位于南非东海岸的德班港，以及位于南非南海岸的伊丽莎白港。莱索托内河运输仅限于用于渡河的小船，内河渡船业完全由莱索托政府拥有。莱索托交通部拥有44艘内河渡轮。

二　通信业

莱索托海拔较高，难以铺设电缆和进行电信基础设施的建设。受地理条件和经济发展水平的制约，莱索托的通信业发展较晚。20世纪90年代，借助与南非毗邻的优势和国际社会的援助，莱索托的通信业迎来了第一个快速发展时期。2010年之后，以移动通信为代表的新一代通信产业在莱索托实现了较快发展。

（一）电信

莱索托国内通信系统主要由少量陆上通信线和小规模微波无线电通

---

① 《莱索托马鲁蒂航空正式首航》，中华人民共和国驻莱索托王国大使馆经济商务参赞处网站，http://ls.mofcom.gov.cn/article/jmxw/201604/20160401290746.shtml，最后访问时间为2016年10月14日。

② "The Lesotho Review – 2015 Edition," http://www.lesothoreview.com/contents/transport-infrastructure-2015.php/，最后访问时间为2016年10月15日。

第四章 经 济

信传播系统和较小的无线电话通信系统组成；国际通信系统包括1个蜂窝式移动电话系统和卫星电话。莱索托有人造卫星地面站1个，由国际通信卫星组织提供。20世纪90年代，莱索托固定电话用户缓慢增长：1991年，莱索托有固定电话用户1.23万户，固定电话拥有率为0.75%；2000年，固定电话用户为2.22万户，固定电话拥有率为1.19%（见表4-17）。进入21世纪，特别是2010年之后，莱索托电信业迎来快速发展时期。2006年，莱索托固定电话用户增长至5.3万户，较2000年增长了1.4倍，固定电话拥有率为2.46%。此外，移动电话业务从2003年开始迎来爆发式增长。根据世界银行的数据，2003年，莱索托拥有移动电话用户12.6万户，到2009年增长到66.1万户；2010年之后，莱索托移动电话用户继续保持高速增长，2011年首次突破100万户，2014年突破200万户，2016年为228.3万户。[①] 根据莱索托通信管理局（Lesotho Communications Authority）的统计，莱索托电信服务已经覆盖全国超过90%的国土，有80%以上的人口接入固定或移动通信网络。[②]

莱索托拥有两家电信运营商，分别是莱索托沃达丰公司（VODACOM Lesotho, VCL）和Econet Ezi-Cel（EEZ）。2008年，两家公司通过转移部分股权，合并组建了新的莱索托全国通讯公司（Econet Telecom Lesotho, ETL）。目前，莱索托全国通讯公司以固定电话业务为主。在移动电话业务方面，沃达丰公司是领军者，其中80%股份由南非沃达丰公司所有，另外20%股份由莱索托本土的萨克哈梅辛公司所有。2014年，沃达丰公司正式启动4G网络运营，并于2015年率先在国内开通手机移动支付。

此外，莱索托于2017年9月成立了首家手机制造公司。这家名为"钻石公司"的手机制造公司位于首都马塞卢北部郊区，仅有20名员工，所制造的手机主要向国内市场销售。虽然该公司目前的规模还很小，但仍

[①] 以上数据参见世界银行数据库，https://data.worldbank.org/indicator/IT.CEL.SETS.P2?locations=LS&name_desc=true&view=chart，最后访问时间为2018年7月31日。

[②] "The Lesotho Review - 2018 Edition," http://www.lesothoreview.com/contents/information-communications-technology/，最后访问时间为2018年7月31日。

莱索托

然把产品销售至南部非洲一些地区甚至把整个非洲大陆作为销售市场。莱索托政府十分看好该公司的发展前景，认为此举的意义不仅在于创造更多的就业机会，还推动制造业多元化发展和创新，在莱索托历史上具有重要意义。

（二）互联网

莱索托互联网现处于起步阶段，但发展较快。由于地理条件所限，电信服务网络集中在城镇地区，山区的大量人口几乎无法使用互联网（只能接收广播）。根据世界银行提供的数据，2000年，互联网用户为4000户，2002年迅速增长到2.1万户。[1] 到2012年，莱索托全国共有互联网用户88602户，世界排名第170；互联网人口数占总人口数的4.6%，互联网普及率世界排名第189。2003年，莱索托全国共有119台主机，到2012年增至11030台，居世界第131位。全国共有40448个IP地址，占全球总数的比例不到0.05%，平均每1000个莱索托人只占有21个IP地址。[2]

莱索托互联网国家缩写代码为LS，莱索托现有一个国家互联网中心和三家私人互联网服务商。国家互联网中心成立于2000年5月，是由莱索托政府向美国争取到的国际互联网专项援助资金资助创建的。莱索托电信公司承担了建立国际互联网中心的任务，负责连接互联网服务提供商和提供有效的国际互联网通路。莱索托电信公司的国际互联网中心是2000年10月20日开始进行服务的。它的核心部分是有七个端口的TIGRIS路由器平台，它还把有三个端口的TIGRIS路由器作为冗杂的备份及两个域名服务器。系统有效性达99.98%。监控软件具有记账能力，它的安装可以提高平台的管理能力，从而可以切实改善服务。[3]

---

[1] 以上数据参见世界银行编《2002年世界发展指标》，中国财政经济出版社，2003，第317页；*Regional Surveys of the World: Africa South of the Sahara 2003*（Europa，2002），p. 613；美国中央情报局网站。

[2] "The Lesotho Review – 2018 Edition," http://www.lesothoreview.com/contents/information-communications-technology/，最后访问时间为2018年7月31日。

[3] 《莱索托政府制订三年发展规划》，中华人民共和国驻莱索托王国大使馆经济商务参赞处网站，http://ls.mofcom.gov.cn/article/200303/20030300075049_1.xml，最后访问时间为2004年6月6日。

莱索托政府鼓励外国私人资本进入莱索托互联网领域，三家私人互联网服务公司 ISPs ~ LEO、SQUARE ONE 和 ADELFANG 自 2000 年 10 月开始，陆续被引进莱索托。此前，莱索托一直借用南非的互联网系统。莱索托国家互联网中心用 512bit/s 的速度连接 SAIX，三家注册的私人互联网服务公司的连接速度为 128kbps。

莱索托的通信和互联网基础条件差，需要大力改进通信基础设施，提高人员素质，跟上信息时代的发展步伐。近年来，莱索托政府认识到电子信息的重要性，比较重视信息化发展。莱索托通讯及科技部专门负责全国通信政策和法规的制定，考虑电信方面的法律框架和结构，吸引外资，规范市场，促进电信业发展。2013 年，在全球个人电脑销量不断下滑的情况下，莱索托电脑销量逆势上扬，台式电脑主要销售对象为学校和政府部门，笔记本电脑主要销售对象为个人。同时，在莱索托销售的智能手机中，诺基亚和三星品牌的销量较大。

（三）邮政

莱索托邮局负责提供邮政服务。莱索托全国共有 47 个邮政服务点，业务涉及国内和国际信件、特快专递、大宗货物邮寄、报刊订阅、移动转账和 DSTV 缴费等。

表 4-17　1990~2015 年莱索托通信业有关数据

指标	1990 年	1995 年	2000 年	2005 年	2010 年	2015 年
固定电话用户（户）	12360	17790	22200	47960	38610	40570
固定电话拥有率（%）	0.77	0.9	1.19	2.46	1.89	1.87
移动电话用户（户）	0	0	21600	249800	661000	2140000
移动电话拥有率（%）	0	0	1.16	12.81	32.74	98.41
固定宽带用户（户）	—	—	4000	45	400	2062
互联网使用率（%）	0	0	0.21	2.58	3.86	25

资料来源：根据世界银行数据编制。

莱索托

第五节 财政与金融

一 财政收支状况

(一) 莱索托财政收入

根据莱索托中央银行统计数据,1998~2017年,莱索托政府的财政收入从21.6亿马洛蒂增长至132.7亿马洛蒂,增幅超过500%。莱索托政府的财政收入主要来自关税分成、税收和非税收收入。

1. 关税分成

莱索托是南部非洲关税同盟的成员,南部非洲关税同盟成员之间的货物进出口免征关税。同时,由于除南非以外的其他成员的进出口贸易均要经过南非,因此,成员的进出口关税和货物税均由南非代收,再按各国进出口货物比例返还。2000年以前,关税的计征包括从价税、特惠税、海关附加税、反倾销和补偿税等。2000年以后,改为征收从价税,且计算公式与世界贸易组织的一致;把80多个不同水平的税率减少到只有6个水平,即0%、5%、10%、15%、20%和30%;成员还可在一定情况下申请免税。

莱索托财政收入严重依赖南部非洲关税同盟的关税分成。莱索托中央银行数据显示,莱索托财政收入中关税分成持续增加,1998年为11.728亿马洛蒂,2005年首次突破20亿马洛蒂,2007年达到39.45亿马洛蒂;关税分成占莱索托财政收入的比例始终保持高位,1998~2007年,关税分成平均占财政收入的49.8%,2007年时达到最高,接近60%。2008~2010年,莱索托收到的关税分成分别为40.977亿马洛蒂、49.006亿马洛蒂和49.18亿马洛蒂,这些关税分成在莱索托政府应对全球金融危机中发挥了至关重要的作用。但是,2010年之后,全球金融危机对南部非洲贸易的深层影响日益显现,南部非洲各国的进出口贸易额严重下滑。2011年,莱索托收到的关税分成锐减至26.279亿马洛蒂,不足2010年的六成;关税分成占财政收入的比例也从2010年的52%降至29%。对于严重依赖南部非洲关税同盟的莱索托政府而言,关税分成的减少对莱索托财政造成严重打击。莱索托政府接连出台一系列措施,期望以国内经济的多元化发展冲抵关税分成减少带来的消极影响。2013年之后,在全球经济缓慢回暖的背景下,莱索托收到的关税分成明显增加,甚至在2015年时一度超过70亿马洛蒂。目前,莱索托政府已经在有意识地减少对关税分成的依赖。2017年,莱索托收到的关税分成为45.19亿马洛蒂,占当年莱索托财政收入的34%。[①]

2. 税收

税收同样是莱索托重要的财政收入来源。其中,关税、销售税和所得税是莱索托财政收入的主要部分。莱索托现行《关税法》在1982年颁布,1988年进行了局部修改。关税采取从价税方式计算,海关依据货物交易的价值估计价格,价格是进口商实际支付的货物价格加上发生的特定费用和成本。另外,还可以采用以下几种方式估价:相同货物的交易价值;演绎推理方法;出售价格;利用生产成本、利润和其他支出参数计算。海关估价可以依据FOB价格,也可以依据CIF价格。平均关税税率为12%。[②]《销售税法》颁布于1995年,当时的销售税率为10%。2003年7月1日,为解决在南部非洲关税同盟中关税分成减少的状况,莱索托税收管理局进行了一系列税务改革,以14%的增值税率取代了10%的销售税率,增值税起征点为50万马洛蒂。2012年4月,莱索托再次对增值税率做出调整,按照调整后的规定,企业增值税起征点为85万马洛蒂,税率分成4档。其中,玉米、面粉、种子、化肥等享受零税率;电力、电话的税率为5%;烟草及酒精的税率为15%;其他商品和进口商品的税率为14%。《所得税法》颁布于1993年,于

[①] 以上数据来自莱索托中央银行网站,https://www.centralbank.org.ls/index.php/statistics/macroeconomic-statistics,最后访问时间为2018年8月10日。

[②] 《对外投资合作国别(地区)指南——莱索托》,中华人民共和国商务部网站,http://www.mofcom.gov.cn/article/i/dxfw/gzzd/201403/20140300526163.shtml,最后访问时间为2018年8月10日。

莱索托

1996年进行了修订。根据该法，莱索托对个人、托管人及公司征收所得税，生产型企业税率为15%，其他类型企业税率为25%；个人所得税起征点为26160马洛蒂，收入为26161~48744马洛蒂的税率为22%，收入为48745马洛蒂以上的税率为35%。[①] 莱索托国家税金局（Lesotho Revenue Authority，LRA）是负责征税的国家机构，总部位于首都马塞卢。

莱索托2017财年税收总额较1998年增长了10倍，税收占财政收入的比例也从1998年的31%上升到2017年的51%。当中增幅最大的是关税，由于莱索托与南部非洲关税同盟之外国家的贸易额十分有限，1998年，莱索托关税仅为10万马洛蒂，而随着莱索托纺织业和其他产业的兴起，莱索托与其他国家的贸易额逐年增加，到2014年，莱索托关税上升到4.511亿马洛蒂。莱索托中央银行数据显示，莱索托2017财年税收总额为68.023亿马洛蒂，其中所得税为37.191亿马洛蒂，占税收总额的54.7%；商品和劳务税为24.31亿马洛蒂，占税收总额的35.7%；财产税为3.625亿马洛蒂，占税收总额的5.3%；关税为2.885亿马洛蒂，占税收总额的4.3%；其他税种合计120万马洛蒂，占0.02%。[②]

3. 非税收收入

非税收收入也是政府财政收入来源之一，主要包括国外捐赠、向南非售水的收入以及其他非税收收入。根据莱索托中央银行数据，1998年莱索托非税收收入总额约为3.2亿马洛蒂，2009年首次突破10亿马洛蒂，2017年为19.52亿马洛蒂。1998~2017年，非税收收入占财政收入的比重较高的年份是2011年和2012年，分别达到

[①] 《对外投资合作国别（地区）指南——莱索托》，中华人民共和国商务部网站，http://www.mofcom.gov.cn/article/i/dxfw/gzzd/201403/20140300526163.shtml，最后访问时间为2018年8月10日。

[②] 以上数据来自莱索托中央银行网站，https://www.centralbank.org.ls/index.php/statistics/macroeconomic-statistics，最后访问时间为2018年8月10日。

27.9%和27.8%，其余年份的非税收收入始终占财政收入的15%左右。①

（二）莱索托财政支出

莱索托财政支出主要可以分为社会服务支出、公共服务支出和经济生产服务支出，具体用来支持莱索托的经济、行政、教育、医疗和社会福利的正常运行。根据莱索托财政部数据，莱索托政府财政支出逐年增加：1998年财政支出合计17.6亿马洛蒂，2003年首次超过30亿马洛蒂，2007年为47.5亿马洛蒂。全球金融危机之后，莱索托政府实施扩张性的财政政策，增加财政支出，刺激经济需求，促进劳动者就业。2008~2017年，莱索托财政支出继续增加，继2008年首次突破50亿马洛蒂之后，2010年突破80亿马洛蒂，2014年突破100亿马洛蒂，2016年超过120亿马洛蒂。②

但是，逐年增加的财政支出并未带来预期的经济效果，其中一个重要的原因在于，行政事务支出占莱索托财政支出的比重相当高，行政事务支出主要被用于提升公职人员薪金水平和维持行政机构运转，财政支出中用于生产的比例不增反降。数据显示，2001~2010年，莱索托支付给政府雇员的薪金占财政支出的30%以上，2011年之后，随着政府财政支出的增加，政府雇员薪金占财政支出的比例提升，2012年达到42%，2015年和2016年继续升至45%。与之形成鲜明对比的是，财政支出中用来生产的费用占比却逐年降低，这一部分支出在2001~2010年的平均占比为33.6%，而2011~2017年的平均占比却下降为26%。除此之外，莱索托财政支出还被用于支付利息、发放补贴和维持社会福利事业等。2017年，莱索托财政支出中用于支付利息的金额为3.7亿马洛蒂，发放补贴金额为3.8亿马洛蒂，进行国际援助的金额为9.8亿马洛蒂，维持社会福利事业的金额为8.8亿马洛蒂，

---

① 以上数据来自莱索托中央银行网站，https://www.centralbank.org.ls/index.php/statistics/macroeconomic-statistics，最后访问时间为2018年8月10日。

② 以上数据来自莱索托财政部网站，http://www.finance.gov.ls/，最后访问时间为2018年8月10日。

其他项目金额为8.3亿马洛蒂。①

在莱索托议会批准的2018~2019财年财政预算中,经常性支出为139.2亿马洛蒂,较2017~2018财年增加3%。其中,用于支付给政府雇员的薪金为67亿马洛蒂,用于支付利息的金额为3.8亿马洛蒂,用于收购金融和非金融资产的金额为1.3亿马洛蒂,用于偿还国内外债务的金额为74.8亿马洛蒂,此外还包括运输和交通费用6.6亿马洛蒂,运营费用24.4亿马洛蒂,意外事故基金10亿马洛蒂等。按照行政部门和项目划分,财政支出最多的是教育与培训部,为23.9亿马洛蒂;其他部门的财政支出是:卫生部为20.5亿马洛蒂,农业及粮食安全部为2.85亿马洛蒂,财政部为8.69亿马洛蒂,贸工部为0.4亿马洛蒂,发展计划部为6.9亿马洛蒂,司法、人权及劳教部为2.3亿马洛蒂,首相府为1.18亿马洛蒂,通讯及科技部为1.52亿马洛蒂,法律及宪法事务部为0.66亿马洛蒂,外交及国际关系部为3.3亿马洛蒂,公共工程部与运输部为1.4亿马洛蒂,林业及土地保护部为1.93亿马洛蒂,能源和气象部为0.28亿马洛蒂,劳工部为0.54亿马洛蒂,旅游、环境及文化部为0.88亿马洛蒂,地方政府及酋长事务部为4.8亿马洛蒂,社会发展部为2.49亿马洛蒂,矿业部为0.25亿马洛蒂,水务部为1.65马洛蒂,国防及国家安全部为6.14亿马洛蒂,国民议会为0.8亿马洛蒂,参议院为0.22亿马洛蒂,独立选举委员会为0.7亿马洛蒂,等等。②

二 货币与银行

(一)货币

莱索托货币为洛蒂(复数为马洛蒂),于1980年发行,与南非的货币兰特等值。1986年,莱索托与南非和斯威士兰签订了"共同货币区域

---

① 以上数据来自莱索托中央银行网站,https://www.centralbank.org.ls/index.php/statistics/macroeconomic-statistics,最后访问时间为2018年8月10日。

② "Budget Estimates Book for Financial Year 2018 | 2019,"莱索托财政部网站,http://www.finance.gov.ls/,最后访问时间为2018年8月10日。

协定"，组建了共同金融区。按照此协定，洛蒂与南非的兰特以及斯威士兰的里兰吉尼比价为1∶1∶1，兰特可以在莱索托自由流通，同时规定，非共同货币区居民在当地出售共同货币区证券和其他投资的收入不得换成外币，必须以金融兰特余额的形式予以保留，这些余额可在非居民间按自定汇率转让或用于购买挂牌或未挂牌的证券，或投资新企业或某些资产，在金融兰特市场上，外汇交易无远期抵补业务。近年来，莱索托洛蒂汇率持续上升，2011年，1美元兑换7.62马洛蒂；2014年，1美元兑换10.879马洛蒂；2016年，1美元兑换14.71马洛蒂。2017年，1美元兑换13.4马洛蒂，1欧元兑换15.07马洛蒂，1英镑兑换17.15马洛蒂，1元人民币兑换1.95马洛蒂，1日元兑换0.12马洛蒂。

　　由于莱索托货币政策深受南非货币政策影响，莱索托利率变化也与南非的利率变化保持一致。从20世纪90年代开始，莱索托利率总体上高于南非本国利率。1998~2007年，莱索托银行贴现率从19%下降到12.8%左右，2010年之后稳定在10%左右；国库券利率在2002年为16.19%，到2007年下降到8%，2010年之后在6%左右浮动。莱索托中央银行委员会于2015年12月1日通过决议引入基准利率制度，此举的目的在于继续保持莱索托国内货币政策与南非货币政策的一致性，并进一步确保莱索托货币稳定。基准利率制度实施之后，尽管商业银行仍然有决定利率的自主权，但基准利率成为莱索托国内经济的参考利率，对稳定国内借贷成本起到了积极作用。根据国际储备净值的发展和预期、地区通货膨胀率和银行预期利率、国内经济发展状况和全球经济发展预期等，莱索托初始基准利率被设定为6.25%。然而仅仅一个月之后，莱索托中央银行考虑到南非经济发展放缓对莱索托经济带来的消极影响，将基准利率上调至6.75%，2017年继续提升至7%。商业银行贷款利率方面，在基准利率制度实施之前，商业银行贷款利率浮动较大，2002年为17.67%，2005年下降到11.5%，2008年又反弹至16.58%。基准利率制度实施之后，莱索托商业银行贷款利率稳定在11.5%左右。2017年，莱索托商业银行平均贷款利率为11.44%，活期存款利率为1.06%，一年期定期存款利率为3.73%。①

（二）银行

银行是莱索托国民经济运转的枢纽。近年来，莱索托银行保持了相对稳定的发展势头。截至2016年12月，莱索托银行总资产为132亿美元。不良贷款占总贷款的比例从2015年的3.9%下降到2016年的3.6%；流动资产占短期负债的比例从2015年的63.5%下降到2016年的52.4%；流动资产占总资产的比例从2015的40%下降到2016年的31.4%。②

莱索托中央银行是国家银行，负责起草和执行货币政策，管理外汇储备和确定汇率、发行货币。除此之外，莱索托主要的商业银行包括莱索托标准银行（Standard Lesotho Bank）、莱索托莱利银行（Nedbank Lesotho）、莱索托第一国民银行（First National Bank of Lesotho Limited）和莱索托邮政银行（Lesotho Postbank）。全国共有46家分（支）行，莱索托境内共有ATM终端138台，POS终端802部。③ 莱索托银行大多数集中在首都马塞卢地区，但银行业务基本可以覆盖全国。在莱索托有3家银行发行信用卡，信用卡分普通卡和国际卡。普通卡为Debit Maestro卡，仅限在莱索托消费使用；国际卡称Credit Visa卡，可在各家银行通用。莱索托无中资银行，中国国内各银行发行的VISA卡和MASTER卡可在莱索托使用。④

莱索托标准银行是有着150年悠久历史的南非标准银行在莱索托

---

① 以上数据来自莱索托中央银行网站，https：//www.centralbank.org.ls/index.php/statistics/macroeconomic‐statistics，最后访问时间为2018年8月10日。
② "The Lesotho Review – 2018 Edition," http：//www.lesothoreview.com/contents/financial‐services‐insurance‐investment/，最后访问时间为2018年8月10日。
③ "The Lesotho Review – 2018 Edition," http：//www.lesothoreview.com/contents/financial‐services‐insurance‐investment/，最后访问时间为2018年8月10日。
④ 《对外投资合作国别（地区）指南——莱索托》，中华人民共和国商务部网站，http：//ls.mofcom.gov.cn/article/ztdy/201303/20130300050200.shtml，最后访问时间为2018年8月10日。

开设的分行。1995年,南非标准银行集团通过收购莱索托巴克莱银行(Park Bank)组建了莱索托标准银行。1999年,莱索托政府与莱索托标准银行共同创建了莱索托银行有限公司(Lesotho Bank Limited),并于2006年再次将其合并进莱索托标准银行。南非标准银行集团是新成立的莱索托标准银行的最大股东,莱索托政府和莱索托信托也在该银行中占有部分股份。目前,莱索托标准银行是莱索托最大的商业银行,在全国共开设19个分支机构,安装了83台自助取款机(ATM)。莱索托标准银行为政府、国企、大型企业及其他机构提供金融服务,业务涉及金融、贸易、投资、风险管理、咨询、慈善等方面。2013年,莱索托标准银行利润增速高达38%,税后利润达到2.92亿马洛蒂。2014年,该银行被《全球银行和金融》杂志评为莱索托业务最佳银行。①

莱索托莱利银行是南非莱利银行在莱索托开设的分行。南非莱利银行作为南非四大商业银行之一,早在1947年就开始在莱索托开设银行。1997年,莱利银行(莱索托)有限公司正式成立。成立20多年来,莱索托莱利银行以优质的服务著称,向客户提供个人账户、网上银行、VIP、房屋贷款、汽车金融、小商业金融等服务。该银行在莱索托最早涉足网上银行业务,最早推出全面管理的本地信用卡,最早推出现金在线解决方案,最早研发推出低成本EMV和全移动POS。②

莱索托第一国民银行是南非第一国民银行于2004年在莱索托开设的分行。该银行目前在马塞卢地区拥有3家支行,在布塔布泰、马普措、马费滕等地区也设有支行。莱索托第一国民银行是首家在莱索托开展电子业务的银行,2013年,该银行发布手机银行移动客户端和开展电子钱包业务,客户可以通过移动客户端实现转账、缴费、购物等功能。

莱索托邮政银行是一家由莱索托政府所有的国有商业银行,与其他外

---

① 有关莱索托标准银行的详细资料参见 https://www.standardlesothobank.co.ls/lesotho/About-Us/Careers。
② 有关莱索托莱利银行的详细资料参见 https://www.nedbank.co.ls/content/nedbank-lesotho/desktop/lt/en/aboutus/about-nedbank-lesotho/who-we-are/Our-history.html。

莱索托

资商业银行集中在城镇地区不同，莱索托邮政银行将业务拓展至大部分农村地区。2004 年，莱索托邮政银行通过莱索托中央银行审批成立，2005 年开始开展储蓄业务，2010 年拓展借贷业务，2013 年引进电子交易服务。[①]

（三）保险与证券

莱索托保险业提供长期保险业务和短期保险业务。莱索托保险业务的总量虽小，但保险渗透率远高于包括南非在内的绝大多数非洲大陆国家，莱索托保险业务水平也与国际接轨。莱索托主要的保险机构包括莱索托怡安保险公司（Aon Lesotho）、联合保险公司（Alliance Insurance Company）、莱索托国家保险公司（Lesotho National Insurance Coron Group）和塔巴博修保险公司（Thaba-Bosiu Risk Solutions）等。

莱索托怡安保险公司隶属于全球最大的保险业集团公司之一的怡安集团，同时也是莱索托最早建立、规模最大的保险公司，该公司拥有专业高效的员工，向当地企业和个人提供专业的风险管理、人寿保险和员工福利咨询等业务。[②] 联合保险公司是一家莱索托本土的保险公司，成立于 1993 年，在莱索托的 10 个行政区设有分公司，拥有稳定的客户群体。塔巴博修保险公司重组于 2006 年，其前身是塔巴保险经纪人有限公司。[③]

莱索托证券交易所于 2016 年 1 月成立。证券交易所的成立标志着莱索托建立了涉及买卖双方的、有序组织管理的证券集中交易市场，是莱索托财政金融改革的重要部分之一，以鼓励更多股权共享和筹集中长期资金。《资本市场管理 2014 法案》规定，莱索托中央银行依法建立证券交易所，确保交易市场自由、公平、有序、高效。证券交易所前期由莱索托中央银行运营，待条件成熟后，交由私营机构管理。届时莱索托中

[①] 有关莱索托邮政银行的详细资料参见 http：//www.lpb.co.ls/#lpb_modal。
[②] 有关莱索托怡安保险公司的详细资料参见 http：//www.alliance.co.ls/。
[③] 有关塔巴博修保险公司的详细资料参见 http：//www.thaba-bosiu.co.ls/。

第四章 经 济

央银行将不再参与证券交易所日常管理,完全交由市场供需支配。莱索托中央银行表示,作为金融市场监管者,其主要职责是建立完善的平台机制和发挥监督管理作用,市场的繁荣最终还要依靠参与交易的私营机构。证券交易所的成立对于莱索托资本市场意义重大。资本市场的发展将创造更多的投资机会,有力地促进莱索托经济可持续增长和社会发展。[①]

莱索托属外汇管制国家,银行不允许开立外汇账户,汇款须按当日牌价转为当地货币,如需外汇,则可用当地货币购买。投资者利润可在完税后通过银行兑换外汇汇出。经常账户下的支付以及管理费和其他服务费用的支付,只要不是作为销售收入、利润、购买费用来计算,都可以由授权经销商根据发票数额汇出。

1998~2017年莱索托财政收入情况见表4-18。1998~2017年莱索托税收情况见表4-19。1998~2017年莱索托财政支出情况见表4-20。2002~2017年莱索托银行利率变化情况见表4-21。2002~2017年美元兑马洛蒂的年均汇率情况见表4-22。

表4-18 1998~2017年莱索托财政收入情况

单位:百万马洛蒂

指标	1998年	1999年	2000年	2001年	2002年	2003年	2004年	2005年	2006年	2007年
税收	674.4	711.1	668.9	784.8	970.0	1140.3	1571.4	1634.8	1759.2	1909.2
关税分成	1172.8	1033.4	1183.1	1129.0	1438.1	1470.0	1421.7	2012.4	2306.0	3945.0
援助	92.0	80.4	36.2	138.4	143.8	177.3	160.3	163.6	163.6	257.9
社会缴款	0.2	0.3	0.3	0.7	0.3	0.3	0.1	0.0	0.0	0.0
其他	227.5	289.8	166.0	398.2	301.5	440.9	505.9	425.2	423.6	524.8
总计	2166.8	2115.0	2054.5	2451.1	2853.6	3228.7	3659.4	4235.9	4652.4	6636.8

---

① 《莱索托央行宣布成立证券交易所》,中华人民共和国商务部网站,http://www.mofcom.gov.cn/article/i/jyjl/k/201602/20160201250491.shtml,最后访问时间为2016年10月12日。

续表

指标	2008年	2009年	2010年	2011年	2012年	2013年	2014年	2015年	2016年	2017年
税收	2276.3	2861.9	3094.9	3909.2	4285.1	4601.7	5225.9	5999.6	6511.9	6802.3
关税分成	4097.7	4900.6	4918.0	2627.9	2752.6	5966.3	6054.6	7034.1	6398.6	4519.0
援助	294.0	494.8	635.4	1177.4	1495.6	1929.4	1400.0	346.9	705.3	521.6
社会缴款	0.0	0.0	0.0	0.0	0.0	0.0	0.0	0.0	0.0	0.0
其他	621.6	961.6	826.2	1351.5	1210.1	902.3	1014.2	1238.2	1270.7	1430.8
总计	7289.6	9218.9	9474.5	9066.0	9743.4	13399.8	13694.6	14618.8	14886.6	13273.6

注：数据依据财年统计，即以每年3月31日为界限。
资料来源：根据莱索托财政部数据编制。

表4-19　1998~2017年莱索托税收情况

单位：百万马洛蒂

指标	1998年	1999年	2000年	2001年	2002年	2003年	2004年	2005年	2006年	2007年
所得税	348.0	391.6	401.9	425.7	613.6	666.9	908.4	896.8	920.1	970.7
财产税	34.6	43.7	0.0	49.6	0.0	43.7	49.5	0.0	58.6	66.5
商品和劳务税	289.9	274.5	265.1	307.3	353.4	425.6	606.3	724.3	754.3	790.4
关税	0.1	0.1	0.1	0.1	0.1	0.1	0.0	10.8	23.0	73.3
其他	1.9	1.2	1.8	2.2	2.8	3.9	7.2	2.9	3.1	8.4
总计	674.4	711.1	668.9	784.8	970.0	1140.3	1571.4	1634.8	1759.2	1909.2
指标	2008年	2009年	2010年	2011年	2012年	2013年	2014年	2015年	2016年	2017年
所得税	1216.4	1538.5	1772.4	1988.7	2395.0	2347.5	2680.2	3058.6	3643.7	3719.1
财产税	0.0	74.6	95.7	105.5	125.1	149.8	139.1	139.0	0.0	362.5
商品和劳务税	982.0	1101.6	1176.9	1414.4	1592.5	1825.4	1953.4	2557.8	2617.0	2431.0
关税	71.2	139.2	44.1	396.2	151.4	277.4	451.1	242.7	250.0	288.5
其他	6.6	8.0	5.9	4.5	21.4	1.7	2.0	1.5	1.2	1.2
总计	2276.3	2861.9	3094.9	3909.2	4285.1	4601.7	5225.9	5999.6	6511.9	6802.3

注：数据依据财年统计，即以每年3月31日为界限。
资料来源：根据莱索托财政部数据编制。

表 4-20　1998~2017 年莱索托财政支出情况

单位：百万马洛蒂

指标	1998 年	1999 年	2000 年	2001 年	2002 年	2003 年	2004 年	2005 年	2006 年	2007 年
工资	824.4	993.7	883.1	994.1	1064.8	1210.4	1266.2	1414.7	1495.7	1589.4
采购	672.0	834.4	697.8	685.8	945.4	1106.1	1133.8	1112.4	1249.5	1626.3
利息	53.5	133.0	92.5	162.4	143.6	209.5	221.6	152.0	216.8	308.1
补贴	30.8	30.0	605.5	0.0	0.0	0.0	0.0	0.0	0.0	0.0
援助	164.5	325.4	292.6	241.5	269.7	309.9	358.8	397.6	533.4	695.1
福利	0.0	0.0	0.4	8.5	9.1	9.8	12.5	11.7	148.9	172.2
其他	15.4	13.5	91.3	104.8	161.4	279.6	278.8	300.0	305.4	354.4
总计	1760.5	2330.0	2663.3	2197.1	2594.1	3125.4	3271.6	3388.4	3949.6	4745.5
指标	2008 年	2009 年	2010 年	2011 年	2012 年	2013 年	2014 年	2015 年	2016 年	2017 年
工资	1903.2	2328.3	3144.2	3195.2	3639.4	3679.9	4553.5	4984.5	5538.4	5637.0
采购	1801.5	2354.4	2558.9	1916.6	2178.0	2344.4	2761.9	2819.1	3085.9	3469.1
利息	314.3	129.2	141.0	117.0	197.3	244.2	295.3	305.6	368.3	373.2
补贴	0.0	204.0	273.6	228.3	237.2	252.9	232.6	208.0	309.2	381.2
援助	808.2	815.6	1071.3	810.1	1171.9	922.2	1002.9	1195.9	938.7	984.2
福利	223.5	229.3	555.7	599.7	586.7	616.7	762.5	779.1	897.9	884.5
其他	374.6	536.4	597.9	602.4	732.1	722.0	774.6	751.2	1059.0	834.4
总计	5425.4	6597.3	8342.7	7469.3	8742.6	8782.4	10383.4	11043.4	12197.3	12563.6

注：数据依据财年统计，即以每年 3 月 31 日为界限。
资料来源：根据莱索托财政部数据编制。

表 4-21　2002~2017 年莱索托银行利率变化情况

单位：%

指标	2002 年	2003 年	2004 年	2005 年	2006 年	2007 年	2008 年	2009 年
央行贴现率	16.19	15	13	13	10.76	12.82	14.05	10.66
国库券	12.19	9.83	7.86	6.95	6.76	8.82	10.05	6.66
商业银行贷款利率	17.67	12.5	12.17	11.5	13.5	15.42	16.58	11.67
存款利率（1 年期）	6.25	6	4	4.75	6.5	8	8.6	3.35

续表

指标	2010年	2011年	2012年	2013年	2014年	2015年	2016年	2017年
央行贴现率	9.52	9.28	9.37	9.184	10.25	10.49	10.58	10.27
国库券	5.52	5.28	5.37	5.184	6.25	6.49	6.58	6.27
商业银行贷款利率	10.5	10.5	9.92	9.92	10.44	10.94	11.69	11.44
存款利率（1年期）	2.78	2.78	2.34	2.34	3.21	3.26	3.52	3.73

资料来源：根据莱索托中央银行数据编制。

表4-22 2002~2017年美元兑马洛蒂的年均汇率情况

指标	2002年	2003年	2004年	2005年	2006年	2007年	2008年	2009年
汇率	10.416	7.562	6.326	6.371	6.780	6.626	8.267	8.420
指标	2010年	2011年	2012年	2013年	2014年	2015年	2016年	2017年
汇率	7.320	7.260	8.212	9.649	10.879	13.987	14.710	13.400

资料来源：根据莱索托中央银行数据编制。

第六节 对外经济关系

一 对外贸易

（一）外贸政策和外贸概况

贸工部是莱索托对外贸易的主管部门，主要负责制定具体的外贸政策和法规，参与双边和多边贸易谈判。莱索托推行促进贸易自由化、促进出口和增强国际竞争力的对外贸易政策，实行自由贸易制度。具体而言，对一般商品进口没有进行许可证管理，但对一些特殊商品进行许可证管理。这些商品包括鲜活海鲜、酒类产品、石油及部分石化产品、放射性矿产品、废旧产品、对环境有害的产品、赌博器材以及武器等。企业须领取经营许可证，经营彩票、赌博器材和酒类产品等的企业，需要领取特许经营许可证。此外，在海关监管制度方面，莱索托与南非签有联合协作协定,莱索托海关与南非海关相配合。货物通过南非海关转口到莱索托后,双方对有关关税的计征、税率、反倾销、非关税壁垒等监管法规是一致的,避免少数不法商人乘机钻空子。莱索托在货物及服务贸易等方面,采取与南部非洲关税同盟同样的法规政策和贸易措施,[①] 因此,莱索托贸易管理措施与南非基本相同。

对外贸易在莱索托国民经济中占有重要地位。莱索托受益于一系列优惠的市场准入和普惠制度,比如,与南非等南部非洲关税同盟成员之间的产品可免税自由流动;由于是南部非洲发展共同体成员,产品享受市场进入特权;由于是《洛美协定》以及《科托努协议》签署国,产品可免税进入欧盟等发达地区市场;纺织品和服装可无配额地进入美国市场,享受南部非洲发展共同体市场进入特权;产品进入日本享受最惠国待遇,一些产品还享受 50% 的优惠关税,因此,莱索托对外贸易有了很大的发展。1990 年,莱索托进出口贸易总额仅为 19.35 亿马洛蒂;到 2001 年达到 88.25 亿马洛蒂,其中出口额为 24.26 亿马洛蒂,进口额为 63.99 亿马洛蒂;2003 年出口总额为 35.57 亿马洛蒂,其中纺织品出口额为 27.59 亿马洛蒂。2003 年进口额为 84.16 亿马洛蒂,其中从亚洲的进口额为 11.0967 亿马洛蒂。

1995 年 5 月,莱索托加入 WTO,较好地遵守了 WTO 的有关规则,没有争端记录。2003 年 2 月,联合国贸易和发展会议、联合国开发计划署、世界银行、国际货币基金组织、国际贸易中心、世界贸易组织在莱索托召开会议,分析了莱索托的贸易、投资环境,及面临的机遇与挑战,以帮助莱索托从开放的贸易体制中获得好处。在南部非洲关税同盟的统一贸易规则下,莱索托制定的有关法案有 1996 年第 5 号《进出口控制法案》、1997 年第 3 号《贸易企业法案》、1999 年第 6 号《金融机

---

① 1969 年,《南部非洲关税同盟协议》规定,南非为整个南部非洲关税同盟制定贸易政策,因此,南非的普遍贸易政策措施,如关税税则和反倾销政策等皆适用于莱索托。

莱索托

构法案》等，未发现与世贸组织规则相违背之处。莱索托对外贸易面临的最大问题是贸易逆差。1999年，按离岸价计算，莱索托的出口额为10.54亿美元，而按到岸价计算，进口额高达47.61亿美元，贸易逆差达37.07亿美元，到2003年，贸易逆差上升到41.38亿美元，这使国际收支中经常性账目的赤字居高不下。根据国际贸易中心的数据，2008年贸易逆差高达82.15亿美元，此后十年贸易逆差上下浮动，2013年达到147.9亿美元，创历史纪录，近4年贸易逆差有所减少，2017年为49.3亿美元。①

（二）主要进出口商品

莱索托主要进口商品分为以下几大类：粮油食品、饮料、烟草、日用消费品、原材料、能源产品、石化产品、药品、采矿和其他机械设备、运输工具等。20世纪80~90年代，由于工业基础薄弱，制造、加工能力有限，莱索托绝大多数工业品和日用消费品依靠进口。纺织产业在莱索托兴起之后，工业原材料在莱索托进口商品中的比重持续上升。根据国际贸易中心的统计数据，莱索托2001年进口商品前5位依次为矿物燃料、汽车机器零件、烟草和饮料、木制品和生肉，进口额占当年进口总额的比例分别为6.19%、5.96%、4.82%、4.76%和3.87%。此后，随着莱索托工业生产提速，矿物燃料、机械设备、钢铁和钢铁制品等进口额占进口总额的比重逐年攀升，其中矿物燃料所占比重从2001年的6.19%上升到2007年的13.06%，2014年接近15%；机械设备进口额占2002年进口总额的比重仅为3.2%，2007年达到5.71%，2014年达到7.41%；钢铁和钢铁制品进口额在2001年仅占进口总额的2.64%，2017年上升至11.87%。与此同时，生肉、木材、谷物、化学制品等进口额所占比例则出现了不同程度的下降。2017年，莱索托共有8类商品的进口额超过5000万美元，分别为矿物燃料、钢铁、电机设备及其零件、钢铁制品、车辆及其零部

---

① 参见世界银行估计贸易中心数据库，https：//www.trademap.org/tradestat/Country_SelProductCountry_TS.aspx?nvpm=1|426|||TOTAL|||2|1|1|1|3|2|1|2|1|1|1，最后访问时间为2018年8月21日。

件、机械设备及其零件、纺织物和棉花。[①]

从出口商品来看，1986年以前，莱索托出口商品以钻石、农产品（如羊毛、马海毛）等原材料为主。1986年以来，莱索托建立了许多新型出口加工企业。随着加工贸易的发展，贸易结构也有了较大的变化，一改以往由钻石、毛纺织品、原材料（羊毛、马海毛等出口量占出口产品总量的30%以上）和牲畜等传统商品占据出口市场的局面，纺织、服装、制革、鞋类等出口额占出口总额的88.92%以上，农副产品的出口额占3.7%。1995年，出口制成品中，纺织品和皮革制品出口额占出口总额的75%。近年来，莱索托政府采取了一系列鼓励私人投资、引进外资及鼓励发展出口型工业的政策，加上《非洲增长与机遇法案》的促进，莱索托出口加工业有了较快的发展，出口贸易结构亦有了重大变化，工业制成品在莱索托出口产品中开始占主导地位。2002~2011年，莱索托服装鞋帽出口额从2.3亿美元增长至3.8亿美元，2016年继续增长至4.5亿美元，一直都是莱索托最重要的出口商品。此外，随着莱索托钻石开采量的增加，钻石出口额从2002年的500万美元上升至2011年的2400万美元，特别是2014年之后，钻石出口额占莱索托出口总额的比例始终高于30%。2017年，莱索托共有5类商品的出口额超过5000万美元，分别为钻石和贵金属、纺织服装、非编制类服装、电机设备及其零件以及羊毛和马海毛。[②]

（三）主要贸易伙伴

20世纪90年代中期以前，由于与原宗主国英国的关系，欧盟是莱索托除南非外最主要的进出口地区，到1998年，莱索托从欧盟的进口额仍达1.05亿马洛蒂。1999年之后，莱索托从该地区的进口额逐年减少，到

[①] 以上数据引自国际贸易中心数据库以及联合国贸易商品统计数据库，https://www.trademap.org/tradestat/；https://comtrade.un.org/data/，最后访问时间为2018年8月11日。

[②] 以上数据引自国际贸易中心数据库以及联合国贸易商品统计数据库，https://www.trademap.org/tradestat/；https://comtrade.un.org/data/，最后访问时间为2018年8月11日。

莱索托

2003年，莱索托从欧盟的进口额仅为0.1亿马洛蒂，较1998年减少了许多，只占莱索托进口总额的1.3‰，该年莱索托向欧盟的出口额也仅为370万马洛蒂，占莱索托出口总额的1‰。与此同时，南共体特别是南部非洲关税同盟成员成为莱索托的主要贸易伙伴。1995年，南部非洲关税同盟成员的进口额占莱索托进口总额的90%，1998~2000年，莱索托进口额的85%和出口额的50%来自南部非洲关税同盟，其中，南非是莱索托最大的贸易对象。2003年，莱索托对南部非洲关税同盟出口额为6.95亿马洛蒂。此后，随着莱索托贸易结构发生变化，特别是加工业迅速崛起，莱索托出口市场也发生了重大变化，对南部非洲关税同盟的出口额有所减少，而与美国、加拿大、中国等的贸易额大幅增加。其中，莱索托对北美的出口额已经跃居出口额第一位，2003年为28.49亿马洛蒂，占莱索托出口总额的80%；2004年莱索托出口总额（离岸价）为31.3亿马洛蒂（4.845亿美元），其中对美国的出口额占出口总额的96%。此外，中国大陆、香港、台湾成为莱索托的主要进口地区，2004年莱索托进口总额（到岸价）为47.21亿马洛蒂（7.31亿美元），其中从中国香港的进口额占进口总额的比例为34.2%，中国台湾占33.9%，中国大陆占11.2%。[①]

2008年之后，莱索托与主要贸易伙伴的关系有了进一步的变化。在进口贸易方面，由于对经济建设和生活必需品的需求，南非继续保持莱索托最主要进口贸易国的地位：2010年，莱索托从南非的进口额接近13亿美元，占当年莱索托进口总额的81.2%；近年来，莱索托与南非的进口额始终高于10亿美元，2017年高达13.46116亿美元，占进口总额的86.4%。莫桑比克是莱索托在非洲地区的第二大进口贸易国，2017年进口额为917.8万美元。除了南非与莫桑比克之外，莱索托在非洲大陆的主要进口贸易国还包括肯尼亚、斯威士兰和赞比亚，2017年的进口额分别为315.3万美元、276.2万美元和138.9万美元。

---

① 以上数据引自 http://www.odci.gov/cia/publications/factbook/print/lt.html，最后访问时间为2004年5月11日。

中国（含大陆和港澳台地区）是莱索托在非洲大陆之外最大的贸易进口国，2017 年，莱索托从中国的进口额为 1.26 亿美元，其中从中国大陆的进口额为 6130 万美元，中国香港为 938 万美元，中国台湾为 5569.9 万美元。此外，莱索托主要的进口贸易国还包括印度、日本、比利时、德国、美国和英国等。[①]

出口贸易方面，美国近年来是莱索托最大出口贸易国，莱索托外贸总额、外贸对象以及外贸结构都发生了很大的变化。1999 年，莱美贸易额仅为 1.21 亿美元，约占莱索托贸易总额的 4%，2001 年猛增到 2.16 亿美元，2004 年为 4.72 亿美元。[②] 2008 年，莱索托对美国的出口额为 3.93199 亿美元，占当年莱索托出口总额的 58.7%；但是自 2010 年之后，莱索托对美国的出口额出现持续负增长，特别是在特朗普"美国优先"政策的影响下，莱索托 2017 年对美国的出口额仅为 3.17045 亿美元，在莱索托出口总额中的占比下降到不足 30%，创下了自《非洲增长与机遇法案》实施以来的历史最低水平。南非是莱索托的第二大出口贸易国，也是莱索托在非洲的最大出口国。2017 年，莱索托对南非出口额为 3.10716 亿美元，占出口总额的 29.2%。中国是莱索托的第五大出口贸易国，2017 年，莱索托对中国大陆出口额为 2483.9 万美元，对中国香港出口额为 1.2 万美元，对中国台湾出口额为 250 万美元。此外，莱索托主要的出口贸易国还有比利时、印度、斯威士兰、加拿大和荷兰。[③]

[①] 以上数据引自国际贸易中心数据库以及联合国贸易商品统计数据库，https://www.trademap.org/tradestat/；https://comtrade.un.org/data/，最后访问时间为 2018 年 8 月 11 日。
[②] 陈晓红：《〈非洲增长与机遇法案〉对黑非洲国家贸易和投资的影响——以斯威士兰和莱索托为例》，《西亚非洲》2006 年第 4 期，第 54~59 页。
[③] 以上数据引自国际贸易中心数据库以及联合国贸易商品统计数据库，https://www.trademap.org/tradestat/；https://comtrade.un.org/data/，最后访问时间为 2018 年 8 月 11 日。

莱索托

二 国际援助

国际援助对莱索托经济发展起到非常重要的作用，莱索托独立之后获得了西方国家和国际有关援助机构的大量官方发展援助。据统计，1998~2002年，莱索托共获得双边援助1.39亿美元，而这5年中，多边援助总额也达到了1.29亿美元。莱索托所获援助主要用于国家基础设施建设（如公路、水利等）项目、农业生产项目以及工业和服务业项目。2008年全球金融危机之后，莱索托受到自然灾害频发和国内政局动荡的双重影响，经济生产和社会发展严重依赖国际援助。特别是从2010年开始，莱索托收到的国际援助持续增加。根据经济合作与发展组织的统计数据，莱索托2009年接收官方净发展援助1.22亿美元，2010年则达到2.56亿美元，增长率高达110%。2010~2014年，莱索托共收到国际援助11.1亿美元，其中仅2013年收到的官方发展援助就高达3.2亿美元，人均受援151.48美元，占当年莱索托国民总收入的11.12%，居非洲国家前列。[①] 2014年，莱索托政府发展计划署发布了《莱索托国际援助报告》，称莱索托是接受官方发展援助最多的非洲国家之一。不断增加的国际援助一方面对促进莱索托经济增长、改善基础设施、加强教育与卫生服务起到重要作用；另一方面也使莱索托成为最依赖国际援助的国家之一。

莱索托接收的国际援助包括双边援助、多边援助和私人机构援助。20世纪90年代中期以前，援助以双边援助为主，以多边援助为辅；1995年后，多边援助有所增加。在双边援助中，英国在历史上曾是莱索托最大的援助国。1965~1982年，英国共向莱索托提供了约1.06亿美元的援助。随着莱索托对外关系的发展和外贸重点的转移，英国的援助在莱索托的双边援助份额中有所减少。1990~1999年，英国的援助占莱索托收到的双边援助的15%左右，2000年以来，英国的援助已经远远少于爱尔兰、美

---

① 以上数据引自经济合作与发展组织数据库，https://stats.oecd.org/Index.aspx?datasetcode=TABLE3A#，最后访问时间为2018年8月11日。

国、德国和日本了。1998～2002年，爱尔兰、德国和美国是莱索托的三大援助国，其中爱尔兰在这5年中共向莱索托援助了4410万美元，德国为2500万美元，美国为2340万美元，分别占这5年双边援助的31.6%、18%和17%。2005年，莱索托成为美国"千年挑战账户计划"受益国，因此获得60亿马洛蒂的发展援助。2016年，莱索托共收到双边援助6223万美元，占当年接受援助的55.4%。其中，美国为4681万美元，英国为768万美元，德国为286万美元，瑞典为166万美元，加拿大为146万美元。①

在多边援助中，国际货币基金组织、世界银行、非洲开发银行和欧盟等都是莱索托重要的援助方。2002年，国际开发协会和欧盟共向莱索托提供了3150万美元援助，占当年多边援助的65.8%、总援助的41.2%。2002年9月，莱索托与欧盟签署2002～2007年发展合作协议，欧盟于5年内提供8.7亿马洛蒂帮助莱索托修建农村公路、为农民提供饮用水并通过莱索托政府向小型私人企业主提供资金。2004年1月，国际货币基金组织提供了520万美元优惠贷款。同年3月，联合国提供400万美元的无偿援助，用于莱索托防治艾滋病。2016年，莱索托接收的多边援助共计4825万美元，其中来自欧盟各类机构的有1177万美元，世界银行和联合国分别为莱索托提供了1068万美元和911万美元援助。②

三 外国资本

莱索托独立后，一直采取鼓励投资的优惠政策，以吸引外资发展国内

---

① 官方发展援助为1.12亿美元，统计数据仅包括28个DAC成员和欧盟成员。DAC成员包括：澳大利亚、奥地利、比利时、加拿大、捷克、丹麦、芬兰、法国、德国、希腊、冰岛、爱尔兰、意大利、日本、韩国、卢森堡、荷兰、新西兰、挪威、波兰、葡萄牙、斯洛伐克、斯洛文尼亚、西班牙、瑞典、瑞士、英国和美国。

② 以上数据引自经济合作与发展组织（OECD）数据库，https://stats.oecd.org/Index.aspx?datasetcode=TABLE3A#，最后访问时间为2018年8月11日。

莱索托

经济。作为"解决投资国际争端协议"的签字国和多边投资保险机构[①]的成员之一,莱索托对外国投资者不仅没有差别待遇,而且在税收、外汇收入以及信贷等方面给予优惠。莱索托政府鼓励的产业具体有:出口型或出口替代型工业,旨在大幅减少莱索托长期的贸易缺口;劳动密集型投资,从而创造更多就业机会;可提供与其他工业部门横纵向联系的投资机会;可对大批量加工当地自然资源的行业进行投资,特别是农业和矿业;除银行外,任何企业不得在莱索托国家发展公司的工业区内建立。近年来,莱索托吸引外国资本的政策还包括以下几个方面。

第一,国家改革经济管理体制,实行自由化政策,把吸引外国直接投资作为促进经济发展的政策之一,鼓励外国企业参与本国的经济活动。莱索托没有外国投资法,政府对国内外投资一视同仁,外国投资者可享受国民待遇。外国公司或个人可自由拥有100%的私营企业。外国投资者适用莱索托公司法和工商登记法。前者于1967年颁布,于1984年进行修订;后者于1993年颁布,于1999年进行修订。根据莱索托公司法规定,公司分三种类型:私营、公立和外国公司。私营公司为限制股份转让,人数不超过50人,禁止公众认购股份和债券的公司;公立公司将向社会提供一定股份,必须至少有7名成员,必须接受对其全年账目的公开检查;外国公司是指在境外按所在国法律注册,又在莱索托注册的或外国公民与当地人合作和合营的公司。莱索托公司法规定,禁止组建大型贸易协会或合作团体,任何超过20人的团体必须注册为公司,否则不得从事商业活动。莱索托所有私营、公立公司均为有限责任公司,公司在未获得注册证书前不得开展任何商业活动。

第二,提供优惠条件。在税收方面,莱索托政府对投资企业实施税收优惠及财政鼓励政策,如公司税为利润的15%;公司持股人的红利不征税;利润自由转移;避免双重征税,莱索托已与南非、毛里求斯、美国及英国签订了避免双重征税协定;外汇有限自由兑换;制造业的机械设备免征普通销售税;用于制造出口产品而进口的原材料及部件可享受100%退税;自

[①] 该机构是世界银行的成员,旨在帮助发展中国家积极吸引外来投资,以保护投资者的各项权利。

2003年7月1日起取消销售税，按14%征收增值税；为出口商提供优惠贷款以解决流动资金不足的问题；莱索托国家发展公司可向出口商提供信贷；莱索托国家发展公司可向制造业企业提供一次性50%员工技术培训费的赠款等。

第三，建立投资促进机构，向投资者提供"一站式"服务。为促进投资，简化办理投资手续，莱索托政府的投资管理机构——莱索托国家发展公司向投资者提供全方位服务，大大缩短了从提出申请到获准执行的时间。该投资管理机构中莱索托政府拥有90%的股份，德国的发展中国家投资金融公司拥有10%的股份。其主要职责是：负责批准投资申请，推介投资机会，提供有关投资环境和法律方面的信息，协调投资者与当地政府和有关当局的关系，代理投资者购买土地和不动产，促进本地公司与外国公司交流等。莱索托国家发展公司拥有并掌管莱索托全部工业区。按莱索托土地管理法规定，外国公司不得拥有莱索托的土地，但以制造业为目的的投资用地可通过莱索托国家发展公司获得。

第四，创造良好的投资环境。莱索托政府为鼓励和支持外国资本投资纺织业，采取了以下主要措施。兴建工业区和工业园，为外国投资者提供较好的投资环境；工业园内不断改善水电供应和道路等基础设施；政府承建一些厂房用于出租，另外，莱索托国家发展公司向投资者提供各种厂房设施等的租赁服务，最初租金相当于该厂房成本的15%，以后每年增长7.5%。投资者也可在自己租赁的土地上建长期使用的厂房。土地租赁期一般为30年，租金每5年调整一次，目前，土地出租时间从30年延长为99年。成立莱索托投资公司，协助简化投资手续；进口设备免关税；用于出口产品的原材料免进口税；个别投资较多的企业经上级批准，获得厂房建设减免销售税的优惠待遇，降低了投资成本；虽然属外汇管制国家，但外汇可以在税后合理地汇出等。

在上述措施的激励下，自1995年以来，莱索托的外国投资增长很快。世界银行的统计数据显示，莱索托在1995年吸引外国直接投资2.75亿美元，较1994年增长了近15倍，占GDP的27.4%。在接下来的4年时间中，莱索托共吸引外国直接投资近11亿美元，其中1996年超过3亿美元，是莱索托吸引外国直接投资最多的年份。2000~2010年，莱索托年

莱索托

均吸引外国直接投资3903万美元，其中2010年仅为950.7万美元，创下了自1993年民选政府执政以来的最低纪录。2011年之后，莱索托继续致力于优化投资环境，吸引外国直接投资。2011~2016年，莱索托年均吸引外国直接投资达到7573万美元，其中2015年吸引外国直接投资超过1亿美元，占当年GDP的4.5%。①

当前，为了进一步吸引外国投资者，莱索托当局致力于进一步降低外资进入门槛，并为当地劳动者提供职业技能培训机会，创造更好的投资环境。2018年，莱索托国家发展公司宣布开启一项战略投资计划，该投资计划为期5年，投入将超过10亿马洛蒂，涉及多个投资领域。② 与此同时，莱索托在2018年7月正式签署《非洲大陆自由贸易区协定》，成为第50个加入该协定的国家。莱索托当局认为，加入《非洲大陆自由贸易区协定》不仅能够方便莱索托产品出口，还有利于帮助莱索托在更大的市场中找到自己产品的定位，加强莱索托与其他非洲国家的全面贸易关系，进一步吸引外国投资者。③

根据中华人民共和国驻莱索托王国大使馆经济商务参赞处的统计，莱索托现有约70家纺织服装企业，主要为外国投资企业，其中57家为中国台湾投资企业，还有三四家为来自新加坡、马来西亚和中国香港的投资企业，中国大陆个体投资企业有4家，这些企业大多进行牛仔和针织服装加工等。目前，中国台湾在莱索托投资已经超过3亿美元，其纺织企业出口额占莱索托出口额的73%。台商纺织服装企业参差不齐，既有世界著名纺织企业，也有规模比较小的成衣加工企业。其中，年兴纺织股份有限公司曾是莱索托最大的外资企业，该公司是总部设在中国台湾的一家跨国公司，主营牛

---

① 以上数据引自世界银行数据库，https://data.worldbank.org/indicator/BX.KLT.DINV.CD.WD?locations=LS，最后访问时间为2018年8月12日。
② 《莱索托将启动一项5年10亿马洛蒂的投资计划》，中华人民共和国驻莱索托王国大使馆经济商务参赞处网站，http://ls.mofcom.gov.cn/article/jmxw/201806/20180602761189.shtml，最后访问时间为2018年8月12日。
③ 《莱索托签署非洲大陆自由贸易区协定》，中华人民共和国驻莱索托王国大使馆经济商务参赞处网站，http://ls.mofcom.gov.cn/article/jmxw/201807/20180702765105.shtml，最后访问时间为2018年8月12日。

仔布及牛仔服装，总资产约为 40 亿美元，在莱索托、墨西哥、尼加拉瓜、越南等地先后建立 11 家分厂[①]，为全球最具规模的专业牛仔布、牛仔成衣及休闲成衣制造商之一。1991 年，该公司在莱索托开设了第一家牛仔成衣工厂；2003 年起，在莱索托首都马塞卢投资兴建了 3 家成衣厂、1 家牛仔布厂和 1 家针织纺纱厂。根据该公司网站提供的数据，2003 年，这 3 家成衣厂合计生产能力为 140 万打，牛仔布厂生产能力为 1300 万码，针织纺纱厂生产能力为 35000 碇。[②] 莱索托第二大牛仔成衣厂是台湾 CGM 公司，其拥有自己的纺纱织布厂，年织布能力为 160 万米。[③] 2017 年 3 月，中国天虹纺织集团有限公司收购了年兴纺织股份有限公司的股权及相关土地、物业及其他资产以及雇用了与目标集团公司业务相关的主要员工。

四 外债

自 20 世纪 80 年代初以来，莱索托债务总额呈上升趋势，且债务清偿率很低。世界银行数据显示，莱索托 1980 年的外债存量仅为 7200 万美元，到 1995 年时增长至 6.8 亿美元，年均增长率高达 16.2%。20 世纪 90 年代后期开始，莱索托外债存量进入相对稳定时期，1996～2005 年，莱索托外债存量始终维持在 6.8 亿美元左右，其中 1996 年莱索托外债存量为 7 亿美元，2005 年外债存量为 6.66 亿美元。这期间，莱索托外债存量的稳定主要缘于国内经济建设的停滞，党派斗争和政权更迭严重危及经济领域，工商业领域长期处于低迷状态，国家基础设施和重大工程更是陷入停工。2006 年之后，随着莱索托政局趋于稳定和经济复苏，一些重要的政府工程相继开工，莱索托外债存量进入快速增长期，继 2009 年突破 7 亿美元之后，在 2013 年突破 9 亿美元。[④]

---

① 2008 年关闭了在尼加拉瓜和墨西哥的所有工厂。
② 参见年兴纺织股份有限公司网站，http：//www.nht.com.tw/big5/about～2.htm。
③ 《莱索托纺织业在〈非洲增长与机会法案〉激励下的发展情况》，中华人民共和国驻莱索托王国大使馆经济商务参赞处网站，http：//ls.mofcom.gov.cn/article/200306/20030600097353_1.xm，最后访问时间为 2003 年 6 月 6 日。
④ 有关莱索托外债的数据引自世界银行发布的《全球债务报告》，http：//datatopics.worldbank.org/debt/，最后访问时间为 2018 年 8 月 12 日。

莱索托

在外债构成方面，长期债务是莱索托外债的主要部分。20世纪90年代和21世纪头10年，长期债务占莱索托外债的比例高于90%，其中1998年、1999年和2003年一度超过95%。2010年之后，长期债务存量占外债总存量的比例缓慢下降，2016年下降到约87%。下降的主要原因在于莱索托对国际货币基金组织信贷的使用不断增加。2008年，莱索托使用国际货币基金组织信贷仅为3500万美元；2013年，使用国际货币基金组织信贷约为1.3亿美元。此外，莱索托短期债务的比例一直维持在较低水平，近5年来共计仅为34万美元。[1]

外债占莱索托国内生产总值和国民总收入的比例一直居高不下。1999~2002年，外债占国内生产总值的比例分别为73.1%、67.8%、62.8%和72.7%，占国民总收入的比例分别为59%、62.2%、63%和66.7%。2002年，莱索托政府债务高于GDP的60%，较多的债务主要是由外债货币弱势造成的。从2003年开始，虽然莱索托外债仍在增加，但在纺织业和采矿业快速发展的背景下，莱索托外债占国民总收入的比例快速下降。2003~2007年，外债占国民总收入的比例分别为42.6%、37.3%、30.5%、29.3%和27.6%。2011年，外债仅占国民总收入的24.32%，创下了自1985年以来的最低值。2012年之后，尽管莱索托外债总存量逐年下降，但外债占国民总收入的比例转而上升，继2013年突破30%之后，2016年达到35.87%。[2]为此，莱索托财政部在2018年1月制定了旨在有效管理国家中长期外债的战略规划，[3]此项规划是莱索托针对外债的首个专门性政策，规划的制定和实施得到了世界银行、国际货币基金组织等机构的大力帮助。

2008~2017年莱索托主要进口商品贸易额见表4-23。2008~2017年莱索托主要出口商品贸易额见表4-24。2008~2017年莱索托的贸易

---

[1] 以上数据引自莱索托统计局和世界银行数据库，http://lesotho.opendataforafrica.org/LSES2016/lesotho - macro - economic - indicators? indicator = 1002300，https://data.worldbank.org/indicator/DT.DOD.DECT.CD，最后访问时间为2018年8月12日。

[2] 以上数据引自世界银行数据库，https://data.worldbank.org/indicator/DT.DOD.DECT.GN.ZS，最后访问时间为2018年8月12日。

[3] Medium-Term Debt Management Strategy，http://www.gov.ls/gov_webportal/important%20documents/MTDS%202018%20Clean.pdf.

额见表 4-25。2008~2017 年莱索托的主要进口来源地区进口情况见表 4-26。2008~2017 年莱索托的主要出口对象出口情况见表 4-27。2012~2016 年莱索托官方发展援助流入净额见表 4-28。2012~2016 年莱索托外债统计见表 4-29。2014~2016 年莱索托国际储备情况（年终数）见表 4-30。2008~2017 年莱索托吸引外资情况见表 4-31。

表 4-23　2008~2017 年莱索托主要进口商品贸易额

单位：百万美元

指标	2008 年	2009 年	2010 年	2011 年	2012 年
矿物燃料、矿物油等	115	148.1	133.5	202.3	195.7
钢和铁	4.6	5.9	6.5	12.3	19.6
电机设备及零件等	86	71.8	118.3	76.9	89.2
钢铁制品	23.1	41.2	29	37.2	41.5
车辆及零部件等	79	138.1	88.5	90.9	115.4
机械设备及零件等	42	71.3	56.6	80.2	89.3
纺织物	3	0.9	32.3	17.9	54.8
棉花	19.7	20.2	54.7	50.8	73.1
生肉	27	50.3	33.8	46.2	37.2
淀粉等制粉工业产品	26.1	57	30.6	40.4	47.4
医药产品	10.3	14.5	36.3	37.8	22.8
非针织类服装及服装附件	7.7	8.6	21.4	19.8	17.2
饮料、白酒、醋	18.1	36.5	25.1	27.1	25.2
谷物	27	28.8	27.6	32.3	38.2
塑料及其制品	5	35.4	47.4	57.8	105
洗涤制剂、石膏等化学制品	17.7	25.5	30	25.1	30.3
烟草及人造烟草替代品	14.2	22.7	15.9	23	22.3
其他	540.65	752.78	545.7	581.72	570.05
总　　计	1066.15	1529.58	1333.2	1459.72	1594.25

续表

指标	2013年	2014年	2015年	2016年	2017年
矿物燃料、矿物油等	236.3	213	193.7	165.9	206
钢和铁	25.7	16.6	10.7	14.2	107.3
电机设备及零件等	85.2	46	77.2	83.8	82.7
钢铁制品	35.5	38	32.1	35.7	77.5
车辆及零部件等	128.5	144.3	97.1	84.1	77.4
机械设备及零件等	92.9	105.6	73.8	78.5	73.1
纺织物	55.9	45.9	95.4	66.1	61.8
棉花	112.9	55.9	84.1	46.7	52.3
生肉	35.1	43.5	32.1	37.3	45.1
淀粉等制粉工业产品	50.7	43.4	45.3	49.4	42.5
医药产品	45.7	18	25.7	29.7	36.2
非针织类服装及服装附件	19.1	23.6	34.2	31.8	34.2
饮料、白酒、醋	20.6	15.4	28	25.6	32.7
谷物	33.6	20.1	18.4	46.5	31.6
塑料及其制品	96.7	66.5	44.8	30.4	29.8
洗涤制剂、石膏等化学制品	29.7	24.5	23.5	22.9	25.7
烟草及人造烟草替代品	19.6	13.7	20.4	20.0	25.2
其他	709.13	490.68	474.23	478.11	516.9
总计	1832.83	1424.68	1410.73	1346.71	1558

资料来源：根据联合国贸易商品统计数据库、国际贸易中心相关数据编制。

表4-24 2008~2017年莱索托主要出口商品贸易额

单位：百万美元

指标	2008年	2009年	2010年	2011年	2012年
钻石和贵金属等	0.2	14.0	14.0	24.2	22.7
编织类服装	19.3	207.8	96.4	217.1	215.9
非编织类服装	22.3	154.4	86.2	212.7	161.7
电机设备及零件	96.0	102.9	131.9	97.3	78.4

续表

指标	2008 年	2009 年	2010 年	2011 年	2012 年
其他织物制品	6.4	3.5	6.0	4.0	0.4
羊毛和马海毛	15.0	17.9	20.1	20.5	37.0
棉花	13.4	30.8	19.7	35.5	23.7
家具类	0.4	0.4	1.5	0.6	0.7
淀粉等制粉工业产品	23.6	21.2	17.2	31.0	22.6
鞋类	18.2	28.6	33.6	35.8	28.5
机械设备及零件	1.8	0.3	0.1	0.2	0.2
食品工业废料	3.2	2.7	3.5	6.1	6.1
纸浆和纸制品类	0.8	4.0	3.9	4.4	4.4
鱼类	0.7	0.4	0.7	0.6	0.5
工业盐和土料类	4.2	0.7	0.9	1.5	2.1
活畜	0.1	0	0.1	0.5	0.4
塑料及其制品	0.4	0.1	0	0.2	0.4
其他	18.67	38.43	67.5	77.92	72.49
总　计	244.67	628.13	503.3	770.12	678.19
指标	2013 年	2014 年	2015 年	2016 年	2017 年
钻石和贵金属等	16.6	376.6	184.8	276.9	388.2
编织类服装	65.1	163.5	135.6	266.8	248.9
非编织类服装	63.0	108.4	86.8	182.3	193.2
电机设备及零件	50.5	22.5	20.8	53.9	62.0
其他织物制品	0.2	1.1	0.5	0.1	6.3
羊毛和马海毛	6.5	23.2	36.7	47.0	57.5
棉花	16.1	17.4	18.7	24.1	28.3
家具类	0.4	1.9	9.5	21.4	19.2
淀粉等制粉工业产品	17.5	4.0	3.6	16.1	12.5
鞋类	26.0	6.4	8.9	11.8	11.3
机械设备及零件	0.9	4.7	5.2	3.0	4.9
食品工业废料	3.4	1.3	1.7	6.1	4.6
纸浆和纸制品类	4.8	2.7	3.5	4.0	4.5
鱼类	1.2	0.3	1.7	1.8	3.3

续表

指标	2013 年	2014 年	2015 年	2016 年	2017 年
工业盐和土料类	1.3	0.6	1.7	1.4	2.0
活畜	0.3	0.3	0.1	0.9	1.5
塑料及其制品	0.4	0.5	0.8	0.9	1.1
其他	79.6	83.04	65.73	25.96	15.23
总 计	353.8	818.44	586.33	944.46	1064.53

资料来源：根据联合国贸易商品统计数据库、国际贸易中心相关数据编制。

表4-25 2008~2017年莱索托的贸易额

单位：%，百万美元

指标	2008 年	2009 年	2010 年	2011 年	2012 年
外贸依存度	143.4	138.5	133.2	131.7	133.4
贸易差额	-821.5	-727.9	-773.3	-689.6	-916.1

指标	2013 年	2014 年	2015 年	2016 年	2017 年
外贸依存度	119.6	113.6	114.2	119.8	119.2
贸易差额	-1479	-606.2	-824.4	-402.3	-493.5

注：外贸依存度即贸易总额占GDP的比例。
资料来源：根据国际贸易中心、世界银行相关数据编制。

表4-26 2008~2017年莱索托的主要进口来源地区进口情况

单位：百万美元

进口来源地区	2008 年	2009 年	2010 年	2011 年	2012 年
南 非	—	—	1297.358	1585.639	1605.508
中国大陆	79.639	50.392	59.363	73.109	94.371
中国台湾	60.676	47.689	56.398	59.695	75.516
印 度	35.439	12.31	18.125	21.122	18.021
中国香港	49.876	26.67	21.812	18.867	17.124
莫桑比克	0.026	0.084	—	5.820	0.381
日 本	0.378	0.468	0.796	3.581	6.207
肯尼亚	0.019	0.214	0.011	0.172	1.312

续表

进口来源地区	2008 年	2009 年	2010 年	2011 年	2012 年
比利时	1.492	1.456	1.427	2.201	2.476
德 国	13.269	7.664	1.554	1.849	2.022
美 国	1.34	16.63	11.33	13.181	16.514
赞比亚	0.849	0.406	0.253	1.199	2.303
英 国	2.38	3.044	2.061	4.162	1.733
进口来源地区	2013 年	2014 年	2015 年	2016 年	2017 年
南 非	1409.591	1313.949	1038.225	1139.464	1346.116
中国大陆	89.829	88.761	83.18	54.701	61.3
中国台湾	78.046	64.211	62.074	54.09	55.699
印 度	28.476	39.876	32.903	28.974	32.624
中国香港	20.326	13.586	12.318	9.933	9.38
莫桑比克	0.315	0.289	0.006	5.123	9.178
日 本	10.94	7.673	5.347	5.774	8.914
肯尼亚	0.384	0.542	0.609	0.284	3.153
比利时	1.327	2.748	1.214	3.461	3.069
德 国	8.604	3.027	5.903	1.784	2.169
美 国	0.571	2.45	0.882	2.839	1.902
赞比亚	4.487	3.005	2.237	4.439	1.389
英 国	1.765	0.818	0.716	2.751	1.234

资料来源：根据联合国贸易商品统计数据库、国际贸易中心相关数据编制。

表 4-27　2008~2017 年莱索托的主要出口对象出口情况

单位：百万美元

主要出口对象	2008 年	2009 年	2010 年	2011 年	2012 年
美国	393.199	315.889	311.796	394.7	321.134
南非	0.093	0.014	263.686	269.372	260.668
比利时	245.405	137.872	181.401	333.800	280.588
印度	0.278	0.003	1.543	2.253	3.814
中国	1.698	1.683	4.529	7.411	5.418

莱索托

续表

主要出口对象	2008 年	2009 年	2010 年	2011 年	2012 年
斯威士兰	—	—	—	0.312	1.545
加拿大	6.255	7.705	16.355	11.983	9.073
荷兰	0.315	0.025	0.337	0.441	0.23
墨西哥	0.688	0.462	1.813	1.846	2.38
斯洛文尼亚	0.015	1.387	3.014	2.953	3.069
德国	0.147	0.774	0.84	1.808	0.766
毛里求斯	0.494	0.405	2.038	2.294	2.382
英国	2.633	2.586	2.094	1.671	2.269
博茨瓦纳	0.034	0.035	0.083	8.437	12.091
澳大利亚	0.113	0.953	1.425	2.072	2.248
主要出口对象	2013 年	2014 年	2015 年	2016 年	2017 年
美国	361.437	372.885	344.159	338.199	317.045
南非	238.288	254.299	239.596	291.864	310.716
比利时	252.559	325.825	279.485	225.694	298.178
印度	3.535	1.143	5.163	13.603	74.306
中国	13.413	12.081	12.003	19.644	24.839
斯威士兰	9.757	10.066	8.588	5.721	10.542
加拿大	7.365	5.651	5.514	5.86	7.486
荷兰	0.200	0.187	0.15	0.668	4.15
墨西哥	2.846	1.462	2.733	3.179	3.04
斯洛文尼亚	3.427	3.815	2.966	3.168	2.635
德国	2.297	1.983	1.636	1.968	2.409
毛里求斯	2.209	1.817	1.371	1.789	1.36
英国	0.772	0.576	0.774	1.175	1.22
博茨瓦纳	7.779	0.292	0.161	1.111	1.066
澳大利亚	2.324	2.294	1.748	0.819	0.8

资料来源：根据联合国贸易商品统计数据库、国际贸易中心相关数据编制。

表4-28 2012~2016年莱索托官方发展援助流入净额

单位：百万美元

指标	2012年	2013年	2014年	2015年	2016年
双边援助	151.98	185.73	49.06	36.03	62.23
美国	123.55	169.83	38.25	26.52	46.81
英国	4.96	4.26	0.34	0.66	7.68
德国	6.47	4.3	4.3	4.74	2.86
日本	3.23	2.57	2.29	1.9	0.4
多边援助	119.78	119.78	119.78	119.78	119.78
欧盟	46.46	47.88	9.01	7.87	11.77
世界银行	-3.55	34.1	5	7.76	10.68
世界卫生组织	0.95	1.23	0.56	1.22	0.73
世界粮食计划署	1	-0.05	0	0.23	0.56
援助总额	276.26	320.67	107.17	83.14	112.32

资料来源：根据经济合作与发展组织数据编制。

表4-29 2012~2016年莱索托外债统计

单位：百万美元

指标	2012年	2013年	2014年	2015年	2016年
公共及长期担保债务	753	771	773	774	775
短期外债	0	0.008	0.144	0.063	0.125
使用国际货币基金组织信贷	115	130	121	115	108
外债总存量	868	901	894	889	883
外债总额占GNI的比率	28.07	31.23	31.95	33.98	35.87

资料来源：根据世界银行数据编制。

表4-30 2014~2016年莱索托国际储备情况（年终数）

单位：百万美元

指标	2014年	2015年	2016年
外汇	997.96	835.50	861.40
特别提款权	67.35	63.34	46.87
国际货币基金组织中的储备	5.53	5.32	16.93
国际储备总额（不含黄金）	1070.83	904.16	925.20

资料来源：根据国际货币基金组织数据编制。

表 4-31　2008~2017 年莱索托吸引外资情况

单位：百万美元，%

指标	2008 年	2009 年	2010 年	2011 年	2012 年
外国直接投资额	11	91.35	9.5	61.17	56.65
占 GDP 比重	0.59	4.9	0.4	2.2	2.1

指标	2013 年	2014 年	2015 年	2016 年	2017 年
外国直接投资额	50.43	94.46	113.22	78.48	43.16
占 GDP 比重	2	3.6	4.5	3.4	1.6

资料来源：根据世界银行数据编制。

第七节　旅游业

旅游业是莱索托发展最快的部门之一，是莱索托国民经济的重要部门，也是主要创汇来源。莱索托独立后，十分重视发展旅游业。政府成立了"旅游、环境及文化部"，积极开发旅游资源，改善旅游设施。[①] 20 世纪 70 年代以来，陆续开发了城市旅游、乡村民族特色旅游、自然奇观旅游以及历史文化遗迹、先王故居等多种旅游项目，在旅游景点兴建了各类宾馆和山区度假村，使国内旅游业迅速发展，入境旅游人数猛增。接待旅游者数量从 1960 年的 4000 人次增加到 1978 年的 13.2 万人次；到 1992 年，入境旅游者数量猛增为 41.7 万人次，比 1982 年增长了 3.16 倍。当年的旅游收入为 1900 万美元。此后 10 年中，入境游客保持在 30 万人次左右，其中主要是南非游客。2002 年，入境游客为 30.8 万人次，70% 来自南非，旅游收入为 6810 万马洛蒂，占国内生产总值的 1%。

莱索托虽国土面积狭小，但海拔高，是名副其实的"山顶之国"。这里空气清新宜人，一年中有 300 多天是晴天，是非洲极少的几个可以进行

[①] 参见《旅游、环境及文化部》，莱索托政府网站，http://www.lesotho.gov.ls/mnsports.htm，最后访问时间为 2016 年 8 月 20 日。

滑雪的地区。这种典型的地理条件和气候吸引了无数游客。此外,莱索托的历史遗迹、恐龙遗址以及独特的民族风情,也使其旅游知名度大大提高。

莱索托已经把发展旅游业列入发展计划。从2002年开始,莱索托积极调整和发展旅游业,重点放在开发莱索托东北部高地上。2002年11月15日,莱索托旅游、环境及文化大臣在世界旅游日庆祝会上表示,莱索托东北部高地有广阔的旅游空间,可作为主要的旅游项目宣传和启动。山区旅游与世界旅游日的主题是一致的,即"经济—旅游是可持续发展的关键"。他还表示,为实现目标,旅游业必须得到政策和财政的支持,作为莱索托旅游业发展计划的一部分,政府将颁布旅游法和相关政策,它们在实施中还需要有实力和能力的人才及财政予以支持。[①] 莱索托国家发展公司给予政策和资金的支持。

莱索托还争取到世界银行对该项目的支持。2002~2007年,世界银行计划投资730万马洛蒂用于在南非和莱索托边境之间建立自然保护区。这将改善东开普敦边境地区、KWAZULA胜地、东部自由区和莱索托的保护区,使这些地区的生态环境得到保护,具体包括德拉肯斯山/马洛蒂山生态系统、动物区系、植物区系和岩石工艺品等,目的是改善这些地区的生态环境和发展旅游业,为当地居民创造就业机会。

2003年,莱索托政府制定了三年发展规划,旅游、环境及文化部计划在2003~2006年继续改善旅游设施、开发旅游项目以吸引外国游客,将旅游部门产值占国内生产总值的比例从1%提高到6%。[②] 虽然在后来的实施过程中,既定6%的目标并没有如期实现,但莱索托旅游业仍然迎来了一个健康的快速发展时期。2003~2008年,莱索托旅游基础设施得到极大改善,不仅首都马塞卢地区的旅游基础设施不断完善,而且自然保

---

① 《莱索托经贸动态》,中华人民共和国驻莱索托王国大使馆经济商务参赞处网站,http://www.hmiec.com/laowu/country/lesotho/5.htm,最后访问时间为2002年10月12日。

② 《莱索托政府制订三年发展规划和政府各部门具体规划》,中华人民共和国驻莱索托王国大使馆经济商务参赞处网站,http://ls.mofcom.gov.cn/aarticle/ztdy/200305/20030500093439.html,最后访问时间为2003年5月26日。

莱索托

护区和高原水利工程的旅游基础设施也得到完善。2009年,旅游业对经济的贡献占GDP的4.5%。[①]

据莱索托旅游发展公司(LTDC)的统计,2012年,莱索托旅游收入达6亿马洛蒂,接待国际游客42万人次,比2011年增长6.14%,其中非洲游客占95.54%,美洲和亚洲游客分别占0.72%和0.71%。2013年,莱索托接待国际旅客43.2万人次,其中92%来自邻国南非,旅客来源国家排在南非之后的分别是荷兰和德国,42%的游客为首次入境。全年旅游收入中的81%来自南非,10%来自欧洲。据统计,2013年入境游客中,度假旅游游客占28%,商业旅行游客占11%,其余61%基于探亲或访友等其他目的。[②] 由于莱索托被南非环抱的地理特点,绝大多数游客选择陆路交通工具旅游,仅有2%选择航空。位于莱索托和南非边境的尼山道是莱索托最受欢迎的景点,2013年入境访客中的26%游览了该景点,度假旅游者中的42%游览了该景点,排在受欢迎景点第二位和第三位的分别是凯茨大坝和非洲滑雪基地。一项入境游客满意度调查显示,游客较不满意的是莱索托落后的旅游服务以及公务人员的傲慢态度,此外,游客对莱索托破旧的公路、住宿条件、通信设施等也表示不满。

根据世界旅游业理事会(WTTC)发布的《2018年旅游业经济影响报告》对莱索托旅游业的统计,2017年,莱索托旅游业对GDP的直接贡献率约为6.3%,为莱索托提供超过4.3万个就业岗位,吸引外资4780万美元。该理事会对莱索托旅游业做出乐观的预测,认为莱索托旅游业将在10年内保持年均3.4%的增长速度,到2028年,莱索托与旅游相关的就业岗位预计将超过11.2万个,吸引外资预计超过8400万美元。[③]

目前,莱索托政府正在9个旅游项目上寻求进行投资开发和改进建

---

① 引自世界旅游业理事会统计数据,转引自 http://www.lesothoreview.com/contents/tourism/,最后访问时间为2018年8月13日。
② "The Lesotho Review – 2018 Edition," http://www.visitlesotho.travel/,最后访问时间为2018年8月13日。
③ Travel & Tourism Economic Impact 2018 Lesotho, https://www.wttc.org/-/media/files/reports/economic-impact-research/countries-2018/lesotho2018.pdf.

第四章 经 济

设，为莱索托旅游业注入新的活力。这些项目分别是：卡齐旅游村（Katse Tourist Village）项目，预计投资3000万美元；博空自然保护区木屋（Bokong Chalets）项目，预计投资50万美元；非洲滑雪基地（Afri Ski Resort）项目，预计投资350万美元；萨尼拓扑旅店和康提赛佛拉滑雪设施（Sanitop Lodge and Kotisephola Ski Facility）项目，预计分别投资950万美元和2100万美元；塞赫拉巴泰贝国家公园保护区（Sehlabathebe National Park Mountain Kingdom Resort），预计投资350万元；莫哈勒大坝旅游度假区（Mohale Dam Holiday Resort），预计投资1000万美元；斯蒙佺瀑布旅游区（Semonkong Waterfalls Resort），预计投资250万美元；农场景区（Scenery Ranch），预计投资50万美元；莱索托滑雪场（Lesotho Ski Dome），预计投资2100万美元。①

---

① "The Lesotho Review – 2018 Edition," http：//www.lesothoreview.com/contents/tourism/，最后访问时间为2018年8月13日。

第五章

军　事

第一节　军队简史

莱索托在1966年独立后，并未立即组建真正的正规军，只有警察负责国家防卫任务。直到1975年，莱索托政府才将警察队伍中的一支机动部队改编为正规军，这还不是真正意义上的国家正规军，称为"准军事部队"。准军事部队的司令由原警察机动部队司令莱哈尼耶少将担任。

1986年，莱哈尼耶发动军事政变，推翻了乔纳森政权，建立了军政权，这为莱索托建立正规军队提供了便利条件。莱哈尼耶掌握政权后，遂将这支准军事部队改编为皇家国防军（Royal Lesotho Defence Force），总兵力为1500人，另有4000人的后备部队。至此，莱索托才有了真正意义上的武装部队，首任司令是莫洛甫（S. K. Molopa），士兵全部为男性。

2001年10月，莱索托再次改制，将皇家国防军改编为莱索托国防军（Lesotho Defense Force，LDF），突出了军队的国家化。这支专业化的武装力量包括陆军和空军，陆军兵力为2000人，共编为7个步兵连、1个支援连、1个装甲侦察连、1个炮兵连和1个后勤连。主要武器装备有4架固定翼飞机、5架直升机、81毫米迫击炮、105毫米榴弹炮等。2016年，莱索托国防军的兵力为2000人，包括一个110人的空军中队。首任总司令是莫塔亚尼（Thuso Motanyane），总参谋长是马科洛（Makoro）。2017年9月5日，前任总司令莫索莫索（Motšomotšo）遭谋杀；2018年1月23日，马哈莱法·莱索艾拉（Mojalefa Letsoela）被任命为莱索托国防军总

173

司令。①

莱索托的兵役制度是义务兵役制。服役年龄为18岁，2001年，莱索托可征用的兵员（18～49岁）为40万人。

第二节 军事政策与国防预算

莱索托最高军事首长是国防及国家安全大臣，一般由首相兼任②。莱索托国防军由政府领导，国防军司令对莱索托政府负责。

一 军队与政府的关系

在莱索托的政治发展过程中，军队曾起过十分重要的作用，莱索托曾历经莱哈尼耶和拉马艾马军人统治，他们所成立的军事委员会直接掌握国家最高决策权。这一方面激发了高级军官对国内政治利益的浓厚兴趣，另一方面促使莱索托形成一种倾向通过"武力"而非"协商"解决政治争端的传统。1993年，军政府迫于国际压力主动还政于民，但这并不意味着军方在复杂的政党竞争中永远保持中立。特别是在简单多数票选制度下，执政党占据绝大多数甚至全部国民议会议席，竞选失利的反对党几乎被彻底排斥，当反对党不得不在制度外寻求利益表达渠道时，武力支持受到重视。从军队内部本身来看，军警派系林立，干预选举导致选举暴力。1994年，军队两派对立，差点引起内乱。在南非的调解下，事态才得以平息。在1998年的动乱中，士兵推波助澜，警察内部出现派系分化，它们与不同政党结成利益同盟，内部武装冲突成为政党竞争的附属品，继而诱发更大规模的社会动乱，引发政治乱局。

2014年6月，塔巴内首相宣布解除国防军司令卡莫利职务，由马豪任国防军司令。2015年大选后，莫西西利首相重新任命卡莫利为国防军

---

① "LDF Conducts Cleansing Ceremony," http：//www.lestimes.com/ldf-conducts-cleansing-ceremony/，最后访问时间为2018年3月30日。

② 这一习惯有时也被打破。

司令。2015年6月25日，马豪遭枪杀。2016年12月1日，卡莫利离职，莫索莫索接任国防军司令。2017年9月5日，莫索莫索在军营被两名军官枪杀，由于莱索托政府稳妥应对，南部非洲发展共同体迅速介入，局势趋于平稳。9月8日，南部非洲发展共同体派出一支由安哥拉、赞比亚、坦桑尼亚高官以及南部非洲发展共同体主席组成的部长级事实调查团前往莱索托，收集和审查关于暗杀莫索莫索的相关信息，9月15日，南部非洲发展共同体"双三驾马车"召开峰会，批准南部非洲发展共同体组织一支由军事、安全、情报和文职专家组成的应急部队，进驻莱索托一个月，帮助莱索托稳定局势。

二 国防预算

国防预算长期以来在莱索托财政预算中占有不小的比例，而且呈上升趋势：1995~1996年为1.025亿马洛蒂，占当年国家财政预算的6.45%；1996~1997年为1.61亿马洛蒂，占当年国家财政预算的10%；1989~1990年为8330万马洛蒂，占当年国家财政预算的约20%，1996年4月，莱索托政府宣布成立宪兵部队。1999~2000年，莱索托国防预算是1.65亿马洛蒂，占当年国家财政预算的6.4%；2004年，莱索托国防预算为2.08335亿马洛蒂（3230万美元），占当年国内生产总值的2.3%。[1] 根据《撒哈拉以南非洲国家年鉴》的数据，2016年，莱索托国防预算为6.42亿马洛蒂。

第三节 枪支武器的控制

莱索托独立后，政局长期动荡，经历了一系列政变，国防军以及军人的势力急剧膨胀，国家对枪支管理严重失控。1998年9月军人哗变后，南部非洲发展共同体组成维和部队进驻莱索托，维和部队控制并解散了在动乱中起主要作用的国防部队，并由南非、博茨瓦纳和津巴布韦三国成员组成小组，训练莱索托国防军。与此同时，南部非洲发展共同体在莱索托实施武器销毁

---

[1] 参见美国中央情报局网站，https://www.cia.gov；2004年的汇率为1美元=6.45马洛蒂。

莱索托

计划，销毁莱索托境内的多余小型武器，以消除境内不稳定因素。

莱索托与三国达成了关于国防问题的协议，莱索托政府请小组对小型武器进行收缴和销毁。2001年4月19日，莱索托首相莫西西利与南非总统姆贝基会晤，再次讨论武器销毁问题，双方决定于当年11月开始销毁相关武器。①

莱索托最初通过熔解的方式销毁武器，但由于成本高、效率低，这一方式很快被搁置不用，代之以在约翰内斯堡的一家废料厂销毁，这是成本较少和效率更高的方法。2001年11月到2002年9月，莱索托三次集中销毁多余或废弃的官方武器及没收的武器，其中2001年销毁30023件（见表5-1），2002年1~8月共销毁33473件（见表5-2）。

表5-1 2001年莱索托销毁的武器

单位：件

指标		数量
多余或废弃的官方武器	手枪	4463
	步枪	6946
	机关枪	1518
	半自动或自动步枪	745
	左轮手枪	133
	装备	12889
	发射器	1
	小计	26695
没收的武器	武器及装备	910
	左轮手枪或步枪	2291
	步枪	127
	小计	3328
总　计		30023

资料来源：Sarah Meek and Noel Stott, *Destroying Surplus Weapons: An Assessment of Experience in South Africa and Lesotho*, United Nations Institute, 2003, p. 52。

---

① Sarah Meek and Noel Stott, *Destroying Surplus Weapons: An Assessment of Experience in South Africa and Lesotho*, United Nations Institute, 2003, p. 61.

表 5-2　2002 年 1~8 月销毁的武器

单位：件

指标		数量
多余或废弃的官方武器	手枪	3881
	步枪	4683
	机关枪	1775
	半自动步枪或自动步枪	436
	左轮手枪	76
	装备	13351
	发射器	1
	小计	24203
没收的武器	武器及装备	9271
总　计		33473*

注：* 事实上，应为 33474。

资料来源：Sarah Meek and Noel Stott, *Destroying Surplus Weapons: An Assessment of Experience in South Africa and Lesotho*, United Nations Institute, 2003, p.53。

第六章

社　会

第一节　国民生活

一　劳工政策与国民就业

（一）劳工政策

莱索托劳工部为莱索托政府劳动力和劳资管理部门（The National Employment Service of Department of Labour），莱索托各区设有服务中心指导就业，不定期发布就业指南，提供各种职业培训信息，帮助求职者选择适合自己的职业，下设国家就业服务中心。莱索托政府十分重视劳资双方关系，建立了调解雇主与工人关系的有效机制，成立了代表雇主利益的企业家协会（ALE），工会代表工人的利益。1992年莱索托颁布《劳工法》，2003年颁布该法的《实施细则》，2010年9月和2011年10月予以修订。该法是莱索托规范劳动关系和秩序的法律，共21章243款，就劳工政策的原则性规定、工资机制、雇佣合同、劳保卫生福利、工作时间与假期、妇女儿童及年轻人的就业、非当地居民就业、工会及劳资纠纷仲裁等做了详细规定。[1]

在原则性规定方面，《劳工法》规定了管理原则、非歧视原则和结

---

[1] 参见《莱索托劳工法及实施细则与劳工管理经验》，中华人民共和国驻莱索托王国大使馆经济商务处网站，http://ls.mofcom.gov.cn/article/ztdy/201412/20141200828432.shtml，最后访问时间为2014年12月10日。

莱索托

社自由、禁止强迫劳动、劳动合同的公平性以及行政管理权与司法审判权的归属。

在工资机制和工资保护制度方面，除了规定工资咨询委员会及年度工资审计政策之外，还规定了最低工资标准等。

《劳工法》详尽规定了雇主和雇员的权利与义务。《劳工法》规定，雇主与雇员的合约分为有固定期限合约和未言及工作期限合约。如果雇员同意有固定期限合约，则只有雇主严重违反合约时，雇员才能辞职；如果雇主没有违反合约，则雇员合法终止合约的唯一方法就是得到雇主提早终止合约的允诺。雇主严重违反合约的行为包括：拒付工资、口头的谴责或性骚扰、不公正歧视等。雇主解雇雇员必须遵守合约规定，遵守《劳工法》通知期限和解雇金相关规定，遵循公正程序和有解雇的公正理由。能被证明的理由才有效，即若雇主不能证明解雇之理由，则解雇将被视为不公正。解雇雇员的理由取决于问题性质和严重性。同时，在特定情况下，理由还须足够充分。而雇员严重违反合约的行为包括：拒绝工作、偷盗、欺骗、完全不服从管理、攻击同事等。试工期有合理期限，通常为3个月，鉴于某些因素等，有时可达4个月，另外，双方可协商延长。试工期一般不超过4个月，否则须经劳工部门负责人书面批准。雇员不可以仅仅由于感染艾滋病而被解雇，雇员继续工作直到就医学角度而言不再适合这份工作。雇主须在不侵害雇员利益的条件下为其提供可替代的工作。不受保护的罢工，即参与不符合《劳工法》规定的罢工系可被解雇的不当行为。雇主诚信协商的义务包括公开相关资料，工会可以合理要求查阅相关资料。雇主未被要求公开的资料包括：合法的特权、不能公开为法律或法庭判决所禁止的资料、公开会对雇员或雇主造成严重伤害的材料、个人隐私（除非雇员同意公开）。

雇主合法停工或雇员合法罢工前要遵循以下程序：递交争端至理事会；理事会主席指派调解人在自递交起30日内通过调解解决争端；如解决，则调解人签署报告，并将争端事宜写成书面报告，争端各方也签署；若未解决，则调解人须签署未解决报告。停工或罢工前7天，雇员必须通知雇主。

在工作时间和假期方面,《劳工法》规定:每名雇员每周工作时间不超过45小时,连续工作5小时后应休息至少1小时,每周加班不得超过11小时,且加班工资不得低于正常工资的1.25倍。工作满6个月后,工人可最多享受12天的带薪病假;工作满12个月后,除12天带薪病假外,工人还可享受24天的半薪病假。休病假须有医疗证明。女雇员可凭医疗证明休产假6周。除合同规定或自愿外,雇主可不付休产假者工资,但不得在此期间解雇该名工人。2003年底,《劳工法》增加产妇可享受两周带薪休假的规定。凡要求工人在晚8点至早5点间工作,雇主有义务提供交通工具,将其送至距工作地点10公里范围内离家最近的地方。

在劳动仲裁方面,《劳工法》将工会有权协商视为集体合约达成涉及的内容,将集体合约定义为注册工会和雇主组织之间关于相互利益的书面协议,其还涉及承认协议、代理机构和申诉、惩戒及争端解决程序。一旦工会被承认,雇主与工会之间就应诚信协商,相互尊重、保持代表持续性、准时出席会议,考虑对方提出的建议,如不能接受,则指出不能接受的原因。若一方不诚信协商,则另一方无须继续协商。不诚信协商一方不可以终止谈判行动和声明进入"僵局",即无辜一方没有声明进入"僵局",违约方不可以实施其提议或采取不当行为。

(二) 就业情况

莱索托劳动力数量占总人口数量的45%,1980年,莱索托劳动力为60万人,2000年为80万人,年均增长率为1.9%,与总人口增长率持平。[1] 按照《撒哈拉以南非洲国家年鉴》的数据,2016年,莱索托的劳动力为91.99万人,比2000年增长了近12万人。但莱索托受全球经济衰退以及美国、南非等国贸易政策和劳工政策的影响,就业率并不理想。据莱索托官方统计,2011年第四季度,莱索托失业率为15%,2016年官方公布的失业率为28.1%,其中15~24岁的劳动力的失业率达到了34%[2]。

---

[1] 世界银行编《2002年世界发展指标》,中国财政经济出版社,2004,第53页。
[2] *Africa South of the Sahara 2018*(Europa Publications,2017),p.650.

莱索托

从现有资料看，莱索托的国民就业状况有以下几个特点。

第一，依靠劳工输出提高就业率。由于独特的地缘政治和经济条件，以及与南非的特殊关系，莱索托长期向南非进行劳务输出。造成这一现象的主要原因是国内耕地短缺、农业落后、就业机会匮乏以及工资少。从独立以来到20世纪90年代初，约有17%的劳动力在南非打工，主要从事金矿和煤矿的开采工作。20世纪90年代中期，莱索托在南非的务工人员一度达到11万人。但自20世纪末以来，由于南非决定招收本国劳工以提高就业率，莱索托在南非的就业人员大幅减少。据统计，20世纪90年代中期在南非工作的莱索托矿工约为11.1万人，而到2007年则减少到5.3万人[1]；此后，莱索托在南非工作的劳工进一步减少，至2017年底仅有不到4万人[2]。此外，莱索托宪法第41条规定，莱索托不承认双重国籍；南非于2013年1月1日开始实施《南非公民法修正案》，该修正案规定，如果外籍劳工原国籍国不承认双重国籍，则南非同样不承认其双重国籍，这对数千名拥有南非护照并在南非就业的莱索托人产生重大影响。莱索托政府注意到了这一影响，与南非政府进行了商谈并考虑修改宪法中有关双重国籍规定的条款。[3]

第二，失业率居高不下。2001年，莱索托国内就业率约为40%，其中包括政府部门安排的3.37万个工作岗位，高原水利工程提供了近6000个工作岗位，纺织业吸收了约4.5万名工人。尽管高原水利工程提供了相对稳定的劳动力需求，但莱索托的失业率仍呈上升趋势。2002年，莱索托官方公布的失业人口为23.2万人，失业率为17%，2003年失业率达到45%。[4] 为了降低失业率，莱索托政府加大了促进国内就业

---

[1] *Africa South of the Sahara 2018* (Europa Publications, 2017), p.687.
[2] *Africa South of the Sahara 2018* (Europa Publications, 2017), p.648.
[3] 引自《南非公民法修正案实施，对莱索托人拥有南非身份产生重大影响》，中华人民共和国商务部网站，http://www.mofcom.gov.cn/article/i/jyjl/k/201301/20130100011199.shtml，最后访问时间为2016年7月24日。
[4] http://www.odci.gov/cia/publications/factbook/print/lt.html.

的力度。在《非洲增长与机遇法案》的刺激下，纺织企业为莱索托提供了大量的工作岗位。到 2010 年，莱索托纺织行业的就业人数达到 5 万人，并首次超过政府雇员数量[1]。2015 年该法案延期之后，受到莱索托国内政局不稳和美国进口标准提高的影响，莱索托制造业数千人失业[2]。在莱索托政府制定的发展规划中，莱索托计划调动国内外储蓄，改善投资环境，促进经济多样化发展，促进技术转移，加强基础设施建设，提升私人部门水平，从纺织业、旅游业、商业与农业和科技四个重点领域着手，创造 5 万个新的就业机会，并实现每年 5% 的增长[3]。

第三，就业领域各有特点。就就业领域来说，20 世纪 90 年代，非农领域的就业人数大约占劳动力总数的 60%，例如，1990 年，莱索托非农业劳动力数量为 42.1 万人，占劳动力总数的 60%，其中工业占 28%，服务业占 32%；2000 年后，非农业劳动力有所增加，2000 年，非农业劳动力数量占劳动力总数的 65%，其中 35% 的男性劳动力在南非矿山做工，女性主要在纺织业和服务业就业。

第四，限制外籍就业人口。莱索托限制非技术性外籍劳动力进入本国就业市场。目前，在莱索托的外籍劳动力以中国台商在大陆招聘的纺织服装行业的技术人员和管理人员为主。《劳工法》规定，在莱索托投资的外资企业，经理及管理人员可自动获得工作许可，如需特殊技能工人，且莱索托当地没有，则可雇用外籍工人，但他们必须先获得劳工部和内政部颁发的工作与居住许可。莱索托就业情况（2008 年）见表 6-1。莱索托各领域就业人数比例（1991~2015 年）见表 6-2。

---

[1] *Africa South of the Sahara 2018*（Europa Publications，2017），p. 649.
[2] *Africa South of the Sahara 2018*（Europa Publications，2017），p. 648.
[3] Government of Lesotho：National Strategic Development Plan，http：//www. gov. ls/gov_webportal/important%20documents/national%20strategic%20development%20plan%2020201213-201617/national%20strategic%20development%20plan%2020201213-201617. pdf，最后访问时间为 2018 年 7 月 20 日。

莱索托

表6-1 莱索托就业情况（2008年）

单位：人

指标	男性	女性	合计
农业	177505	120490	297995
自给农业	140922	113077	253999
渔业	43	—	43
采矿与采石业	42061	872	42933
制造业	15169	50303	65472
电力、天然气与供水	1924	257	2181
建筑业	37935	3329	41264
批发与零售贸易，修理汽车、摩托车和家用产品	22770	21650	44420
酒店、饭店、旅馆等	1011	3201	4212
运输、仓库、通信	10093	2033	12126
金融中介	1201	1237	2438
房地产、租赁等	651	579	1230
公共管理、社会治安等	15918	7847	23765
教育	6223	15709	21932
卫生与社会工作	2899	4628	7527
其他社区、社会及个人服务活动	4160	3737	7897
家政服务业	3834	35586	39420
具有治外法权的组织和机构	240	415	655
小计	343636	271873	615509
未按经济活动划分的	1168	1056	2224
总　　计	344804	272929	617733

资料来源：根据世界银行数据编制。

表6-2 莱索托各领域就业人数比例（1991~2015年）

单位：%

年份	农业	工业	服务业
1991	62	14	25
1993	60	15	25
1995	58	16	26
1997	57	15	28

续表

年份	农业	工业	服务业
1999	72	9	18
2001	54	17	30
2003	38	22	39
2005	26	27	47
2007	17	35	48
2009	12	40	48
2011	12	39	48
2013	12	40	48
2015	11	40	49

资料来源：根据世界银行数据编制。

二 收入与消费水平

(一) 工资收入

莱索托劳工部下设工资咨询委员会，该委员会由26名成员组成，包括常秘、官员、工会领导人和雇主代表等，每年会定期就最低工资标准进行咨询协商并予以发布实施。2013年3月，公共服务部发布公告，对原有公务员工资薪酬体系进行调整，由12档114个级别调整为13档81个级别，工资增长了9%甚至81%。根据莱索托劳工部2013年公布的工资标准，莱索托首相年薪为55万马洛蒂，副首相年薪为47.5万马洛蒂，各部门大臣年薪为46万马洛蒂，远远高于普通政府雇员和其他行业员工的平均工资水平。[1] 莱索托政府于2018年4月1日起实施公务员工资调整计划，其公布的雇员月工资水平一般为800~1000马洛蒂。

---

[1] 《莱索托2013工资标准和高官薪酬大涨反差巨大》，中华人民共和国驻莱索托王国大使馆经济商务处网站，http://ls.mofcom.gov.cn/article/ztdy/201401/20140100467714.shtml，最后访问时间为2018年8月14日。

莱索托

2014年10月17日,莱政府公布私营部门雇员最低工资标准,并从10月1日开始执行。一般行业,工龄少于12个月和超过12个月的雇员一般最低月工资为1178马洛蒂和1285马洛蒂。纺织服装和制造业,工龄少于12个月的雇员的一般最低月工资由972马洛蒂增至1030马洛蒂,增幅为6%;工龄超过12个月的一般最低月工资由1101马洛蒂增至1141马洛蒂。建筑业及机器设备操作等行业,技术工人工龄少于12个月的一般最低月工资为2643马洛蒂,非技术工人为1679马洛蒂;工龄超过12个月的技术工人为2946马洛蒂,非技术工人为1849马洛蒂。批发零售业、酒店、丧葬、清洁服务业,工龄少于12个月的雇员的一般最低月工资为1621马洛蒂,超过12个月的为1721马洛蒂。保安工龄少于12个月和超过12个月的一般最低月工资分别为1386马洛蒂和1631马洛蒂。持有EC执照的汽车司机工资标准较高,工龄少于12个月和超过12个月的一般最低月工资分别为3232马洛蒂和3970马洛蒂。电器技师、汽车修理人员、仪表技工、喷漆工等技术类工人工龄少于12个月和超过12个月的一般最低月工资分别为2450马洛蒂和2594马洛蒂。家佣服务(包括轻体力劳动)工资为行业最低,工龄少于12个月和超过12个月的一般最低月工资分别为454马洛蒂和501马洛蒂。

莱索托60%的家庭收入来自侨汇收入,而这项收入又主要来源于在南非工作的亲属。根据莱索托中央银行的统计,1999年,在南非工作的劳工人均年收入为27657马洛蒂,总汇款为2.39亿马洛蒂,2001年总汇款增加到2.56亿马洛蒂。2003年,在南非的莱索托矿工人均年收入为38333马洛蒂,比2002年增长了8.5%。这些汇款改善了家庭经济状况,同时也增加了莱索托的国民收入。据统计,2015年,在南非务工的2.4万名莱索托矿工共寄回了4.22亿马洛蒂侨汇,这项收入比1999年增加了近一倍。

(二)消费水平

国际劳工组织曾估算莱索托家庭的基本收入为2148马洛蒂/月。自2000年开始,莱索托物价上涨,2000~2003年,消费价格指数年均增长率在7%以上,2002年通货膨胀率更是高达11.9%。2002年大选之后,新政府采取了一系列稳定物价的措施,通货膨胀率短暂回落,2004年为5.02%,2005年为3.44%。此后,受到连年自然灾害和全球金融危机的双重影响,莱索托通货膨胀率再次攀升,在2006~2015年,除2011年和2014年之外,其余年份通货膨胀率均在5%以上,年均通货膨胀率高达6.45%。根据莱索托中央银行的统计,莱索托2016年通货膨胀率为3.2%,是进入21世纪以来最低的一年。此外,莱索托统计局数据显示,莱索托2016年居民消费价格指数(CPI)为136.7(2010年取值100),其中,面包、玉米粥、低脂牛奶、全脂牛奶、食用油、花生酱、西红柿、卷心菜、女装、男鞋等商品价格上涨幅度较大,食品(包括不含酒精饮品)、烟酒和服装的CPI分别为156.48、143.78和137.84(见表6-3)。2003~2016年物价变化率情况见表6-4。

表6-3 2003~2016年居民消费价格指数

指标	2003年	2004年	2005年	2006年	2007年	2008年	2009年
食品(包括不含酒精饮品)	58.53	60.94	62.54	68.16	77.81	90.01	97.97
烟酒	63.80	69.66	73.77	78.31	82.63	87.11	93.16
服装	76.76	78.97	81.41	83.41	85.84	91.35	96.55
住房、水电及其他燃料	65.20	68.78	74.01	80.21	86.68	99.45	100.27
医疗保健	89.73	92.81	94.81	95.96	94.69	96.19	97.81
交通	66.89	71.20	76.69	79.65	82.41	91.03	96.51
通信	82.55	95.15	96.71	98.63	100.00	100.00	100.00
教育	82.68	86.17	87.08	87.91	90.04	92.33	94.73
总计(含其他项目)	61.42	65.83	69.13	71.51	75.85	81.93	90.71

指标	2010年	2011年	2012年	2013年	2014年	2015年	2016年
食品(包括不含酒精饮品)	93.57	108.16	118.78	125.16	131.80	139.92	156.48
烟酒	101.89	108.31	115.77	122.26	130.19	137.96	143.78
服装	102.49	114.39	123.89	137.02	147.51	137.35	137.84

续表

指标	2010年	2011年	2012年	2013年	2014年	2015年	2016年
住房、水电及其他燃料	100.30	101.80	102.81	104.45	108.29	112.98	118.19
医疗保健	100.78	102.80	102.70	103.30	104.38	105.48	107.35
交通	100.20	103.26	110.37	114.89	126.64	127.02	128.45
通信	100.57	101.70	101.19	101.14	101.14	101.14	101.14
教育	99.99	100.81	101.73	115.42	114.32	128.38	134.65
总计(含其他项目)	100.86	105.95	112.43	118.01	124.34	128.25	136.70

注：2010年取值100。

资料来源：根据莱索托中央银行数据编制。

表6-4　2003~2016年物价变化率情况

单位：%

指标	2003年	2004年	2005年	2006年	2007年	2008年	2009年
食品(包括不含酒精饮品)	4.82	4.12	2.64	8.98	14.15	15.68	8.84
烟酒	9.41	9.19	5.89	6.16	5.52	5.41	6.95
服装	8.11	5.49	7.61	8.37	8.07	14.73	0.83
住房、水电及其他燃料	3.99	2.88	3.09	2.45	2.92	6.42	5.69
医疗保健	3.35	3.44	2.15	1.22	-1.32	1.58	1.69
交通	7.01	6.43	7.72	3.86	3.46	10.47	6.02
通信	30.84	15.27	1.64	1.98	1.39	0.00	0.00
教育	3.88	4.22	1.06	0.95	2.43	2.54	2.60
总计(含其他项目)	7.17	5.02	3.44	6.07	8.01	10.72	7.17

指标	2010年	2011年	2012年	2013年	2014年	2015年	2016年
食品(包括不含酒精饮品)	-4.49	15.58	9.82	5.37	5.31	6.12	11.87
烟酒	9.38	6.30	6.89	5.60	6.49	5.98	4.21
服装	3.88	1.50	1.00	1.59	3.68	4.37	4.62
住房、水电及其他燃料	2.21	11.61	8.30	10.60	7.83	-6.81	0.36
医疗保健	3.03	2.01	-0.10	0.59	1.03	1.04	1.78
交通	3.82	3.05	6.88	4.10	10.47	0.28	1.20
通信	0.57	1.12	-0.50	-0.05	0.00	-0.07	0.00
教育	5.55	0.82	0.91	13.47	7.10	3.88	4.90
总计(含其他项目)	7.16	3.77	5.05	6.11	4.97	5.44	3.20

资料来源：根据莱索托中央银行数据编制。

三 社会福利与社会保障

在全球范围内,可供老年人享用以及拥有社会保护和养恤金的情况仍极不相同。发达国家大都制订全民社会保障计划,包括为达到法定退休年龄的所有人提供基本保健和收入保障,但大多数发展中国家远远没有实现全民覆盖。莱索托在2000年前后就已经在这一领域取得了进展。2004年,莱索托为70岁以上的公民制订了全方位老年养恤金计划,因此,莱索托也成为向老年人口提供大量福利的南部非洲国家之一。这对世界最不发达国家之一的莱索托来说是了不起的进步。

2014年9月30日,国际劳工组织发表了《老年人社会保障:主要的政策趋势和统计》报告,对178个国家的养老金体系进行研究,数据显示,超过45个国家的养老金覆盖率达到90%,莱索托取得了显著的进步,在不到10年的时间里,将养老金覆盖率从25%提高到了70%。[1]

四 女性赋权与消除性别歧视

莱索托独立后一直致力于推动妇女赋权和两性平等,取得了较大的成果,特别是在实现妇女权利方面取得了很大进展,比如,非立法机构中的女性参与水平超过了许多发达国家。此外,一些政策特别提出了针对性暴力及其他暴力的应对措施,女性的经济、社会、文化权利以及不被歧视的规定。

2013年11月28日,在布鲁塞尔举行的首届"妇女议会全球论坛"会议上,莱索托获得了"缩小性别差别"(Bridging the Gender Gap)地区奖[2]。根据非盟委员会主席Nkosazana Dlamini Zuma博士在2014年1月7日关于妇女地位委员会第五十八届会议筹备工作非洲区域部长级磋商会的

---

[1] 《国际劳工组织报告:世界将近一半老年人不能享受养老金福利待遇》,联合国网站,http://news.un.org/zh/story/2014/09/222432/,最后访问时间为2017年10月31日。

[2] 1st Women in Parliament Global Forum Hosted by European Parliament in Brussels, https://au.int/en/newsevents/20131128,最后访问时间为2014年11月24日。

莱索托

发言,莱索托与布隆迪、马拉维、莫桑比克和加纳5个非洲国家是2013年世界经济论坛全球性别差距报告中排名前25的表现较佳的国家,同时也是女性受教育程度最高的25个国家之一。① 目前,在莱索托学前和小学教育中,女生的数量均超过了男生的数量;2005年莱索托大选中,女性代表的比例超过30%;女性在地方理事会中的代表的比例超过58%,大大超出了南部非洲发展共同体所要求的30%的比例。虽然莱索托"在国家层面尚不存在扭转两性不平等文化习俗的空间,妇女也缺乏担任即便是地方领导职位的意愿,但是,地方理事会在修路、为了集体利益管理土地以及使妇女获得公共决策经验方面取得的成就说明妇女实质性参与可带来的好处"②。

2018年3月,各国议会联盟发布了关于全球女性赋权的年度报告《2017年议会中的女性:回顾的一年》,报告中的图表显示,莱索托与其国家经济发展水平和"最不发达国家"的身份相比,表现比较出色。数据显示,2017年,莱索托女性在国民议会中的席位为27个,占比为22.1%,列所有统计国家的第18位,参议院的席位为8个,占比为25.8%,增加了1.6个百分点,参议院主席为女性。③ 这说明莱索托立法机构中的女性参与水平超过了许多发达国家。

2003年,莱索托通过了《性犯罪法》,对于强奸的定义,要求必须存在某些"胁迫情形",而不是证明缺乏同意;同时对婚内强奸进行了定罪。但是,根据联合国和非洲联盟对妇女权利的调查,莱索托保护妇女的法律有待健全。在2017年3月7日非洲联盟启动的关于"生殖健康和权利""白化病妇女""性暴力和基于性别的暴力""有害做法""经济、社会和文化权利""歧视妇女的法律""妇女、和平与安全""在监狱里的

---

① 《非盟委员会主席关于妇女地位委员会第59届会议筹备工作非洲区域部长级磋商会的发言》,https://au.int/en/search/node/LESOTHO?page=7,最后访问时间为2018年8月5日。
② 《联合国经社理事会公共行政专家委员会第九届会议报告》,联合国网站,http://publicadmim3tration.un.org/en/cepa/session,最后访问时间为2017年4月24日。
③ Women in Parliaments in 2017: The Year in Review, The Inter-Parliamentary Union, https://www.ipu.org/resources,最后访问时间为2018年3月2日。

女人"等多项女性权利的调查中,莱索托被列入尚未有专门法律保护的国家。① 此外,《2017年议会中的女性:回顾的一年》的数据显示,莱索托女性议员在国民议会的比例下降了2.9个百分点。女性在部分国家(州)议会中的席位情况(2017年)见表6-5。部分实行混合比例代表制国家参加选举的人数情况见表6-6。女性议员在上院中议席的变化情况(2017年)见表6-7。女性议员在下院中议席的变化情况(2017年)见表6-8。

表6-5 女性在部分国家(州)议会中的席位情况(2017年)

单位:个,%

序号	国家(州)	总席位	女性席位	占比
1	塞内加尔	165	69	41.8
2	挪威	169	70	41.4
3	法国	577	224	38.8
4	新西兰	120	46	38.3
5	阿根廷	257	98	38.1
6	冰岛	63	24	38.1
7	厄瓜多尔	137	52	38
8	荷兰	150	54	36
9	奥地利	183	63	34.4
10	东帝汶	65	21	32.3
11	英国	650	208	32
12	德国	709	218	30.7
13	阿尔巴尼亚	140	39	27.9
14	安哥拉	220	59	26.8
15	阿尔及利亚	462	119	25.8
16	保加利亚	240	57	23.8
17	智利	155	35	22.6

---

① Launching the State of Women's Right in Africa, https://au.int/en/newsevents/20170307/launching-state-women's-right-africa, 最后访问时间为2018年8月15日。

莱索托

续表

序号	国家(州)	总席位	女性席位	占比
18	莱索托	122	27	22.1
19	捷克	200	44	22
20	肯尼亚	349	76	21.8
21	洪都拉斯	128	27	21.1
22	赤道几内亚	100	20	20
23	亚美尼亚	105	18	17.1
24	马耳他	68	10	14.7
25	巴哈马	39	5	12.8
26	利希滕施泰因	25	3	12
27	冈比亚	58	6	10.3
28	日本	465	47	10.1
29	利比里亚	71	7	9.9
30	文莱达鲁萨兰国	33	3	9.1
31	汤加	26	2	7.7
32	密克罗尼西亚	14	0	0
33	巴布亚新几内亚	106	0	0

资料来源：根据各国议会联盟（Inter-Parliamentary Union）数据编制。

表6-6 部分实行混合比例代表制国家参加选举的人数情况

单位：人，%

国家(议院)	参选人总数	男性参选人数	女性参选人数	女性参选人占比	女性当选比例
保加利亚	4678	3469	1209	25.8	4.7
德国(联邦参议院)	4828	3428	1400	29	15.6
莱索托(国民议会)	1374	943	431	31.4	6.3
密克罗尼西亚	22	20	2	9.1	0
新西兰	531	341	190	35.8	24.2

资料来源：根据各国议会联盟（Inter-Parliamentary Union）数据编制。

表6-7 女性议员在上院中议席的变化情况（2017年）

国家	上院总议席数(个)	女性议员在上院中的人数(人)	女性议员在上院中的占比(%)	女性议员变化率(%)
巴哈马	16	7	43.8	18.8
肯尼亚	68	21	30.9	4.4
法国	348	102	29.3	4.3
哈萨克斯坦	47	5	10.6	4.3
斯洛文尼亚	40	4	10	2.5
莱索托	31	8	25.80	1.6
阿根廷	72	30	41.7	0

资料来源：根据各国议会联盟（Inter-Parliamentary Union）数据编制。

表6-8 女性议员在下院中议席的变化情况（2017年）

单位：%

国家	女性议员变化率	国家	女性议员变化率
法国	12	马耳他	0.4
阿尔巴尼亚	10	密克罗尼西亚	0
新西兰	8.6	巴哈马	-0.3
汤加	7.7	厄瓜多尔	-0.7
智利	6.7	塞内加尔	-0.8
亚美尼亚	6.5	利比里亚	-1.1
刚果	3.9	赤道几内亚	-2.0
保加利亚	3.8	荷兰	-2.7
肯尼亚	3.2	巴布亚新几内亚	-2.7
阿根廷	2.8	莱索托	-2.9
冈比亚	2.8	洪都拉斯	-4.7
文莱达鲁萨兰国	2.6	德国	-5.7
英国	2.6	阿尔及利亚	-5.7
捷克	2.5	东帝汶	-6.2
挪威	1.8	安哥拉	-7.3
奥地利	1.1	列支敦士登	-8.0
日本	0.6	冰岛	-9.5

资料来源：根据各国议会联盟（Inter-Parliamentary Union）数据编制。

莱索托

第二节 社会管理

一 社会制度

莱索托为君主立宪制国家,但仍然保留着南部非洲国家传统社会的特征。该社会以国王为中心,以王国—村社—家族结构组成的社会体系为基本特征,重视亲缘和血统关系,尊老爱幼,强调成员的集体协作,具有深厚的集体主义传统和原始民主色彩。

二 社会结构和社会规范

部落酋长制仍然是今天莱索托重要的社会基础。这些部落习惯于用动物名称作为符号或象征,如狮子、大象、河马、鳄鱼等。各部落图腾来源不一,有自己的特征,如大象族就特别重视劳动。部落中握有实权的是鳄鱼族,其有数百名酋长,构成强大而严密的统治网。[1]

莱索托的酋长制度与撒哈拉以南非洲国家相同,为世袭继承制,分为若干等级,不同级别的酋长又有专门的名称。在最高酋长与其他级别的酋长之间,在政治地位、职责权力和社会影响方面也存在很大差别。在酋长制这个体系内部,最高酋长或国王与各级酋长之间的上下级关系变成了一种依附关系,这种依附关系还由于实行对下属酋长和地方军政官员的任命制得到进一步加强。

酋长作为部落的最高首脑,通常以全体人民代表的身份扮演公有土地的保护者、管理者和分配人的角色。每个部落成员有权从公有土地中获得一份耕地,并有权使用公共的牧场、森林、猎场和捕鱼水域。其对分得的土地只有占有权和耕种权,没有所有权,不能转让、出售和继承。

---

[1] 《莱索托经济环境与贸易投资政策》,中华人民共和国驻莱索托王国大使馆经济商务处网站,http://ls.mofcom.gov.cn/aarticle/ztdy/200502/20050200341730.html,最后访问时间为2015年2月1日。

酋长还是部落的精神领袖，是祖先神灵和意志的化身，是能与祖先神灵通气的人，只有他才能代表族群与祖先神灵沟通，把祖先神灵的谕示、训诫等传达给全体人民，从而增强部落的凝聚力。同时酋长死后灵魂升天，变成神灵，仍继续保佑他的后裔和子民，继续主宰部落的荣辱兴衰，所以莱索托人特别重视对祖先神灵的祭拜，重大的祭祖仪式都要由酋长主持。

莱索托传统社会成员维系的主要纽带之一是血缘和亲缘关系。辈分关系明确，上下界限分明。尽管莱索托宪法和法律要求男女平等，但事实上男子特别是男性长者在家族中具有权威地位。他负责处理家庭内的纷争，权力由嫡长子继承。男性长者还负责对村社或家族的青少年的教育。在莱索托农村，至今还流行对即将成年的男孩和女孩进行"进入社会"的传统教育。男孩接受传统教育的场所，通常设在离村庄较远的僻静的山腰或峡谷。年满14岁的男孩都要参加，由几个老人向他们传授生活经验，一般为期5个星期。女孩则在村边特别建造的房屋里接受教育。她们白天离家时要戴上特殊的面具，身上抹石灰，并带上叉状的木棍。传统教育的内容是保密的，法律规定泄密的要罚一头牛。外人不得靠近正在进行传统教育的场所，否则要受到惩罚。传统教育"毕业"，标志着进入成年阶段：男子披着毯子，手持装有饰品的圆头棒槌，女子则袒露胸部，穿牛皮裙。一个个身涂褐色，在人们的欢迎下回到村里。

三　社会组织

莱索托共有60多个非政府组织及民间团体，其中最主要的非政府组织是工会，在莱索托的政治影响力不断增强。目前，莱索托贸易工会有20多个，其中有4个全国性工会，拥有会员5万多人。最大的工会是工厂工人工会（FAWU），拥有会员1.1万人，其他行业工会会员总共不超过3万人。2015年，工厂工人工会、服装联盟工人工会（LECAWU）和国家纺织工人工会（NUTEX）三家贸易工会合并组成新贸易工会，此举旨在增强工会力量，切实表达会员诉求。新贸易工会是成立于2012年的

莱索托

全球工人协会（Industri All）成员。工会在莱索托的政治影响力不断增强。[①]

工会的主要职能是表达会员的合法诉求，保护雇工的权利。较为活跃的是纺织工人工会。2012年9月，因莱索托纺织业工人提高工资要求被拒，四家纺织工人工会在马塞卢集会，要求大幅提高工资水平和改善工作环境。他们先后拒绝了纺织业雇主的增资条件，要求最低月工资增加到1380马洛蒂，即比纺织业最低月工资833马洛蒂（约100美元）的标准提高66%，劳资双方陷入僵局。两年后，政府公布的纺织业最低工资标准分别增加到1030马洛蒂和1141马洛蒂。

四 社会治安

莱索托总体治安情况良好。主要的治安事件和恶性犯罪为谋杀、偷盗、入室抢劫等。信用卡诈骗等高科技网络犯罪近年来也开始出现。据莱索托《公众眼报》2014年10月报道，2014年7月，莱索托警察在首都马塞卢工业区逮捕了一名通过伪造信用卡购买燃料的南非籍嫌犯，该嫌犯称此卡是自己伪造的。莱索托警方没收了犯罪分子盗取信息和制作伪造借记卡、信用卡的读写器、压印机和电脑等犯罪设备。另据该报报道，莱索托有不少网络犯罪团伙，但由于缺乏足够证据，法庭难以给其定罪。莱索托警方提醒公众使用信用卡时，特别留意一些被犯罪集团利用的店员或服务生，他们会故意转移客户注意力，盗取客户信用卡信息，应要求银行和商家配备新设备检测卡的真伪，避免造成财务损失。另外，莱索托警方还曾打掉一个伪造政府许可证及南非和莱索托政府缴税凭证的犯罪团伙，此外，造假的还有政府采购合同、政府机构相关表格和结婚证书等。

除此之外，偷渡和非法移民案件也时有发生。2011年，莱索托制定了反人口偷渡法，近年来，由于贫穷和失业人口增多，管理措施不严，当

[①] 《对外投资合作国别（地区）指南——莱索托（2012年版）》，中华人民共和国驻莱索托王国大使馆经济商务处网站，http://ls.mofcom.gov.cn/article/ztdy/201303/20130300050200.shtml，最后访问时间为2015年12月12日。

地人或外国人偷渡到南非等地。据莱索托《星期日快讯》报道，2013年，联合国毒品控制和犯罪预防办公室（UNODC）在莱索托首都举行会议，帮助莱索托有关部门加强打击人口偷渡行为。

总体来看，莱索托近年来的犯罪率有所下降。以2014年8月15~25日莱索托警方公布的一周治安犯罪情况为例，谋杀案件由上周的19起下降至11起，仍是主要犯罪行为；交通事故有80起，造成2人死亡，40人受伤，141辆汽车受损；偷盗案件有38起，6人被捕。[1] 在莱索托的治安犯罪案件中，也不乏中资企业或华人华侨所遭遇的持刀或持枪或入室抢劫等恶性案件，因此，中华人民共和国驻莱索托王国大使馆发布公告，提醒中国到莱索托经商及考察人员提高警惕，加强安全防范。使馆建议：

1. 不要乘坐当地的出租车或小公共车，即使多人同行乘坐也不安全；

2. 租用专用性较好的车辆并尽量多人同行，锁好车门及窗，减少途经不安全区域的次数；

3. 住宿应选择环境安全的酒店或租用安全的住房，谈生意应在安全的办公室或酒店会议室，不能让外人随意进入办公室或居住处房间，夜晚尽量减少外出；

4. 采取措施并增加安保费用，通过银行及安保公司处理有关财务及工资发放事务，办公室及驻地不存放或少量存放现金及贵重物品，增加人员、驻地及办公室的安保预防措施和安防设备；

5. 外出尽量携带少量现金、首饰等贵重物品或只携带少量现金；万一遇到歹徒抢劫等事件，以保护生命为首要，不计较财物等损失，及时报案并报告中华人民共和国驻莱索托王国大使馆。

---

[1] 引自《莱索托警方公布一周治安犯罪情况：谋杀仍然是主要犯罪行为》，中华人民共和国商务部网站，http://www.mofcom.gov.cn/article/i/jyjl/k/201410/20141000766874.shtml，最后访问时间为2018年8月21日。

莱索托

此外，按照2015年4月12日联合国预防犯罪和刑事司法大会的倡议，应让公众参与预防犯罪和刑事司法活动，莱索托意识到，有效预防犯罪与公平、透明和人道的刑事司法系统之间的密切联系不仅是法治的关键要素，也是实现可持续法治的关键，因此，莱索托参考其他国家的做法和经验，运用新的社交媒体工具与其他方法一起促进公众预防犯罪，特别是社区一级越来越多地参与、学习南非在社区推广的"城市预防暴力"项目，从社会预防犯罪、情景预防犯罪和机构预防犯罪出发，有效地减少犯罪行为。此外，莱索托还重视全民法制宣传，进行诊所式法律教育。借助"开放社会司法倡议"的法律援助和社区赋权诊所式方案以及福特基金会提供的国际援助，莱索托与博茨瓦纳、尼日利亚和津巴布韦等非洲国家一起，启动了诊所式法律方案。

第三节 医疗卫生

一 医疗卫生概况

莱索托公共医疗管理体系建立于莱索托独立后，最高管理部门是卫生部，负责管理国家医疗卫生各个方面的事务，最高行政长官是卫生大臣。卫生部负责全国的医疗统筹和人事安排，大臣之下设首席医疗官，其主要管理医生、医药、医疗器械等方面的事务并具体对公立医院进行管理。公立医院下辖数量不等的基层健康中心，通常一个中等公立医院下辖20个左右的基层健康中心，它们主要位于乡村，由于医疗人员缺乏，一般没有医生，只有护士负责提供一些基本的医疗服务。

莱索托医疗卫生基础设施十分薄弱，独立之初仅有8所教会医院和一些私人诊所，医疗设施和医护人员严重缺乏。经过50余年的国家投入和其他国家的医疗援助，医疗条件有所改善，但仍然低于非洲地区的平均水平。

从2000年开始，莱索托医疗卫生方面的政府预算和支出占国内生产总值的3.4%以上，人均卫生支出为10美元左右。近年来，"健康计划千年挑战账户"（Health Sector Programme of the Millennium Challenge Account，MCA）为莱索托医疗设施改善提供了大量的资金支持。截至2013年，通过这一计划在全国范围内新建和重修的健康中心多达138个，此外还新建了14个院外患者康复中心、1座医疗卫生图书馆、1个血液中心和供医学师生使用的公寓。新建的医疗卫生图书馆和血液中心坐落在首都马塞卢，旨在为艾滋病和结核病的诊疗提供更加先进和便利的条件。自2007年MCA实施以来，莱索托收到的资助已达3.6亿美元。

截至2015年，莱索托全国共有22所医院和193家诊所，其中公立医院有12所，公立诊所有79家；莱索托基督教健康协会（Christian Health Association of Lesotho，CHAL）拥有8所医院和75家诊所；莱索托红十字会（Lesotho Red Cross Society，LRCS）经营4家诊所；马塞卢城市议会开办2家诊所；其余的2所医院和33家诊所为私人所有。

莫哈托纪念医院（Mamohato Memorial Hospital）和莱索托斯科特医院（Scott Hospital）是莱索托较大的两家医院。其中，莫哈托纪念医院以莱索托莫哈托·塞伊索王后命名，是在著名的伊丽莎白二世王后医院（Queen Elizabeth II Hospital）基础上建立的，2011年10月建成并开始营业。医院采取公私合营的方式，提供磁共振成像、腹腔镜手术、神经外科治疗、病理服务和重症护理等，每年收治住院患者约2万人，门诊患者超过31万人，可以为莱索托人民提供更加现代化和便利化的医疗服务。

莱索托斯科特医院是莱齐耶三世国王出生时所在的医院，于2015年进行了大规模的重修和扩建，扩建一期工程投资1500万马洛蒂，扩建项目涉及新建妇产科病房、普通病房、结核专科病房等。

此外，莱索托知名的医院还有：马塞卢私人医院（Maseru Private Hospital）、威利斯医院（Wilies Hospital）、莫洛里精神病医院（Mohlomi Hospital for the Mentally Ill），以及防治儿童艾滋病的贝勒医学院（Baylor College of Excellence）等。

莱索托还有一所军队医院（MMH），该医院建于1988年，专门面向现役军人及其家属提供医疗服务，近年来在结核病诊疗、高血压和糖尿病诊疗、艾滋病防治等方面取得一定成果。

莱索托

莫特邦医院①是北部地区最大的公立医院，拥有床位192张，分8个病区，全院只有9名全科医生，医生还要去诊所工作和休假外出等，因此每周一全院晨会的时候，到场的医生常常只有4~5个。

帕拉伊（Paray）医院位于莱索托王国中南部的塔巴采卡地区，共有80张病床、6名全科医生和20名护士。

总体而言，莱索托医疗硬件设施落后，公立医院放射科甚至没有一台CT机，只能开展诸如剖宫产、简单的妇科手术、简单的普通骨科手术；此外，医务人员非常缺乏，莱索托无正规的医学院校，绝大多数医生的培训在南非的医学院完成，他们毕业后通常愿意选择工资高出莱索托医院3~4倍的南非医院，护士的情况大致也是如此，莱索托医务人员与人口的比例指数（每1000人享有的医务人员数量）仅为0.85，远远低于非洲地区平均水平2.262。2017年，医生和病人数量之比有所提升，但也仅为1∶960。按照世界卫生组织制定的标准，莱索托至少还需要500名医生和2000名护士才能达到基本合格的水平。在莱索托也存在看病难的问题，公立医院价格低廉但人满为患，而私立医院收费通常是公立医院的15~20倍，②普通百姓无法承受。

为此，莱索托政府积极与"东非、中非和南部非洲外科学院"（COSECSA）开展合作，于2012年12月在首都开设"外科营地"，为来自乌干达、肯尼亚、坦桑尼亚、赞比亚、津巴布韦、马拉维和博茨瓦纳等地的外科医生提供实习机会，同时也培训当地医生。COSECSA是一所没有围墙的医学院，主要为非洲农村地区提供医疗服务，莱索托利用这种合作培训当地医生和护士。此外，莱索托健康部门特别制订了"医务人员发展战略计划（2005~2025年）"，着重解决国内护士短缺的问题，还计划依托津巴布韦大学建立莱索托首家医学院。中国政府自1997年6月向莱索托派出12批援助医疗队，在捐医赠药的同时，也提供了源源不断的医疗服务和技术支持。

---

① 该医院是中国援助莱索托医疗队所在的定点医院。
② 肖毅、田时明等：《南部非洲的国中之国——莱索托的医疗现状分析》，《医学信息》2015年第39期。

二 主要疾病防治

卫生与健康问题已经成为限制莱索托经济社会发展的重要问题，居高不下的疾病感染率和死亡率严重影响国内劳动力的供给，加剧了经济落后和社会贫困。目前，威胁莱索托国民的主要疾病是艾滋病、消化道疾病、儿童传染病、结核病和性病。

其中，艾滋病成为威胁莱索托人健康的最主要疾病。根据《莱索托时代》的报道，莱索托卫生部疾病控制中心表示防治艾滋病形势严峻，2014年国内患艾滋病率（23.0%）仅次于斯威士兰，位居全球第二；总感染人数为38万人，其中儿童占10%，妇女占27%。尽管莱索托每年新增艾滋病感染人数已由2012年的3.2万人下降至2013年的2.6万人，但每天仍然有62名新增艾滋病感染者，50人死于相关疾病，[1] 距消灭艾滋病的目标仍有较大距离。据世界卫生组织的统计，2015年，莱索托有1.8万人死于艾滋病，15~49岁的人群有1/4感染了HIV/AIDS，有3.8万名儿童生活在该病毒的影响之中。[2]

事实上，莱索托政府早在2000年伊始就已经进行艾滋病全社会预防宣传。2002年12月1日至2003年2月28日，莱索托在全国10个区开展了艾滋病知识有奖竞赛活动。该活动由一家宣传与预防艾滋病的民间机构——莱索托积极行动组织举办。该组织在全国共发放了3万张海报和35万份问卷，设置了850个问卷回收箱，共收回2.5万份问卷。调查结果表明，莱索托民众对艾滋病的了解程度仅为3%~5%。近年来，莱索托政府把宣传防治重点放在青少年身上，从2014年开始，开展了针对青少年的艾滋病预防测试和咨询服务。

莱索托政府正在完善预防控制艾滋病体系，其中包括筹措财政经费，实施艾滋病防治战略计划，进行基础设施建设、能力建设和实施预防措施

---

[1] 引自《莱索托艾滋病患病率超过博茨瓦纳，位居全球第二》，中华人民共和国商务部网站，http://www.mofcom.gov.cn/article/i/jyjl/k/201409/20140900724704.shtml?from=singlemessage，最后访问时间为2014年9月9日。

[2] *Africa South of the Sahara 2018* (Europa Publications, 2017), p.648.

莱索托

等，以改善和解决越来越严重的艾滋病感染增加的问题。具体措施有：建立母婴防治中心，减少婴儿在出生前和出生时感染的风险；对年轻人进行预防艾滋病培训；确定适当场所接受艾滋病的咨询和自愿化验；培训各乡村卫生站配合医生工作的辅助人员；加大预防艾滋病的公共宣传力度等。莱索托政府要求各部门拿出相当于预算2%的资金用于抗击艾滋病、结核病和其他流行性疾病。莱索托政府用于抗击艾滋病的资金还包括世界卫生组织、联合国儿童基金会等划拨的专项资金和捐赠，以及全球基金会提供的一笔用于抗击结核病、艾滋病的捐赠基金。莱索托艾滋病中心设立在布查贝拉医院，该中心设立的目的主要是方便艾滋病患者住院治疗，预防艾滋病在全国蔓延。2014年，莱索托政府拨付了2.4亿马洛蒂（约2200万美元）用于艾滋病免费治疗，但由于新增病患较多且莱索托采用了世界卫生组织最新治疗方案，不能保证所有患者得到及时治疗（2013年莱索托需接受治疗的16.02万人中只有10.1万人得到医治）。

莱索托国内艾滋病的泛滥也引起国际社会的广泛关注。全球抗击艾滋病、结核病与疟疾病基金委员会从2003年起决定对莱索托提供基金，以用于莱索托防治艾滋病与结核病。莱索托社会各界也投入艾滋病的防控之中。2014年，莱索托涉及纺织服装的5家工会联合呼吁，鉴于莱索托纺织业工厂员工艾滋病患者或携带者超过1.4万人，希望"莱索托纺织业抗击艾滋病联盟"（ALAFA）尽快在厂区内设立诊所，为艾滋病患者或携带者提供预防、检查、治疗等服务，以节省员工时间和成本，同时能给健康员工提供相关诊疗服务。[1]

除艾滋病外，结核病也是莱索托人民面临的主要疾病威胁。目前，全球结核病感染者数量众多，世界卫生组织发布的《2012全球结核病控制报告》称，每年有49万名儿童感染结核病，导致其中约有7万名儿童死亡。而莱索托是结核病的高发国。据统计，2012年，莱索托的结核病发

---

[1] 引自《莱索托艾滋病患病率超过博茨瓦纳，位居全球第二》，中华人民共和国商务部网站，http://www.mofcom.gov.cn/article/i/jyjl/k/201409/20140900724704.shtml?from=singlemessage，最后访问时间为2014年9月9日。

病率居世界第四位,每10万名莱索托人中有630人患结核病,并且80%的结核病人同时携带HIV病毒。由于现今使用的结核病疫苗是1921年发明的,该疫苗目前无法保护儿童免受最普通的结核病菌侵扰,且该疫苗不能给儿童HIV携带者注射,否则会使孩子患病。有研究表明,儿童HIV携带者罹患结核病的风险是健康孩子的20倍,因此,结核病的防治刻不容缓。

莱索托国内肝炎也比较普遍,在莱索托,丙肝病毒携带者数量占总人口数的比例约为8%。① 其他疾病还有:非洲蜱伤寒(经常是在城市地区接触了狗身上的跳蚤)、布鲁氏病、伤寒热以及不太普遍的寄生虫感染。由于饮水不洁,莱索托国内存在痢疾患者。②

儿童健康情况同样不容乐观。2005年,新生儿死亡率为84‰,2012年为74‰;5周岁以下儿童死亡率2005年为108‰,2012年为100‰。世界卫生组织列出了莱索托5周岁以下儿童死亡的主要病因,分别是:艾滋病(19%),早产(15%),分娩窒息(14%),肺炎13%,脓毒症、脑膜炎和脑炎(10%),腹泻(7%)。世界卫生组织研究表明,近一半的5周岁以下儿童死亡与长期营养不良有关。在莱索托38万名HIV携带者中,0~14岁儿童携带者高达3.6万名,另外有15万名因艾滋病而失去单亲或双亲的儿童。产妇死亡率2005年为6.7‰,2013年下降为4.9‰。孕妇和儿童的死亡率都明显高于非洲地区其他国家平均水平。

莱索托的结核病防治得到了国际组织的援助。2013年2月,美国健康伙伴等组织援助的莱索托结核病(TB)防治实验室举办了开幕和移交仪式,莱索托首相及世界卫生组织代表等出席。世界卫生组织代表指出,结核病的有效控制要依靠进行准确可靠诊断的实验室网络体

---

① 世界卫生组织建议所有前往莱索托的人如果以前未注射过甲肝疫苗,应接种甲肝疫苗。美国旅游协会提醒旅游者注意,丙肝可以通过未加防御措施的性交或者使用污染的针筒传播。
② 世界卫生组织为此建议游客应注意饮食卫生,只饮用瓶装水、烧开的或者经过化学制剂消毒处理过的水。

莱索托

系，要对出现的状况进行指导，要做好对结核病人的治疗和爱护。总之，消除贫困，增强与提高结核病、艾滋病等疾病防治意识与能力，培训合格医护工作者，加强对儿童结核病的治疗是莱索托等国面临的紧要任务。

莱索托的努力取得了一定进展，但与发达国家仍然有很大差距。据世界卫生组织的报告，政策欠佳、经济失灵和政策失误等因素是造成莱索托女童预期寿命与日本女童差距较大的原因，因此，世卫组织提出三个总体建议：第一，改善日常生活环境，其中包括改善人们出生、成长、生活、工作和养老的环境；第二，在全球、国家和地方各级处理造成这些状况的结构性因素，即权力、金钱和资源的分配不公问题；第三，更好地衡量和理解这一问题，并且就针对这一问题采取的行动进行效果评估。

莱索托医疗卫生的关键指标见表6-9。2006~2015年莱索托健康支出情况见表6-10。莱索托主要致死疾病情况（2012年）见表6-11。

表6-9 莱索托医疗卫生的关键指标

指标	数据
总生育率(每个妇女拥有的孩子,2015年)	3.1
5周岁以下死亡率(每1000个婴儿,2015年)	90.2
AIDS/HIV感染率(15~49岁人口的占比,%,2015年)	22.7
医生数量(每千人次,2003年)	0.05
医院病床数量(每10万人,2006年)	1.30
用水率(占人口的比例,%,2015年)	82
卫生设备的使用率(比例,%,2015年)	30
二氧化碳排放量(万吨,2013年)	229.55
人均二氧化碳排放量(吨,2013年)	1.1
人类发展指数排名(2015年)	160
人类发展指数(2015年)	0.497

资料来源：根据英国欧罗巴出版社出版的《撒哈拉以南非洲国家年鉴》数据编制。

表 6-10 2006~2015 年莱索托健康支出情况

单位：美元，%

年份	最低人均健康支出	最高人均健康支出	健康支出占比
2006	51.7	105.7	5.9
2007	68.2	147.0	7.0
2008	72.1	164.6	7.5
2009	82.8	195.0	8.3
2010	79.7	157.9	6.2
2011	102.6	189.9	7.2
2012	102.5	213.7	7.7
2013	98.4	226.9	7.9
2014	103.0	248.8	8.6
2015	90.9	251.1	8.4

资料来源：世界卫生组织。

表 6-11 莱索托主要致死疾病情况（2012 年）

单位：%，人

主要致死疾病	比例	致死人数	发展趋势
HIV/AIDS	41.4	12000	持平
下呼吸道感染	6	1700	持平
中风	5.2	1500	持平
腹泻病	3.3	900	持平
早产并发症	3.2	900	持平
出生窒息和出生创伤	2.9	800	持平
糖尿病	2.8	800	上升
缺血性心脏病	2.4	700	持平
慢性阻塞性肺疾病	2	600	持平

注：发展趋势由世界卫生组织根据 2002~2012 年数据测算。
资料来源：世界卫生组织。

第七章

文　化

第一节　教育

一　教育发展概况

莱索托的教育是政府与教会的一项联办事业。教会管理全国绝大多数小学和中学,政府则提供全面的督导、支付教师工资、资助在职培训,并承担较大比例的小学行政管理费用。教育经费由政府、家长和私人机构提供,学生自己购买教科书和其他学习用品,在中学阶段还须交纳一定的学费。外援也是教育经费的重要来源之一。

教育与培训部是莱索托教育事业的主管部门,教育与培训大臣是该部门的最高政治领导者。常务秘书负责部门行政工作,副常务秘书负责协助领导处理行政事务,并有若干委员会提供决策支持。教育与培训部下设七个处,分别是初级教育处、中级教育处、教师管理处、高等教育处、课程管理处、教育规划处、技能和职业教育处,各处设处长负责分管工作,归口管理国家教育事宜。

莱索托独立后,为了减少对南非的依赖,将发展国民基础教育、重点培养国家急需人才、努力提高教育质量作为国家的战略目标,教育的投入逐年增加。1980～1981年,教育预算占预算总额的16.3%;1998～1999年,教育预算为6亿马洛蒂,占预算总额的20.7%。2000年以来,教育预算仍然保持继续增长的态势。2003年,教育预算为8.485亿马洛蒂,

较2002年增长9.2%；2014~2015年，教育预算为8.92亿马洛蒂，占预算总额的23.6%；2017~2018年，教育预算约为23.2亿马洛蒂，占预算总额的17.2%。[1]

从20世纪70年代后期起，莱索托政府开始对小学逐步实行免费教育，发展国民基础教育。1978年，全国有小学1080所，学生228523人，到1998年，小学增加了184所，小学生达到了369515人，增加了14万多人。在2000年后，莱索托增加了教育投入，制定了三年发展规划，其中教育与培训部的计划是：第一，增加对儿童早期的看护和教育，登记入学率提高12%；第二，提高6~12岁儿童识字率；第三，增加技术和职业培训，其比例提高29%。[2] 到2002年，莱索托小学为1333所，小学生总人数达到了418668人，分别比1998年增加了5%和13%，而含职业技术教育和教师培训在内的中等教育发展也比较迅速，学校达到了233所，学生人数达到了84728人，比1998年增加了17.3%，大学生数量也达到了3266人。

2005年，莱索托政府颁布教育法案，该法案延续了莱索托小学免费教育的政策，并且将小学教育规定为义务教育，所有适龄儿童都有接受学校教育的义务。莱索托政府希望以此来提高适龄儿童的教育普及水平，这不仅在莱索托教育事业史上具有里程碑式的意义，对其解决国内儿童艾滋病蔓延甚至脱贫等问题也产生深远影响。经过几十年教育基础建设，学龄儿童入学比例在政府实施免费教育政策之后有了很大提升。2010年，莱索托小学的入学率达到82%。不同地区间、不同群体间的入学情况存在很大差距，特别是偏远山区和贫困家庭的孩子的入学率仍然很低。

到2015年，莱索托政府制订的教育发展十年计划完成，莱索托致力

---

[1] The Lesotho Review – 2018 Edition，http：//www.lesothoreview.com/contents/education-training/，最后访问时间为2018年8月10日。
[2] 《莱索托国家三年发展规划和政府各部门具体规划》，中华人民共和国驻莱索托王国大使馆经济商务处网站，http：//ls.mofcom.gov.cn/index.shtml，最后访问时间为2015年5月26日。

于教育普及和教育公平方面的努力已初现成果：相继推动了免费午餐、免费教材和文具以及助学金等项目。与 2002 年相比，莱索托小学的数量增加了 8%，小学生人数反而减少了 16%，说明师生比大大提升了[①]。但莱索托教育仍然面临诸多问题，例如小学升初中的比例仍然较低、教育设施严重不足不能满足教学要求、卫生和健康问题对教育产生的负面影响严重等。此外，由于莱索托学校大部分被教堂和私人掌控，莱索托政府在进行进一步教育改革中困难重重。目前，莱索托政府正着力推动一系列教育改革，例如，增加各阶段人群受教育的机会；立足社区和家庭加强学前教育；实施孤儿和体弱儿童助学金计划，加强新学校和新教室的建设，以提升中学入学率；加强现有研究中心建设；加强教育监管；进一步完善学习资料的供应；开发市场技术和职业教育培训项目；建立教室管理数据库等。此外，莱索托政府还在 2016~2017 年国家战略发展规划（National Strategic Development Plan，NSDP）中指出，教育要更好地服务国家经济发展建设，特别是满足工业发展的需要。目前，莱索托国民受教育程度在撒哈拉以南非洲国家中位居前列。根据联合国教科文组织的估计，莱索托成年人识字率为 79.4%，其中男性为 70.1%，女性为 88.3%。[②] 2016 年 6 月，世界银行投入 2500 万美元，支持莱索托的基础改革项目——教育质量平等项目，用于改善教学环境、加强教学管理、提高教育质量，计划 5 年内惠及农村地区 300 所小学和 65 所初中的 8.5 万名学生。

莱索托基本采用英国式的教育体系。莱索托正规教育分为 7 年制小学教育、5 年制中学教育和 4~6 年制高等教育。小学实行义务教育，初等教育基本普及。小学教育的后几年，儿童开始学习英语，英语是中学的授课语言。通过初中三年的学习，孩子们可以获得初级证书，较优秀的学生会再花两年的时间读高中，获得英国剑桥的水平证书，有此证书的学生可以申请到英联邦的大学学习。

---

① 与 2002 年相比，2015 年，小学生减少了 57031 人（实际可能小于这个数据，2002 年没有把接受学前教育的学生分开统计）。
② The Lesotho Review - 2015 Edition，http：//www.lesothoreview.com/contents/education-training/，最后访问时间为 2018 年 7 月 31 日。

二 学前和中小学教育

（一）学前教育

莱索托主要依托社区幼儿园和家庭进行学前教育。根据联合国开发计划署2014年统计报告，莱索托学龄前儿童的学前教育率仅为36%。莱索托政府正致力于完善学前教育设施，提升学前教育普及率，特别是为偏远地区和困难家庭学龄前儿童提供接受学前教育的途径。

（二）小学教育

小学教育是义务教育，一般为7年，供6~13岁适龄儿童入学。1992年，莱索托全国注册小学共1201所，在校学生总数为36万名。1993年，儿童年龄组中65%（其中59%为男性，71%为女性）在小学就读，2000年，学生与教师数量之比为70：1。莱索托小学基本课程包括塞苏陀语（国语）、英语、数学、社会发展研究（历史和地理）、自然科学。小学也开设工艺、农学、宗教教育和体育课程。小学前4年用塞苏陀语授课，后3年主要用英语授课。根据联合国教科文组织的调查统计，2012年，莱索托小学净入学率为81.63%，较2011年的80.19%提升了1.44个百分点。在读学生中，女学生比例高于男学生。2014~2015年的学生与教师数量之比为33：1。但据估计，莱索托全国小学教师的合格率只有67.5%。2013~2014年，莱索托全国范围内新建小学教室58间，为了改善小学卫生状况，在小学校园新建150间公共厕所。小学生免费午餐计划惠及55.6万人。

（三）中学教育

中学教育从13岁开始，学制为5年，包含初中3年，高中2年。莱索托中学教育的必修课程包括英语、塞苏陀语、数学、自然科学和社会发展研究。此外，莱索托还在中学教育阶段开设职业课程，如农学、木工、绘画、烹饪、缝纫等。英语为中学整个教育阶段的教学语言。中学入学率从2000年的19.2%上升到2014年的52%，联合国开发计划署2014年的报告显示，莱索托25岁以上的人口中具有中学以上学历的仅占20.9%。教室缺乏和家庭经济困难是阻碍中学教育发展的主要因素，由于莱索托政府只向中学阶段的单亲学生和孤儿发放助学金，许多适龄人口因家庭经济困难被迫辍学。2013~2014年，莱索托政府新建中学教室79间，此外还新建了9个科学实验室、16个教师公寓和1个多功能中心。莱索托中学生学习期满后要参加毕业考试（Junior Certificate Examination，JCE），2013年通过率为70.07%，较2012年的68.4%略有提升。从2013年开始，莱索托全国范围内对数学、科学、历史、地理和英语等科目实施统考并颁发证书。

三 师范教育和师资培训

莱索托承担师资培训的主要场所是国立教师进修学院和国立莱索托大学教育科学院。国立教师进修学院成立于1975年，位于首都马塞卢，由联合国开发计划署、美国国际开发署、联合国教科文组织等机构援助建立。国立教师进修学院主要培训小学教师和初中教师，学制一般为3年，开设的课程包括教育学、组织管理学、信息与通信技术、师范技能、课程设计、生物学、数学、化学、物理学等。国立教师进修学院不仅提供全日制教育，还为在职人员培训提供渠道，并开设远程教育课程。入学者除了可以选修"小学教师合格证书"、"高级小学教师合格证书"和"初中教师合格证书"培训课程以外，还可以选修"早教培训证书"和"特殊技能教育师范培训证书"课程等。此外，申请入学者须分别持有"剑桥初级考试证书"、"剑桥海外学校毕业证书"和"高级小学教师合格证书"。

国立莱索托大学教育科学院的主要培训对象为拥有大学文凭的高中教师。学生需要在校学习2年大学课程，进行为期2年的教育课程学习。学习期满后，可获得教育学士和教育硕士学位。

四 职业教育和成人教育

教育与培训部中的技能和职业教育处（TVD）是负责莱索托职业教育的监管部门。职业教育主要由职业学习（初中级）和技术学校（高中级）提供，培训期为1~4年。莱索托的职业教育机构共有8所，其中只有两所是由政府出资建设的，分别是莱罗托里技术学院（Lerotholi Polytechnic）和塔巴采卡技术学院（Thaba-Tseka Technical Institute），其余

莱索托

6所机构均为教会所有,政府只负责向教师发放工资。莱罗托里技术学院是莱索托规模最大的职业教育机构,学院于2002年独立办学,学制为1年到3年不等,现主要有4个校区,分别是教育环境学院(SOBE)、企业管理学院(SEM)、工程技术学院(SET)和继续教育学院(SOCE)。莱罗托里技术学院正在努力升级成为"莱索托技术大学",以提供更加全面和专业的教育服务。塔巴采卡技术学院为山区居民提供技能和商业知识培训,其中贸易课程学制为2~3年,近年来该学院增开了计算机专业。

除上述两所机构外,政府的相关部门,如农业及粮食安全部、卫生部以及一些民间机构、教会、志愿组织、大学等也开设职业教育和成人教育课程。特拉法索技能培训中心(Ntlafatso Skills Training Centre)于1978年在马塞卢创建,向一些中小学的辍学者、无技术专长的成人提供职业和技术培训,也为半就业者开设提高性科目。此外,该中心还向学员提供在职培训、工作咨询等帮助。会计培训中心(Centre for Accounting Studies, CAS)成立于1979年,是在爱尔兰援助下建立的,旨在为莱索托培养更专业的会计人员。

五 高等教育

莱索托的高等教育发展迅速。2002年,莱索托只有一所高等院校,学生人数为3266人,到2013年,莱索托已经有各类高等院校14所,大学生为23545人,比2002年分别增加了130%和62%。[1]

莱索托现有莱索托国立大学(National University of Lesotho)和与马来西亚合作创办的林国荣创意科技大学(Limkokwing University of Creative Technology)两所大学。其中莱索托国立大学建于1975年,前身是博茨瓦纳、莱索托和斯威士兰区域大学的一部分,位于距离首都马塞卢不远的罗马山谷(Roma Valley)。申请入学者须接受12年中小学教育,并取得英国剑桥的水平证书。该校开设农业、教育、法律、健康、社会科学、人文科学等学科,学制为4年,毕业后可获得学士学位,学习5~6年后可取得硕士学位和法律学

---

[1] *Africa South of the Sahara 2018*(Europa Publications,2017),p.656.

士学位，所获学位被国际广泛认可。① 该校也是南部非洲地区高校联盟（Southern African Regional Universities Association，SARUA）和非洲高校联盟（Association of African Universities，AAU）成员，高校综合实力在非洲排名第177。2000年以来，每年招收约1700名学生。2002年，共有在校学生3266名。该校素有"莱索托政府之母"之称，不仅培养了许多莱索托政府高官，而且还曾经培养了南非前副总统、联合国妇女署执行主任普姆齐莱·姆兰博-恩格库卡（Phumzile Mlambo-Ngcuka）②。2014年，莱索托国王莱齐耶三世亲自出席莱索托国立大学第29届毕业典礼，向即将毕业的2431名学生表示祝贺，这更说明了该校的地位。

林国荣创意科技大学是马来西亚林国荣创意科技大学分校。该校是以丹斯里拿督林国荣博士命名的全球著名私立高等学府，曾获得"国际学生最高入读率奖""全球化教育特别奖"等殊荣，在英国伦敦、印尼雅加达、柬埔寨金边、中国上海及非洲等很多国家和地区设立了分校。2007年，在首都马塞卢建立分校，这也是该校在非洲的第二座分校，2008年秋季正式招生，10月15日，莱索托王国首相莫西西利亲自到场主持开学典礼。大学提供基础课程、大专课程、本科课程、硕士课程、博士课程、语言课程以及专业培训课程等，共设置六大科系：设计革新系、多媒体创意系、通信媒体和广播系、资讯通信科技系、环球商业管理系以及建筑环境系。2014年8月，马塞卢校区招收第7届学生，约1000名申请者被成功录取。

除上述两所大学外，莱索托还有12所专业职业学院。其中莱索托农业学院（Lesotho Agricultural College）成立于1964年，2000年，该校并入莱索托国立大学，成为国立大学的一个学院。目前，莱索托农业学院拥有两个校区，一个位于首都马塞卢，另一个位于马塞卢以北100公里处。莱索托农业学院现招收专科和本科两个学历层次的学生，开设农学、农业机

---

① 《非洲教育概况》编写组编《非洲教育概况》，中国旅游出版社，1997，第189页。
② 恩格库卡，1955年11月3日出生于南非夸祖鲁—纳塔尔省，1980年毕业于莱索托国立大学，获得社会科学学位。2005年6月，接受南非总统姆贝基的任命，成为该国首位女性副总统，2009年9月辞职。2013年7月10日接受联合国秘书长潘基文的任命，担任联合国妇女署执行主任一职。

莱索托

械学、家庭经济学、林学、自然资源管理学等学科。

莱索托教育事业的发展，得到了联合国教科文组织的重视和关注。该组织提出了 2015 年普及初等教育的目标，每年出台研究报告。该组织把撒哈拉以南非洲地区列为全球教师需求量最大的地区，把莱索托作为撒哈拉以南非洲国家的重要个案，在联合国教科文组织出版的《妇女与教师职业：对选定的英联邦国家中关于"女性化"辩论的探讨》（Women and the Teaching Profession; Exploring the "Feminisation" Debate in Selected Commonwealth Countries）一书中，对包括莱索托在内的发展中国家的教师在性别平等与教育系统扩张中所起到的作用进行了个案研究。

莱索托教育行政机构见图 7-1。2002 年莱索托教育概况见表 7-1。2007 年莱索托教育概况见表 7-2。莱索托 2014~2015 年教育概况见表 7-3。

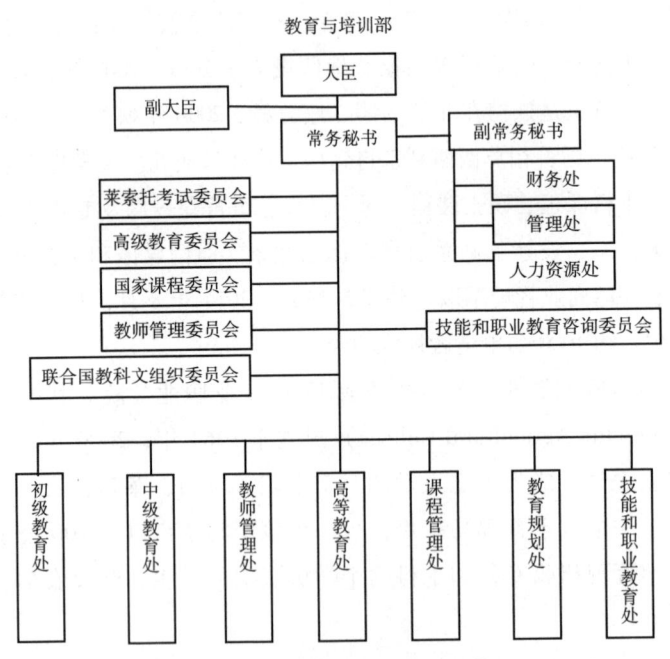

图 7-1 莱索托教育行政机构

资料来源：《非洲教育概况》编写组编《非洲教育概况》，中国旅游出版社，1997，第 185 页。

214

表 7-1 2002 年莱索托教育概况

单位：所，人

指标	学校	教师	学生 男生	学生 女生	学生 总计
初级教育	1333	8908	209024	209644	418668
中级教育	224	3384	35468	45663	81131
技术与职业教育	8	172	1040	818	1858
教师培训	1	108	1206	533	1739
高等教育	1	—	1567	1699	3266

资料来源：根据英国欧罗巴出版社出版的《撒哈拉以南非洲国家年鉴》的数据编制。

表 7-2 2007 年莱索托教育概况

单位：所，人

指标	学校	教师	学生 男生	学生 女生	学生 总计
初级教育	1455	10841	202710	198233	400943
中级教育	240	5837	42357	55579	97936
技术与职业教育	8	200	724	804	1528
教师培训	1	108	—	—	2335
高等教育	1	638	3810	4690	8500

资料来源：根据英国欧罗巴出版社出版的《撒哈拉以南非洲国家年鉴》的数据编制。

表 7-3 莱索托 2014~2015 年教育概况

单位：所，人

指标	学校	教师	学生 男生	学生 女生	学生 总计
学前教育	2015	3095	26453	27077	53530
小学教育	1477	10930	184732	176905	361637
中学教育	—				
普通教育	339	5356	55095	73606	128701
技术与职业教育	25	215	2119	2614	4733
高等教育	14	804*	804	9761	10565

资料来源：根据莱索托教育与培训部、联合国教科文组织统计研究所相关数据编制。

莱索托

第二节 文学艺术及新闻出版

一 文学与音乐舞蹈

(一) 文学

由于资料的缺乏，本书无法对莱索托文学进行详细的叙述，根据现有资料，莱索托人的祖先留给后人近千首梅艾勒（MAELE），即格言和谚语。最初的文学家是那些弹唱诗人，他们创作和教唱民族歌曲。莱索托历史上所有因战争和狩猎而著名的酋长的功绩由这些弹唱诗人记下来并谱写颂辞。在莱索托历史上，莫纳亨、莫洛米和莫舒舒等酋长统治的200年时间里，莫纳亨之子莫黑森创作了割礼歌和战歌；而另一个著名的人物是莫洛米，他擅长讲故事，主要关于他在旅行过程中和冒险的经历；莫舒舒则用自己充满幽默的语言感染臣民，并谱写了一些颂辞。由此，莱索托人对他们先辈的智慧异常重视，他们在判断一个人是否熟谙塞苏陀语时就看这个人在谈话中运用先辈的谚语和格言的熟练程度。莱索托人的谚语和格言成为本民族启发智慧的摇篮。笔者略举几例：

死神在人的披风末端（寓意为近在咫尺）。

哭叫的孩子不致（因饥饿）死于摇篮（寓意为为了求得解救，不要隐藏你的欲望与苦恼）。

清水一到，污水冲掉（含义为一代接替一代，新旧交替，喜新厌旧）。

法庭上说的话无罪。

豪猪之间互相怕刺（含义为两个互相嫉妒猜疑的人怕碰头）。

谎言不能使人致富。

和平即富裕。

在谚语和格言之外，另具特色的是谜语。如：

睡在外面的白母牛是什么？露水。

红色人儿跳得欢，是谁？火焰。

老的不动，小的舞蹈，是什么？树和树枝。

既没有翅膀又没腿，行走如飞，悬崖、江河、墙壁挡不住，是什么？声音。①

和世界上其他民族一样，莱索托人也有自己民族的神话故事，莱索托人称之为"措谋"（"故事"的意思）。在许多神话故事中，以"霍路莫路莫和利陶伦或森卡太恩"最有影响。故事如下。

在某个时候，一个叫霍路莫路莫的巨兽吞噬了所有人，没有一个人能看清楚巨兽的身躯，只有一个妇女躲藏在饲养小牛的小窝棚里未被巨兽发现。她一个人生存在世界上却怀了孕，生下了一个儿子，取名叫利陶伦（占卜人），因为他生下来颈项上缠着一串护符。在母亲外出寻找食物和野草的不大一会儿的时间里，婴儿已长大成人，母亲告诉他，人们已经被巨兽吞噬了，勇敢的利陶伦无所畏惧地拿起长矛冲向巨兽，同样被巨兽吞进肚子里。他在巨兽的肚子里，不断用长矛刺巨兽的要害，直到巨兽死去。他奋力在巨兽的尸体里打开一条通路，将世上所有的部落救了出来。②

莱索托现代最有影响的作家是莫福洛（Mofuluo，1877~1948年）。他出生于莱索托，自幼受殖民主义教会学校的教育，笃信基督教，曾在教会的印刷厂当校对员。1906年，在一个白人牧师的鼓励下，他开始创作充满宗教热情的小说《东方旅行者》；1910年发表小说《皮特森村》，其主要内容是宣扬基督教的道德观；1911年写成历史小说《沙卡》，但这个作品长期受到教会的冷遇，直到1925年才经过删节出版。莫福洛是首个用民族语言写作的莱索托作家，也是南部非洲用本民族语言创作的最优秀

---

① 〔法〕D. F. 埃伦伯格编著《巴苏陀史（下册）》，山东大学翻译组译，山东人民出版社，1975，第509~511页。

② 〔法〕D. F. 埃伦伯格编著《巴苏陀史（下册）》，山东大学翻译组译，山东人民出版社，1975，第517页。

的作家。

（二）音乐和舞蹈

莱索托人有很强的艺术天赋，酷爱音乐和舞蹈。可以说，音乐和舞蹈是莱索托的文化名片。在传统社会里，音乐和舞蹈不仅是消遣娱乐活动，而且还是构成社会整体所必需的一种社会活动。莱索托人的音乐和舞蹈产生于生产劳动和社会活动中，音乐和舞蹈是他们宣泄情感和获得精神力量的一个重要途径。不管什么场合，出生还是死亡的仪式，传统节日或者庆祝活动，都要用音乐和舞蹈来表达喜怒哀乐。莱索托传统舞蹈分女性舞蹈和男性舞蹈两种类型。女性舞蹈主要是跪着，一边唱歌，另一边左右摇摆。男性舞蹈分两种，一种是 glamo 舞，双脚击地，节奏较快；另一种是 mohobelu 舞，安静缓慢，类似慢舞，均以腿部动作为主。男性舞蹈无论哪一种，都表现了男性的威严感，因此女性不能跳男性的舞蹈。不管是男性舞蹈还是女性舞蹈，其特点都是节奏感和律动感强，动作整齐划一。莱索托人在跳舞时除了用鼓伴奏外，还常用手和脚打拍子，并在身上穿挂一些特殊的物品。2002 年 5 月，莱索托艺术团一行 20 人到北京参加"相约在北京联欢活动"，为中国人民献上了莱索托优美的民间舞蹈。

二 广播电视

20 世纪 90 年代中期，莱索托约有收音机 6.3 万台；2000 年，每千人拥有量为 53 台；根据 2016 年的官方统计，莱索托全国约 52.8% 的家庭拥有收音机。[1] 在广播信号覆盖方面，莱索托政府曾与中国政府签署了一项经济技术合作协议，该协议项目于 2004 年底开始动工，将莱索托全国广播覆盖率提升至 85%。

1999 年前，莱索托全国只有一个广播电台。1999 年，政府允许私人开办广播电台之后，莱索托广播电台达到了 14 个，其中有两个国有广播电台，一个是莱索托广播（Radio Lesotho），开播于 1964 年，节目内容以

---

[1] "The Lesotho Review – 2018 Edition," http://www.lesothoreview.com/contents/information-communications-technology/，最后访问时间为 2018 年 7 月 31 日。

第七章 文 化

时事评论和教育政策讨论为主；另一个是莱索托广播商业频道（Radio Lesotho's Commercial Channel，也被称为"终极广播"，Ltimate FM），于2006年开通，节目内容比较新颖，包括很多观众互动和介绍国际前沿动态的节目。覆盖全国范围的广播频道有5个，分别是AM1050莱索托广播、AM950极限广播、FM102科莱克福音、FM103.3天主教广播和灵魂广播（网络电台）。9个广播频道仅覆盖首都马塞卢地区，分别是：FM93.3莱索托广播、FM95.6人民选择广播、FM95.4法语国际广播、FM97.1塔巴博修广播、FM98.8丰收广播、FM99.3莫非洲广播、FM99.8极限广播、FM105.2杰索卡拉波广播和FM106.9快乐广播。

1988年以前，莱索托没有自己的电视台，依靠租用南非的电视频道，每天定期播放2个小时的电视节目，其中有30分钟的英语新闻、1.5小时的当地语节目。1988年，莱索托创建了国家电视台（LTV）；成立之初，其由一家南非电视台出资并拥有，由南非数字化卫星电视台（MultiChoice）提供资金和技术支持，每天定期播放2个小时的电视节目，其中有30分钟的英语新闻、1.5小时的当地语节目。2002年，该电视台由莱索托政府管理，但仍然使用南非数字网络M-Net。电视台采用英语和塞苏陀语播放新闻、时事评论、体育、音乐、文化评论等节目，其中塞苏陀语节目约占80%，英语节目约占20%。目前，莱索托共拥有3个电视频道。

莱索托电视拥有量增加迅速，1993年，全国共有电视机1.1万余台；到2000年，每千人拥有电视机16台。① 电视用户约为54000户。2001年，全国共70000户家庭拥有电视机。尽管莱索托政府非常重视电视普及工作，并且接受了大量来自国际社会的援助，但根据莱索托最新调查数据，2016年，全国拥有电视机的家庭比例仅有29.5%，农村家庭拥有电视机的比例更低，仅有14.5%，远远低于全国平均水平。②

---

① 世界银行编《2002年世界发展指标》，中国财政经济出版社，2004，第317页。
② "The Lesotho Review – 2018 Edition," http://www.lesothoreview.com/contents/information – communications – technology/，最后访问时间为2018年7月31日。

莱索托

在电视信号普及方面，欧盟和中国帮助莱索托援建电视塔网项目于2006年建成，莱索托电视覆盖率提高至70%。此外，依据2006年莱索托政府与国际电信联盟在日内瓦签署的协议，莱索托在2015年前需要将广电模拟信号提升为数字信号，为此，莱索托通讯及科技部、通讯管理局组成咨询委员会，设立专门机构推动项目实施。

三 新闻出版

与莱索托广播电视一样，新闻出版也直属莱索托通讯及科技部领导和管理。国内官方的新闻机构有莱索托通讯社，1983年由联合国教科文组织资助建立。莱索托没有日报，所有报纸为周报。按发行文字划分，莱索托报纸主要分为塞苏陀文周报和英文周报，也有一些主流报纸用双语发行。

主要以塞苏陀文发行的周报包括《巴苏陀之声》（Lentsoe la Basotho）、《莱索托之光》（Leselinyana la Lesotho）、《巴苏陀参事》（Moeletsi oa Basotho）、《口哨》（Makatolle）和《非洲人》（MoAfrica）等。其中，《巴苏陀之声》属于国有周报，创立于1974年，总部位于首都马塞卢，主要用塞苏陀文发行，2004年发行量为1.4万份；该报同时以英文发行时，名为《今日莱索托》（Lesotho Today）。《莱索托之光》创立于1863年，是莱索托最早的周报之一，总部位于马塞卢，目前为双周发行，2004年发行量为1万份。《巴苏陀参事》在1933年由罗马天主教会创办，2004年发行量为2万份。《口哨》创立于1963年，2004年发行量为2000份。《非洲人》于1990年创立，2004年发行量为5000份。

以英文发行的周报主要有《公共眼》（Public Eye）、《莱索托时代》（Lesotho Times）、《星期天快报》（Sunday Express）、《邮报》（The Post）等。其中，《公共眼》创立于1997年，80%为英文，20%为塞苏陀文，使用塞苏陀文发行的周报名为Mosotho。《莱索托时代》由非洲媒体控股公司创办，总部位于首都马塞卢，同时在互联网（莱索托时代网，是莱索托的主流新闻网站之一）发行。《星期天快报》创立于2006年，总部位于首都马塞卢。

近年来，莱索托各大主流周报相继在互联网发行，读者可以随时随地查阅而不受地域限制。莱索托主要网络新闻平台包括莱索托时代网[1]、邮报网[2]、信息时报网[3]、公共眼新闻网[4]和星期天快讯网[5]等。

莱索托主要出版机构有6家，分别是：莱索托龙格曼有限公司[Longman Lesotho（Pty）Ltd.]、莱索托麦克米兰波勒斯瓦出版有限公司（Macmillan Boleswa Publishers Lesotho Ltd.）、马泽诺德公司（Mazenod Institute）、莫里佳塞苏陀图书中心（Morija Sesuto Book Depot）、圣米查尔斯机构（St. Michael's Mission）和政府出版机构（Government Printer）。

第三节 体育

莱索托最高体育机构设在教育与培训部，为教育与培训部体育司。受英国殖民统治的影响，莱索托体育活动与英国相似，有足球、高尔夫球、乒乓球、跆拳道、篮球、骑马等。

足球是莱索托人喜爱的运动，早在1932年就成立了莱索托足球协会，其是国际足联和非洲足联的成员。在欧洲足联的帮助下，莱索托组建了男女足球队，来自英国的教练员对莱索托人进行普及教育，训练莱索托的足球队员和裁判员，使莱索托的足球有了明显进步。莱索托国内的企业也积极支持足球事业，2004年，莱索托酿造公司向莱索托第一足球联盟捐款19万马洛蒂。在2002年的世界杯资格赛中，莱索托国家男子足球队在与邻国南非国家男子足球队的两回合的比赛中只失了三球，让强大的南非国家男子足球队感到了压力。2003年，莱索托国家男子足球队参加了非洲国家杯比赛，被分在第8小组，莱索托国家男子足球队在与非洲强队塞内加尔国家男子足球队的比赛中，十分顽强，但因为前锋得分能力太差而无

---

[1] 详细资料参见莱索托时代网，http://www.lestimes.com/。
[2] 详细资料参见邮报网，http://www.thepost.co.ls/。
[3] 详细资料参见信息时报网，http://www.informativenews.co.ls/。
[4] 详细资料参见公共眼新闻网，http://www.publiceyenews.com/。
[5] 详细资料参见星期天快讯网，http://sundayexpress.co.ls/。

莱索托

法赢得比赛。莱索托国家男子足球队被非洲人称为"鳄鱼",法国著名足球杂志《法国足球》在为2001年非洲各国的足球排名时,莱索托排在第19名;在全球204个国家男子足球队的排名中,莱索托居第124位,积分为381分。

1972年8月,莱索托首次参加了德国慕尼黑第20届夏季奥运会,加入了奥林匹克大家庭。2000年3月6~8日,国际奥委会在巴黎召开第二届"妇女与体育大会",在本届大会上,莱索托女子体育运动委员会获得大会的表彰,因为该委员会成功地推行女子体育运动。莱索托的女子体育活动重要的表现是参与,如2002年4月首届南部非洲女足锦标赛,莱索托积极组队参赛,虽然莱索托队在首场小组赛中以0∶15输给了东道主津巴布韦队,但也表达了莱索托人重在参与的理念。2002年,莱索托组队参加了第14届国际军体跆拳道世界锦标赛,在72公斤以上级的女子比赛中,莱索托军队选手一路过关斩将,获得亚军。2004年,莱索托派4名选手参加在雅典举行的第28届夏季奥运会,他们分别参加男子和女子马拉松比赛,但没有赢得奖牌。2008年,莱索托派出了由23人组成的奥运代表团参加北京奥运会,5名运动员参加了拳击和马拉松比赛。2016年,莱索托派出8名选手参加里约热内卢奥运会,分别参加田径、拳击、游泳和自行车等项目,虽然没有收获奖牌,但非洲小国积极参与的精神和拼搏进取的表现,很好地体现了奥林匹克精神,获得各界的肯定和好评。

第八章

外　交

第一节　对外关系概况

莱索托现政府对外奉行不结盟和睦邻友好政策，积极参与地区政治事务和经济合作，主张与具有不同政治、经济制度的国家和平共处。莱索托对外政策的主要目标是：维护主权独立和领土完整，保护在海外的莱索托公民及其利益；吸引海外投资、发展贸易和旅游业，以促进国家繁荣发展；与其他国家和国际组织建设和加强友好关系，为莱索托的发展计划赢得支持。莱索托外交及国际关系部负责处理具体外交事务的是现任外交及国际关系大臣莱塞戈·马霍蒂（Lesego Makgothi）。

独立以来，莱索托除与南非长期保持紧密的关系外，与美国、英国、德国以及其他西方国家也保持密切的关系，还与包括中国在内的其他国家保持非常良好的关系。美国、南非、中国、英国、爱尔兰（总领事馆）、利比亚和欧盟现都向莱索托派驻外交使团。截至2018年8月，莱索托与70多个国家建立了外交关系。

莱索托积极参与世界范围的政治经济活动，努力融入世界政治经济体系。1966年独立后，立即申请加入联合国。截至2018年，莱索托参与联合国各个机构的活动，并加入了联合国专门性组织，是世界卫生组织、国际劳工组织、联合国粮农组织、联合国教科文组织、国际货币基金组织、世界银行（国际开发协会、国际金融公司）、万国邮政联盟、国际电信联盟、世界气象组织、国际民用航空组织、国际海事组织、世界知识产权组

莱索托

织、国际农业发展基金会、联合国工业发展组织、国际原子能机构等的重要成员。1995年5月31日，莱索托加入世界贸易组织，同时，它还是一系列国际条约的签字国，在不结盟运动和其他国际组织中非常活跃。

莱索托积极发展与其他非洲国家的关系，是非洲联盟（简称非盟）、南部非洲关税同盟、南部非洲发展共同体（简称南共体）以及兰特货币区等地区组织成员，与其他非洲国家保持密切友好的关系，近年来，莱索托在立足南共体的基础上，加强与欧美、联合国专门机构的关系，大力发展与东南亚和中、日、韩等东北亚及北欧国家的关系，积极参与地区与国际事务，大力引进外资，促进经济发展。

总之，莱索托外交政策的目标就是要建立、促进和保持莱索托与国际社会的良好关系，以维护主权独立和领土完整，促进繁荣发展。莱索托还主张积极参与国际事务，在国际社会中发挥自己的作用。

第二节　与南非的关系

历史和地理因素对莱索托的对外政策产生了决定性的影响。作为南非境内的国中之国，莱索托与南非在政治、经济、军事、文化以及社会生活各方面保持紧密而又特殊的关系：经济上高度依赖南非；政治、外交和军事上深受南非影响，语言、人种、文化和社会生活方面具有同质性，因此，莱索托独立以来一直把巩固和发展与南非的关系置于对外关系的优先位置。以1992年莱索托和南非正式建交为界，莱南关系可以分为两个阶段。

一　1966～1992年的莱南关系

莱索托独立时，南非尚处于种族主义政权统治之下，因而莱索托在处理与南非的关系上极其矛盾，一方面与国际社会一致，保持一种反对南非种族隔离政策的政治姿态；另一方面为了国家的生存，又不得不采取现实主义的外交政策，对南非种族主义政权采取妥协的态度，始终与南非保持密切的经济往来。一直到南非实现政治民主化后，莱索托才结束了这种矛盾的外交政策。这一时期，两国关系最大的特点是相互承认，但没有互设外交代表，与南非的关系成为莱索托政治形势的晴雨表，而南非政府也始终与莱索托政治局势的变化相关联。南非政府采用经济封锁、暴力袭击、干涉莱索托政治、加强边境管理以减少莱索托进入南非的矿工数量等手段来对莱索托政府施加压力或扶持亲南非势力。

（一）乔纳森政府执政时期：从友好到敌对

乔纳森政府在执政初期反对非洲统一组织确定的不与南非对话的原则，在政治、经济上靠拢南非。独立之初，乔纳森首相立即与南非政府建立了友好关系，并表示愿意互派领事，但这一政策使乔纳森政权失去民心，引发国内政治危机，[①] 因此，莱索托与南非没有建立领事关系。

为了便利双方在各方面进行官方合作，两国于1973年成立了政府间联络委员会（LGLC）。这个委员会由南非的外交部部长和莱索托的外交及国际关系大臣领导，每两年召开一次会议，调整下属委员会的工作，寻求来年的合作机会，并制订合作计划。双方还互派贸易使团。政府各部门之间也在一定程度上进行合作。之后，乔纳森政府为了与国际社会保持一致，针对南非宣布反对种族隔离政策，并为南非的被禁组织南非非洲人国民大会成员提供庇护。南非也采取了相应的敌对措施，一方面派突击队对莱索托境内的南非非洲人国民大会成员发动数次武装攻击；另一方面则为莱索托主要反对党领袖莫赫勒提供政治庇护。莫赫勒以及其他反对派领导人在南非组建了半军事性组织——莱索托解放军，1979～1985年，这一组织向莱索托发动了数十次袭击、暗杀和其他恐怖活动。1980年8月，乔纳森首相与南非总理博塔在皮卡桥会晤，莱南关系有所缓和。

1982年，因两国各自支持反对党，双方关系再趋紧张。当年4月，南非政府为了铲除非洲人国民大会在莱索托的势力，向莱索托政府提出用流亡的巴苏陀兰大会党领导人莫赫勒来交换南非非洲人国民大会驻莱索托首席代表克里斯·哈尼，遭到莱索托政府的拒绝。3个月后，莱索托首相乔纳森在乡间的住所受到南非支持的"莱索托解放军"的攻击，其出动了迫击炮和火

[①] 见第二章。

莱索托

箭，莱索托政府发表声明，向南非政府提出强烈抗议。两国关系进一步恶化。12月9日，南非军队入侵莱索托首都马塞卢，袭击了南非非洲人国民大会在马塞卢的基地，造成40多名平民死伤，引起国际社会的强烈震动。12月14日，莱索托国王在联合国大会呼吁联合国安理会对南非施加压力，迫使其停止恐怖主义行动。但南非并没有因此收敛，1983年2月，南非对莱索托一个重要油库用武装直升机进行袭击，并不断对莱索托进行政治恫吓和施加经济压力。当年5月，南非加强对南莱边界的严格控制，扣留了莱索托进口的一批武器装备，企图迫使莱索托政府就范，按南非的要求将南非非洲人国民大会成员驱逐出境。此后，南非对莱索托采取经济封锁、政治压制和军事恫吓政策。

（二）军政府执政时期：从亲善到建交

1986年1月，得到南非支持的莱哈尼耶少将发动军事政变，推翻了乔纳森政府，成立了以军事委员会为最高权力机构的新政府。军政府采取亲南非的政策，驱逐流亡在莱索托的南非非洲人国民大会成员，宣布禁止非法政治活动，而南非政府也承诺不再支持莫赫勒领导的莱索托解放军。1986年，两国政府签订高原水利工程协议，在政治和经济上建立了良好的合作关系。高原水利工程的启动，为后来莱索托的经济可持续发展奠定了基础。

20世纪80年代中期后，南非白人政府内部出现了一股改革势力，博塔政府调整了对外政策：1984年与莫桑比克和解；1988年从安哥拉、纳米比亚撤军；1989年，德克勒克上台后，积极推动国内民主化进程，将改善与周边国家的关系作为外交政策的重点，大大缓和了与周边邻国的关系。而受整个非洲政治变革的影响，莱索托国内也开始出现一股民主化浪潮，要求取消军人政治，通过民选产生政府。1991年，莱哈尼耶政府被军人推翻，随后莱索托开始进行政治改革。在这种有利形势下，莱索托和南非于1987年互设贸易代表处，1992年正式建立外交关系。

二　1992年以来的莱南关系

建交以后的莱南关系从经济到政治，从文化到社会进入深入发展时期，1993年3月莱索托民选政府成立以及1994年南非曼德拉政府成立后，莱索托与南非的关系进入了一个新的发展时期，至今仍保持良好势头。1992年以来的莱南关系有如下特点。

(一) 政治上的联系更加紧密

首先，南非深度介入莱索托的政治发展进程。南非废除种族隔离制度，特别是曼德拉上台后，更积极地推动和促进莱索托的民主化进程和政治局势的稳定。1993年，莱索托民选政府成立后并不稳定，次年国王莱齐耶三世就借助军队和反对党的力量发动政变，宣布解散议会和政府，任命临时过渡政府。南非、津巴布韦和博茨瓦纳三国首脑集体干预，要求恢复民选政府，促成莫赫勒首相和莱齐耶三世签署和解协议。1998年，莱索托再次因选举问题而引发大规模政治动乱，南非副总统姆贝基率领南非外长恩德及国防部部长莫迪塞飞抵马塞卢进行斡旋，促使执政党与反对党双方同意成立多国委员会对大选进行调查，并于当年9月出动南部非洲发展共同体联军进驻莱索托马塞卢以平息动乱。进入21世纪以来，莱索托与南非合作，训练莱索托国防军和帮助销毁莱索托境内的多余小型武器，以消除莱索托国内的不稳定因素。2001年11月至2002年9月，莱索托分三次在南非约翰内斯堡的一家废料厂集中销毁武器。

其次，高层互访频繁。两国国家元首和政府首脑平均每年进行两次正式或非正式会晤，且每次都达成政治成果，如2001年4月，南非总统姆贝基访问莱索托，双方签署《联合双边合作委员会条约》、《引渡条约》和《司法互助条约》；2004年南非选举后，莱南两国达成协议，两国相互免签；2007年6月，首相莫西西利对南非进行国事访问，与南非签订了一批促进区域一体化的协议；2010年6月，莱齐耶三世国王出席南非世界杯开幕式；2010年8月，南非总统祖马访莱，双方签署经济合作谅解备忘录；2011年8月，莱索托与南非签署高原水利工程二期协议；2012年10月，塔巴内首相应邀对南非进行工作访问；2013年6月，莱索托水务大臣塔哈内访问南非；2013年8月，南非总统祖马访莱，双方签署经济合作谅解备忘录；2013年8月，莱索托首相塔巴内在约翰内斯堡会见南非总统祖马。2013年8月，南非体育与娱乐部部长穆巴鲁拉访莱。

莱索托

在2014~2015年莱索托政治危机中，南非副总统拉马福萨作为南部非洲发展共同体调解人先后14次访问莱索托，进行调解，祖马总统也亲自参与调解，最终促成和解，莱索托提前举行大选，祖马与拉马福萨一同出席了莫西西利首相就职仪式。2016年5月，南非总统祖马访莱。同年6月、8月，南共体莱索托政治安全危机协调人、南非副总统拉马福萨访莱。2017年6月莱索托举行大选后，首相塔巴内就任后的首个出访地便是南非。

（二）莱索托主动融入以南非为中心的南部非洲区域化进程

莱索托是南部非洲关税同盟、兰特货币区等多个以南非为中心的区域性组织的成员。1994年8月，南非加入南部非洲发展共同体，标志着南部非洲经济一体化的框架最终形成。2002年10月22日，南部非洲关税同盟成员签署新的关税协议。莱索托、斯威士兰等4个成员获得了8年的"保护期"。2000年9月1日，南共体自由贸易协定正式进入实施阶段，从而启动了南共体的贸易自由化进程。协定规定，各成员将分3个步骤削减关税：约60%的贸易产品将在计划启动第一年全部减免关税；纺织品、服装、汽车、皮革制品等非敏感性贸易产品的关税将在2008年之前降为零（这些产品的关税占全部贸易产品关税的85%）；在2012年前将最终完成减免食糖、牛肉和鱼产品等敏感性产品的关税，进而建立南部非洲自由贸易区。在条件成熟的情况下，南共体还将取消外汇管制，并有可能在本地区实行单一货币体制。但在南共体自由贸易协定中，有一条最有争议的特定原产地规则对莱索托的贸易发展造成极大影响，阻碍了莱索托经济与世界经济更好地融合。①

（三）双方经济、社会等各方面的合作不断增强

莱索托高原水利工程是莱南双方经济上最重要的合作。莱索托高

---

① 所谓特定原产地规则，是指如果货物从某一成员国直接发到另一成员国交易，则该货物必须满足如下条件中的一个：1. 货物完全产自成员国，若制成品在成员国的工厂里生产，则所有原料来自成员国区域；2. 若其所用原料全部或部分从成员国以外进口，则该产品所用进口原材料的CIF价值应不超过生产所需材料成本的60%，或者生产过程中新增价值至少占该产品出厂价的35%；3. 对进口原材料加工生产以后，其最终产品的税则编码标头与进口原材料的标头不同。

原水利工程是世界上宏伟的多用途的综合水利工程，也是目前世界上正在建设的最大工程之一。项目共分两期，其中一期从 1992 年开始，包括建造凯茨大坝和莫哈勒大坝。在两个大坝完工之际，两国国家元首均出席了竣工典礼和落成仪式。2000 年，南非发展银行向莱索托投入 20 亿兰特。2011 年 8 月，莱索托与南非签署了第二期项目协议。2014 年 3 月，莱国王莱齐耶三世、首相塔巴内与南非总统祖马共同出席高原水利工程二期启动仪式，工程将投入 154.71 亿兰特，修建一个大坝（22 亿立方米储水量）、一座发电站、一条输水隧道及相关附属设施，从 2020 年 7 月起，莱索托向南非输水，并向莱索托当地输送电力。这项工程促进了两国关系的发展，它除了使莱索托的电力能自给自足且摆脱对南非的依赖以外，还向南非供水，使两国的联系更加紧密。

除了经济上的合作外，两国还加强了通信、文化、体育及社会方面的合作。2006 年 7 月，两国针对非法流动枪支、弹药、毒品、牲畜和车辆的边境犯罪展开合作，两国警方采取的联合行动中，逮捕了 260 人。2011 年 4 月，南非国防部队接替警察在莱索托和南非边境进行巡逻，旨在提高边境的安全性。

总之，两国正在建立一种新的关系，在经济、社会、政府管理、安全和稳定方面全面加强合作。

第三节　与发达国家的关系

一　与美国的关系

1966 年 10 月，莱索托独立，即与美国建立外交关系。莱美建交后，美国一直是莱索托仅次于南非的双边援助国和贸易伙伴。美国鼓励莱索托作为一个非种族的、民主的、独立的国家在政治、经济和社会等各方面发挥作用。美国对莱索托的政策目标为：（1）帮助莱索托政府促进民主发展；（2）促进双方发展贸易和投资并促进经济可持续性发展；

莱索托

(3) 与艾滋病做斗争。

美国为莱索托主要官方发展援助国之一,援助总额超过2亿美元。20世纪80年代中期,美国对整个南部非洲地区提供援助的特别配额。为了弥补里根政府对南非的"建设性接触"政策产生的负面影响,美国对这一地区的较贫困国家加大了物质援助力度,莱索托、斯威士兰等国受益很大。1998~2002年,美国共向莱索托提供援助2340万美元,占这5年莱索托获得的双边援助总额的18%。2005年,莱索托成为美国"千年挑战账户"受益国,可获得60亿马洛蒂的发展援助。2007年,莱索托政府与美国正式签订"千年挑战账户"协议,并获得首期3.625亿美元的援助,援助被用在水利工程、疾病防治和私人领域。2009年,美国兑现了从2004年到2010年对撒哈拉以南非洲的援助加倍的承诺,对包括莱索托在内的撒哈拉以南非洲国家提供的官方发展援助居发展援助委员会成员的首位。

美国的援助集中于三个领域,即乡村建设、修路和教育,1996年,美国成立国际发展局南部非洲中心,主持南部非洲国家的援助项目。这些项目有促进民主及经济发展的项目、艾滋病教育项目。美国国防部支持由莱索托国防及国家安全部主办的乡村健康诊所和乡村学校的重建工作,并为莱索托国防军提供文职、军事和专业训练。另外,由美国支持的设在哈博罗内的"国际法推广学会"(International Law Inforcement Academy)为莱索托骑警提供训练。和平队也是美国对莱索托援助的形式之一。从1966年起,美国和平队就开始在莱索托开展工作,美国在莱索托的援助人员有150人,其中和平队队员有97人。他们活动的领域包括教育、企业、环境、健康和小企业等。

莱索托与美国的经贸关系在《非洲增长与机遇法案》实施后得到快速发展。① 该法案是美国通过的对撒哈拉以南非洲国家实施的单方面贸易普惠法案,旨在通过免关税、免配额的做法,为撒哈拉以南非洲国家的商

---

① 陈晓红:《〈非洲增长与机遇法案〉对黑非洲国家贸易和投资的影响——以斯威士兰和莱索托为例》,《西亚非洲》2006年第4期,第54~59页。

品提供更多进入美国市场的机会。该法案是美国和13个非洲受惠国签署的优惠贸易协定,以促进这些国家经济开放和建立自由市场。涉及撒哈拉以南非洲48个国家。该法案对受惠国设置了门槛。按照该法案确定的标准,受惠国的"合格国家"标准包括:实施市场经济制度;维护法制和多元政治;消除对美国投资的壁垒;保护知识产权;反对腐败;实施减贫政策;加强卫生保健和增加教育机会;保护人权和劳工权利,消除童工现象;实行民主政治政策;注意食品安全;反对恐怖主义活动等。法案生效后,美国在贸易政策员工委员会(TPSC)下建立了AGOA实施次级委员会,它的主要职责包括:(1)确定符合AGOA条件的国家;(2)确定普惠制扩大化框架下适用零关税的合格产品;(3)确定服装条款合格国家;(4)建立美国—撒哈拉以南非洲贸易和经济论坛;(5)为非洲国家提供技术援助以使其获得有关资格;(6)在2008年前,每年就美国对非贸易投资政策及法案实施情况向国会报告。

从2001年4月23日起,莱索托获准成为《非洲增长与机遇法案》的受惠国,成为撒哈拉以南非洲第5个享受相关待遇的国家。根据该法案,莱索托商品进入美国市场可以享受零关税的待遇。原定该优惠政策实施分为两期,2000年10月至2004年9月为第一期。在此优惠期内,美国对来自莱索托的纺织品和服装无配额限制和免征关税;2004年10月至2008年底为第二期,法案的受益者所生产的服装原料必须来自非洲或者美国本土,否则就要征收关税和设置配额。2004年7月13日,美国总统签署法令延长AGOA至2015年。

自莱索托成为《非洲增长与机遇法案》受益国以来,其享受免税向美国出口纺织品和服装的待遇,莱索托纺织品对美国的出口量大幅增长,联合国网站上的有关文章认为,莱索托是法案最大受益国,其91%的出口产品销往美国。纺织业从业人员最多,超过4.4万人。在该法案的促进下,莱索托大力发展纺织业,直接收益大约为5亿马洛蒂(合5000万美元),对美国的出口量强劲增长,特别是连续三年对美国出口纺织品居撒哈拉以南非洲国家第一位,成为对美国出口成衣履约水平最高的国家。2000年,莱索托向美国出口的纺织品价值1.4亿美元,2001年达到2.17

莱索托

亿美元,到 2002 年则高达 3.18 亿美元。2004 年对美国的纺织品出口额占莱索托总出口额的 96%,莱索托一跃成为美国在非洲最大的纺织品和服装采购地,纺织品出口份额每年占非洲对美国纺织品出口份额的 40%以上,比处于第二位的肯尼亚多 3 倍左右,并远远超过拥有较强工业基础的南非和毛里求斯。①

2004 年,莱索托成为撒哈拉以南非洲地区对美国的最大服装出口国和美国在非洲的第八大贸易伙伴。美国将莱索托列入有资格获得"千年挑战账户"援助的 16 个国家之一。2007 年 7 月,美国千年挑战账户公司与莱索托政府签署协议,未来 5 年将向莱索托提供援助 3.626 亿美元,以用于卫生、水利设施建设及经济发展等领域,并于 2009 年 2 月发放了首笔 4800 万马洛蒂的合同基金支付款。

莱索托纺织品对美国的出口量在 2008 年达到顶峰,此后维持在比较稳定的水平,并持续为莱索托提供大量的就业岗位。《莱索托时代》报道称,在该法案的促进下,莱索托八成以上的成衣制品销往美国,莱索托成衣产业对美国的出口额从 2000 年的 1.4 亿美元跃升至 2015 年的 3.3 亿美元,莱索托成为《非洲增长与机遇法案》最成功的受益国之一②。但是,随着《非洲增长与机遇法案》期限的临近,莱索托国内充满了对法案是否能顺利延期的讨论和期待。由于莱索托绝大部分纺织企业并非本国企业,莱索托政府担心法案到期之后,这些外资企业的抽离将不可避免地带来大量失业人口,进而对社会稳定造成威胁。为此,莱索托政府于 2015 年 1 月派出以贸工大臣为团长的代表团访美,专门为争取《非洲增长与机遇法案》延期进行游说。在莱索托等法案受益国以及相关国际组织的呼吁下,美国国会于 2015 年 6 月 29 日批准了 AGOA 延期到 2025 年,为期 10 年。2016 年 3 月,美国宣布将向莱索托提供 5 万美元援款。

事实上,《非洲增长与机遇法案》对莱索托的影响是多方面的。一方

---

① 智宇琛:《莱索托的外资引进及未来挑战》,《西亚非洲》2004 年第 5 期,第 34~38 页。
② Bracing for the Post AGOA Period, http://www.lestimes.com/bracing-for-the-post-agoa-period/,最后访问时间为 2018 年 8 月 10 日。

面，该法案促进了莱索托制造业的兴起，为莱索托创造了大量就业岗位，并且改变了莱索托长期以来女性就业率低下的状况；另一方面，法案条款非常苛刻，并且面临随时终止的可能，正如莱索托贸工大臣所说，莱索托在与美国打交道时不得不时刻受到切断贸易福利（Cut AGOA Benefits）的"威胁"[①]。另外由于严重依赖外资，莱索托纺织行业的可持续发展情况并不乐观。从目前来看，2025年，《非洲增长与机遇法案》到期后不再可能继续延期，莱索托纺织行业仍然面临较大威胁。

二 与欧洲国家和日本的关系

欧洲国家是除了美国以外向莱索托提供官方发展援助最多的国家。初步数据表明，发展援助委员会捐助国2009年提供的援助总额近1200亿美元，占捐助国国民总收入的0.31%。5个达到并超出0.7%的联合国目标的是欧洲国家。而居援助额前五位的捐助国除美国外，分别为法国、德国、英国和日本。但是，它们的官方发展援助附加了苛刻的条件，资金仅能用于购买捐助国的货物和服务。2009年6月，莱索托同博茨瓦纳、斯威士兰一道与欧盟签署了过渡经济伙伴协定。2015年12月，欧盟宣布出资1200万欧元，帮助莱索托等7个南部非洲国家抗击厄尔尼诺现象造成的干旱。2016年1月，欧盟宣布2016~2017年针对莱索托旱灾提供550万欧元特别援助。同年3月，欧盟宣布向莱索托提供价值3000万马洛蒂的粮食援助。另外，莱索托是《科托努协议》的签署国。[②]

（一）与英国的关系

莱索托与英国有传统外交关系。莱索托独立后，仍然留在英联邦内，并与宗主国英国建立了外交关系。在政治上，莱索托仿照英国的政治体制建立了一整套政治体系，并在宗主国的帮助下建立了监狱、警察局等公共

---

① Lesotho Shows AGOA's Success and Its Limits，http：//www.lestimes.com/lesotho-shows-agoas-success-and-its-limits/，最后访问时间为2018年8月10日。
② 《科托努协议》也称《ACP-EU合作协议》，2000年6月23日在贝宁科托努签署，前身为《洛美协定》。它是欧盟与非洲、加勒比及太平洋海域原殖民地国家签署的一项经济合作优惠协议，涉及48个非洲国家、15个加勒比地区国家、14个太平洋地区国家。

机构。在经济上，英国是莱索托最重要的援助者之一，尤其是资金和技术。尽管后来德国和美国成为莱索托较大的援助国，但是，莱索托与英国仍然保持特殊的政治、经济与文化关系。2004年3月，英国王室哈利王子访莱。

2000~2001年，英国提供了300万英镑的援助。英国政府与莱索托政府共同致力于消除莱索托的贫困，促进"发展伙伴关系"；2001年，英国从莱索托的直接进口额为190万英镑。英国同期向莱索托直接出口额也是190万英镑。但是这个数字显然低于实际水平。许多英国的货物通过南非的供应商进入莱索托，没有录入总数之中。2002年1~5月，英国对莱索托的出口额为70万英镑，进口额为50万英镑。目前，英国每年向莱索托提供780余万英镑的援助。

除官方关系外，英国有许多非政府组织在莱索托开展活动，有几百名英国公民在莱索托生活和工作。然而在2006年7月，英国政府决定关闭其在马塞卢的使馆。此后有人担心两国关系会趋于冷淡，为了平息这种担忧，新的高级专员保罗·博阿滕向莱索托政府保证提供约6000万马洛蒂（950万美元）的援助。2016年6月，莱齐耶三世国王夫妇访问英国杜伦市。2018年4月，塔巴内首相赴英国出席第25届英联邦政府首脑会议。

（二）与其他发达国家的关系

德国统一以前，莱索托与联邦德国的关系占重要地位，居南非和英国之后。20世纪80年代，联邦德国是莱索托主要的援助国之一，其援助不仅限于乡村发展等基础性项目，而且联邦德国还帮助其训练和装备莱索托骑警以及准军事性部队，以致联邦德国驻莱索托的使团一度成为莱索托反对党巴苏陀兰大会党武装力量的攻击目标。德国统一后，莱索托与德国的关系仍然十分密切。1992年，统一后的德国制订了"90年代德国与撒哈拉以南非洲国家发展合作关系的计划"，计划中阐明其援助重点是消除贫困、环境与资源保护、教育、促进私人经济发展、支持地区一体化等。

除美国、英国和德国以外，莱索托还积极扩展与其他西方国家的关系的范围，尤其是发展与那些可能成为援助国的友好关系。2002年3月6日，莱索托通讯及科技大臣代表莱索托政府与法国国际电台签署了一项协议，同意法国国际电台在莱索托播出相关节目。这样既可以使莱索托人民了解法国对国际事务的看法，也可以学习法语，扩大法语在莱索托的影响范围。同时，莱索托也可以借助法国国际电台，让世界了解莱索托。这一协议的签订将促进法国与莱索托发展友好外交关系。随着欧洲一体化进程加快，英、德、法等西欧国家与莱索托的关系主要表现为欧盟针对莱索托的自然环境和社会状况向莱索托提供经济、技术援助。

此外，莱索托政府还积极与一些欧洲小国的援助机构建立联系。这些国家有爱尔兰、荷兰、丹麦以及其他北欧国家。在国际社会反对南非种族隔离政策的大背景下，这些援助国很多是出于"反种族隔离的情绪超过了对乔纳森集权主义政府的憎恶"而给予援助的，如爱尔兰。2006年6月，爱尔兰总统玛丽·麦卡利斯访莱。除向莱索托提供大量的经济援助外，[①] 爱尔兰还进行技术援助，涉及行业主要有养马、矿藏开采和航空。另外，与莱索托建交的国家还有丹麦、比利时等。2004年11月，莱索托与塞浦路斯建交。

1975年，莱索托签订了第一个《洛美协定》，与欧洲共同体（欧洲联盟）建立了外交关系并在布鲁塞尔设有驻欧盟大使馆。在南非种族隔离时代，许多国家从反种族隔离出发给予莱索托援助。南非废除种族隔离统治后，以前莱索托的许多援助者都转向了莱索托的邻居——南非，而对莱索托失去兴趣，但是欧盟成员如英国、爱尔兰、德国仍然持续提供双边援助项目。欧盟也通过后续的《洛美协定》，增加了援助。欧盟是莱索托高原水利工程援助方之一。欧盟认为该工程的建立有利于莱索托减少对南非电力的依赖，因此对这一工程给予积极的支持。欧盟的援助为8500万欧元左右，占工程总造价的一半以上。2007~2010年，欧盟和联合国儿童基金会向莱索托提供1.07亿马洛蒂援助，用于抚育艾滋病死者遗孤。2008年11月，莱索托与欧盟达成临时经济伙伴关系协议，以确保欧盟市场持续性对莱索托出口产品优惠准入。

2009年11月，莱齐耶三世国王访问加拿大。2010年3月，日本向莱

---

① 参见第四章"对外经济关系"一节。

莱索托

索托提供3800万马洛蒂援助，用于应对气候变化。2012年，塔巴内首相出席第67届联合国大会。2013年8月，莱索托首相塔巴内赴日本出席第五届非洲发展东京国际会议。同年10月，由欧盟支持的"绿色国家发展计划及水与能源"研讨会在马塞卢召开。

第四节 与非洲联盟及其他发展中国家的关系

一 与非洲联盟的关系

莱索托独立后即加入非洲统一组织，2002年，非洲联盟正式取代非洲统一组织，莱索托继续保持与非盟的重要关系，加入了非洲联盟各类重要条约和高级别活动。2013年1月，塔巴内首相出席在埃塞俄比亚举行的第20届非盟首脑会议。2014年1月，塔巴内首相出席在埃塞俄比亚首都亚的斯亚贝巴举行的非盟第22届首脑会议。2015年10月，梅辛副首相出席在埃塞俄比亚首都亚的斯亚贝巴举行的非盟峰会。2016年6月，莫西西利首相出席在南非约翰内斯堡举行的非盟第25届首脑会议。2017年7月，塔巴内首相出席非洲联盟峰会。2017年9月20日，在联合国大会召开期间，莱索托驻联合国代表参加了非盟委员会、几内亚政府、联合国人口基金共同组织的关于非盟主题"人口红利路线图：非洲从承诺转向行动"的高级别活动并做了主旨发言。2018年7月8日，莱索托外交及国际关系大臣马霍蒂代表莱索托政府，在非盟国家首脑会议上签署了《非洲大陆自由贸易区协定》（CFTA）。莱索托与非盟的关系可以概括为以下三个方面。

（一）参与非盟的《非洲发展新伙伴计划》

《非洲发展新伙伴计划》（The New Partnership for Africa's Development, NEPAD）是2001年7月在赞比亚首都卢萨卡召开的第37届非洲统一组织首脑会议上一致通过的。它是非洲自主制定的第一个全面规划非洲政治、经济和社会发展目标的蓝图，旨在解决非洲大陆面临的贫困加剧、经济落后和被边缘化等问题。为了促使非洲国家相互审查和监督《非洲发展新

第八章 外　交

伙伴计划》的实施，特别是有效实施既定的政策和方案，通过分享成功的经验，协商存在的不足，评估能力建设所需的政策、标准和规范，实现政治稳定、经济高速可持续增长和非洲一体化的发展目标，非洲联盟还设立了"非洲同行审查机制"（African Peer Review Mechanism – APRM）[①]、制定了《非洲农业综合发展计划》等一系列计划和机制来保障实现非盟新千年的目标。莱索托是"非洲同行审查机制"成员，也是《非洲农业综合发展计划》签署国。

莱索托加入"非洲同行审查机制"以后，于2013年10月之前完成了第一次自查，向非盟提交了《国家自查报告》和《国家行动计划》，《国家行动计划》详细规定了三年内政治经济发展优先事项的执行时间，莱索托是第一次完成自查的17个非洲国家之一。2016年，非洲国家领导人重申了对非洲互查机制的承诺和支持，将非洲互查机制作为自主实体纳入非盟体系之中，实现与非盟《2063年议程》和联合国《2030年可持续发展议程》的有效结合，有望在非盟体系内发挥更大的作用。

作为《非洲发展新伙伴计划》的一部分，《非洲农业综合发展计划》于2003年7月通过。该计划签约方包括非洲主权国家、区域性组织、联合国机构、私营部门和非政府组织等。根据该计划，非洲国家每年应将10%的财政预算投入农业领域，以保障本国农业产量年均增速在6%及以上，达到减贫和消除饥饿的目标。《非洲农业综合发展计划》的优先发展领域包括：增加和提升农业产量和生产率；促进洲内区域贸易发展，形成区域市场；发展当地农工业，吸引更多妇女和青年参与价值链建设；提高农业领域的风险管理水平；加强自然资源的管理，实现农业可持续发展。

2013年9月5日，塔巴内首相代表政府签署了该计划，使莱索托成

[①] "非洲同行审查机制"实际是一种非洲国家之间自查和监督的机制，是"非洲提出、非洲拥有和非洲推动"的集体自治机制，于2003年由非洲新伙伴关系国家和政府首脑执行委员会（HSGIC）成立，作为监测会员国治理绩效的工具，该机制诞生15年来，在促进既定方案有效实施、提炼非洲治理的"最佳做法"、研判非洲国家潜在危机、推动区域合作、实现集体自治与知识共享等方面取得了显著的成绩。截至2017年4月，有36个非洲国家加入了该机制。相关资料和文章可查阅非洲联盟官网及梁益坚《非盟地区治理：非洲相互审查机制探微》，《西亚非洲》2017年第6期，第23～49页。

为第 34 个签署该计划的非洲国家。在签字仪式上，塔巴内首相重申莱索托致力于确保国内农业的转变，政府已经采取了一些措施来促进私营部门对农业的投资，并将继续与合作伙伴合作，确保为私营部门的有效参与提供必要的扶持环境。通过签署该计划，莱索托进一步促进农业发展，以对该国的经济和粮食安全产生更大的影响，同时，也能使莱索托有机会为农业部门建立长期伙伴关系框架，与利益攸关方和发展伙伴共同和集体参与推动莱索托农业发展进程。签署该计划之前，莱索托政府做了大量的前期工作，由农业及粮食安全部协调、联合国粮农组织提供便利和其他发展伙伴等予以支持。①

（二）非盟参与莱索托民主政治进程并提供选举援助

非洲联盟一直关注莱索托政治变革进程，多次干预莱索托因党派纷争和大选引发的暴力冲突。2000 年后的莱索托历次大选，非洲联盟均派出观察团与国际社会一道，参与莱索托的选举进程。

2012 年 5 月 26 日的莱索托大选，非盟委员会主席让·平（Jean Ping）② 在 5 月 20 日派出由尼日利亚前总统雅库布·戈翁（Yakubu Gowon）领导的 20 人选举观察团。在莱索托期间，观察团履行了职责，选举结束后，非盟在亚的斯亚贝巴发布了正式结论文件，宣布"2012 年 5 月 26 日在莱索托王国举行的国民议会选举是自由、公正和可信的"。

2014 年 8 月 30 日，莱索托因党派纷争引发武力冲突。非洲联盟委员会主席恩科萨扎纳·德拉米尼 - 祖马（Nkosazana Dlamini Zuma）博士关注莱索托

---

① 正式签署该计划之前，莱索托于 2013 年 8 月 4 日在首都马塞卢主持召开了圆桌会议讨论该计划。政府高级官员、负责农业和农村发展的各部委代表，农业专家，农民组织、私营部门、发展协会、非洲联盟委员会代表，非洲发展规划和协调机构新伙伴关系和南部非洲发展共同体代表等 300 多人参加了该会议。
② 非洲联盟委员会前主席，职业外交家。1942 年 11 月 24 日出生于加蓬滨海奥果韦省。其父程志平祖籍中国浙江省温州市鹿城区临江镇驿头村。早年留学法国，获经济学博士学位，是中国外交学院名誉博士及莫斯科科学院非洲研究学院名誉博士。1990 年起，任加蓬新闻部部长，矿业、能源和水利资源部部长，外交和合作部部长，财政、经济、预算和私有化部长级代表，计划、环境和旅游部部长，外交、合作和法语国家事务部部长。2007 年 1 月任副总理兼外交、合作和法语国家事务和地区一体化部部长。2004 年 6 月当选第 59 届联合国大会主席。2008 年 2 月 1 日，在非盟第 10 届首脑会议上当选非盟委员会主席。

的事态发展和该国不断恶化的政治局势，敦促莱索托各方通过和平手段并在国家宪法框架内解决政治分歧。根据相关文件，她强调非盟坚决反对违宪改变政府，并警告非盟不会容忍通过非法手段夺取任何权力，表示非盟全力支持南部非洲发展共同体协助莱索托利益攸关方应对国家目前面临的挑战并维护民主和法治。在非盟的压力以及南非和南共体的调解下，莱索托把原定于2017年举行的大选提前到2015年2月举行。此次大选在非盟和国际社会的监督下进行，选举结果得到肯定。2015年3月17日，非洲联盟委员会主席恩科萨扎纳·德拉米尼-祖马博士祝贺新当选的莱索托王国首相莫西西利，赞扬莱索托人民进行和平、透明和可信的选举，同时鼓励新的联合政府和所有莱索托政治领导人从非盟选举观察团的建议中吸取教训。

除了选举监督和建议外，非洲联盟还针对莱索托实施了一项能力建设项目，即帮助莱索托加强政治参与和公民教育，使政府工作人员能更好地履行依宪执政的能力。2015年8月，非洲联盟委员会与莱索托相关部门合作，连续为莱索托独立选举委员会的工作人员提供两期"公民教育和选民信息"培训。该培训是莱索托独立选举委员会的一系列能力建设计划中的第二项，作为非盟选举观察团建议后续行动项目的一部分。首期培训于2015年8月举行，第二期培训于同年12月7日举行。非洲联盟官员塞缪尔·阿托比（Samuel Atuobi）表示，在未来几年，非洲联盟将继续与莱索托独立选举委员会合作，在莱索托独立选举委员会优先领域提供额外的BRIDGE培训，为未来的选举做准备。莱索托独立选举委员会专员玛莫塞比·佛罗（Mamosebi Pholo）在开班仪式上表示，感谢非洲联盟的支持，呼吁与会者在课程中表现出奉献精神和兑现承诺，并利用他们的技能帮助巩固莱索托王国的民主。

此外，为了提高青年人的参政议政能力，2017年8月28日，非盟的非洲治理架构（AGA）[①]在坦桑尼亚召开非洲治理平台东南非区

[①] AGA是利益相关者之间进行对话的机制，其目的是促进和加强非洲的民主治理，以提高一致性、发挥协同作用和促进协调。AGA是促进、保护和维护非洲大陆民主、治理、人权和人道主义援助的总体政治和体制框架。AGA的主要目标是实现非盟共同价值观，特别是"非洲民主、选举和治理宪章"（ACDEG）。AGA成立于2011年，总部设在埃塞俄比亚亚的斯亚贝巴，成员遍布非洲。

莱索托

域青年磋商会，主题是"加强青年人的有意义参与非洲的选举进程"。

2017年6月进行莱索托国民议会的选举，非盟应莱索托独立选举委员会的邀请，仍然派出了选举观察团。该观察团由莫桑比克前总统若阿金·希萨诺（Joaquim Chissano）及来自非洲联盟常驻代表委员会、泛非议会（PAP）、选举管理机构和民间社会组织的26名观察员组成。观察团从5月13日开始在莱索托开展工作，对2017年的选举进行独立、客观和公正的评估。

同时，莱索托也作为非洲联盟的成员，于2012年、2017年两次参加安哥拉大选观察团。

（三）与非盟经济与社会理事会展开广泛合作

非盟经济与社会理事会（ECOSOCC）根据"非盟组织法"于2004年设立，由成员国社会团体、专业团体、文化组织和非政府组织等组成，旨在促进和保护人权；具有推动非洲经济、社会、文化可持续发展，推动在各领域的泛非合作，提高人民生活水平的作用。与其他政府间组织不同的是，非盟经济与社会理事会由民间社会选举产生，且参与非盟的政策决策过程。理事会成员由非洲民间社会社区和非洲侨民的150名成员组成，每个民间社会组织都有资格申请，只要符合ECOSOCC章程规定的标准，就可以获得会员资格。非洲联盟的每个会员国有权选出2名成员，共计108名成员。

2014年8月25日，莱索托成功承办了第二届非盟经济与社会理事会宣传与动员大会暨经济与社会理事会选举大会。该活动由莱索托非政府组织主办，从2014年8月初开始筹办，非盟主席顾问、莱索托外交事务秘书、非洲外交使团成员、非盟经济与社会理事会官员以及莱索托约60个民间组织的代表出席了在马塞卢举行的开幕式。莱索托外交事务秘书在欢迎词中指出，非盟经济与社会理事会最重要的特点是由公民社会选举和领导，直接参与政策决策过程，他说："莱索托太重要了，不能被排除在这个重要的进程之外，我们希望莱索托民间组织进入生态系统，成为其领导的一部分，并与政府和非盟机构密切合作，以确保非洲的发展。"① 莱索托的民间组织应与非盟共同行动，以确保行动成功。在过去，非洲民间组织在决定非洲的命运时，往往没有充分考虑到这一点。非盟主席顾问 Lazarous Kapambwe 高度肯定了莱索托所做的贡献，他在开幕词中说，该理事会是非洲联盟的民间社会议会。莱索托政府通过外交及国际关系部、民间组织与莱索托非政府组织理事会进行了富有成效的合作，莱索托民间组织进入非盟经济与社会理事会并成为其领导层的一部分，与政府和其他非盟机构密切合作，以促进非洲发展。

除此之外，莱索托还承办了多次非盟会议，如 2014 年 3 月 3 日，莱索托承办了非洲环境日和"旺加里·马塔伊日"② 纪念大会和庆祝活动，参加会议的有各国政府部委，外交使团、联合国机构、国际和当地环境非政府组织代表，环保主义者，学校和其他利益攸关方的代表。2014 年，非洲环境和"旺加里·马塔伊日"的主题是"防治非洲荒漠化：提高农业生产力和粮食安全"。该主题强调可持续土地管理与粮食安全之间不可分割的联系。正式会议之前，莱索托还为非洲记者举办了为期两天的关于荒漠化和土地退化挑战的培训讲习班。该培训讲习班由非洲联盟委员会和莱索托王国在联合国防治荒漠化公约秘书处和联合国环境规划署的支持下联合举办。培训的目的是使非洲记者能够报道土地退化及其对农业社区的社会和经济影响。培训将为他们提供必要的技能和知识，使其成为反对环境退化斗争的倡导者。莱索托在非盟成立五十周年，非盟农业和粮食安全年以及《非洲农业综合发展计划》提出十周年之际举办这次庆祝活动，意义非比寻常。非盟农业和农村经济委员图木西姆（Rhoda Peace

---

① AU Sensitization and Motivation Campaign in Lesotho to Encourage Participation in the Elections for the ECOSOCC 2nd General Assembly, https：//au. int/en/newsevents/27419/au - sensitization - and - motivation - campaign - lesotho - encourage - participation - elections，最后访问时间为 2018 年 8 月 15 日。

② 旺加里·马塔伊（Wangari Maathai，1941~2011 年），非洲杰出女性，曾任肯尼亚环境和自然资源部副部长，于 1977 年启动"绿带运动"，在近 30 年里，动员贫穷的非洲妇女种植了近 3000 万棵树，在保护生态环境的同时为上万人提供了就业机会。2004 年获得诺贝尔和平奖，是第一个获得该奖项的非洲女性，也是"诺贝尔和平奖"首次对非洲环境保护给予的最高肯定。2012 年 1 月，非洲联盟通过决议，将非洲环境保护日同时设为旺加里·马塔伊日，以表彰已故的旺加里·马塔伊教授的贡献。

莱索托

Tumusiime）夫人代表非盟委员会高度赞扬莱索托的努力，认为莱索托举办这次纪念活动体现了其对解决荒漠化和土地退化问题的坚定承诺。莱索托还承办了非洲联盟非洲儿童权利和福利专家委员会第29届会议。

莱索托还参加了非盟组织的以下活动和培训。

2014年12月，莱索托参加了非盟发起的抗击埃博拉病毒的"短信运动"，与非洲各大移动网络运营商一起实现网络互通。

2015年6月14~15日，莱索托参加非盟举行的关于实现2015年非洲儿童宣言的目标研讨会，讨论"非洲饥饿成本"（The Cost of Hunger in Africa, COHA）[①] 以及其对儿童发展的影响。莱索托是非洲已经在进行"非洲饥饿成本"研究的7个国家之一。

2015年11月26日，莱索托派能源专家参加了非盟在埃及开罗举办的成员国先进小水电（SHP）系统培训班。这是非洲国家能源专家水电系统系列能力建设活动的第三个培训研讨班。

2016年5月30日，莱索托参加了非盟粮食和营养发展工作队（ATFFND）第八届会议，莱索托国王莱齐耶三世作为联合国营养大师的贡献受到了肯定和赞赏。

2017年3月23~24日，莱索托参加非盟与南共体、津巴布韦邮政和电信管理局合作举办的研讨班，讨论实施非洲互联网交换系统（AXIS）项目的政策框架草案，加强非洲地区的跨境互连。

2017年9月19~22日，莱索托参加了非盟在埃塞俄比亚首都亚的斯亚贝巴为成员国高级政府官员和AUC残疾问题举行的"关于残疾人主流化"和实施"非洲残疾人十年大陆行动计划"会议，莱索托官员在会上承诺，将履行"非洲残疾人十年大陆行动计划"（2010~2019年）以及

---

① "非洲饥饿成本"是由非洲联盟委员会和新伙伴关系规划和协调机构确立的，其研究表明，非洲儿童营养不足方面造成的损失相当于GDP的1.9%~16%。"消除发育迟缓，更广泛地消除饥饿的目标只有通过持续和协调的努力才能实现"，世界粮食计划署非洲办事处主任兼联合国非洲经济委员会代表Thomas Yanga表示，"我们希望，当乍得的饥饿经济成本变得明显时，该研究的结果和建议将为所有利益攸关方采取果断行动铺平道路"。其主导的泛非倡议得到了联合国非洲经济委员会和世界粮食计划署的支持。

《残疾人权利国际公约》《非洲人权与民族权宪章》中关于非洲残疾人权利和其他人权文书的拟议议定书中的义务，提高建设其国家残疾协调中心的能力。

2017年10月24~29日，莱索托参加了非盟委员会与世界银行合作举行的关于关税改革影响的模拟培训。

二 与其他非洲国家及阿拉伯国家的关系

莱索托注重发展与非洲国家特别是南部非洲国家的关系，积极推动地区经济合作和一体化进程，参与解决地区热点问题。

（一）参与南部非洲区域合作

1980年4月，莱索托作为南部非洲发展协调会议的创始国加入该组织，表示只要南非维持种族隔离制度，就与斯威士兰和博茨瓦纳不考虑参加南非的"星座计划"，从而加强与"前线国家"① 的协调与合作，莱索托在该组织中负责水土保持事务；南非加入南部非洲发展共同体后，莱索托更以积极的姿态参与南部非洲发展共同体成员之间的政治、经济、外交以及防务合作。

莱索托参加南部非洲发展共同体历届首脑会议。1995年，莱索托在南部非洲发展共同体首脑会议上签署了共同利用河流水源议定书和建立南部非洲联合电网的政府间谅解备忘录，这是南部非洲发展共同体第一次达成具有实质合作内容的协议。1996~1998年的首脑会议上，莱索托签署了涉及贸易、能源、打击贩毒、运输、通信及气象、教育与培训、矿业、旅游合作等的议定书。1999年8月，在莫桑比克首都马普托召开的第19次南部非洲发

---

① 1974年11月，赞比亚、坦桑尼亚、莫桑比克和博茨瓦纳4国领导人在安哥拉独立之际举行首脑会议，后不定期举行会议，反对南非种族主义，支持本地区民族独立，磋商、协调相互立场和行动，由于这些国家地处反对南非种族主义和争取民族独立的前线，人们习惯上将其称为"前线国家"。津巴布韦、纳米比亚独立后加入。新南非诞生后于1994年加入。现有9个成员：坦桑尼亚、赞比亚、博茨瓦纳、莫桑比克、安哥拉、津巴布韦、纳米比亚、尼日利亚和南非。1995年"前线国家"改名为"南部非洲国家联盟"，与南非的关系也由对抗转为合作。参见葛佶主编《简明非洲百科全书》，中国社会科学出版社，2000，第833页。

莱索托

展共同体首脑会议上，签署了《野生动植物保护和相关法律实施议定书》和《卫生议定书》，以及一项关于提高成员国生产率的声明。

2000年以后，莱索托在南部非洲发展共同体中承担了更多的义务。2001年5月，莱索托当选南部非洲发展共同体选举委员会论坛主席，承办了南部非洲发展共同体政治、防务与安全合作机构部长委员会会议、南部非洲关税同盟部长理事会会议以及有关艾滋病问题的首脑会议；2002年9月，莱索托参加南部非洲发展共同体第七次警察局长会议，签署并通过了《地区性警察行为守则法》，[1] 决定在津巴布韦首都哈拉雷建立反恐怖主义机构。从2002年10月起，莱索托同南非、斯威士兰、莫桑比克共同发起突击行动，打击在南部非洲猖獗的走私、贩毒、牲畜盗窃等犯罪行为。莱索托首相莫西西利出任南部非洲发展共同体政治、防务与安全机构副主席。

2010年以来，莱索托与南部非洲发展共同体联系更加紧密。2012年8月，塔巴内首相赴莫桑比克出席第32届南部非洲发展共同体首脑会议并访问津巴布韦。2013年8月，塔巴内首相赴马拉维首都利隆圭出席第33届南部非洲发展共同体领导人峰会。2015年8月，莫西西利首相赴博茨瓦纳出席第35届南部非洲发展共同体领导人峰会，重点就南部非洲发展共同体发展战略、工业化和一体化进程、地区和平与安全以及保障粮食安全和应对气候变化等议题交换了意见。2015年10月，梅辛副首相率团赴纳米比亚出席南部非洲关税同盟新办公楼落成典礼。2016年1月，莫西西利首相出席南部非洲发展共同体莱索托问题特别峰会。2016年3月，南部非洲发展共同体执行秘书塔克斯访莱。2016年6月，南部非洲发展共同体"双三驾马车"召开莱索托问题特别会议，莱索托首相莫西西利率团出席会议。2016年8月，莫西西利首相赴斯威士兰出

---

[1] 签署的主要目的是规范和统一本地区警方的执法行为，加强合作，采取相同的方式同犯罪行为做斗争。根据该法，警察在执行任务时保护人的尊严，维护人权，公正和平等地对待每一个人，避免任何形式的歧视。该法还规定，严禁警察采取野蛮的惩罚行为，绝不允许警察滥用职权，贪污腐化，收受贿赂。参见 http://gov.sdecp.com.cn/20020918/1208665.shtml，最后访问时间为2005年5月5日。

席南部非洲发展共同体领导人峰会。2017年9月15日，南部非洲发展共同体"双三驾马车"领导人峰会在南非召开，会上强烈谴责莱索托国防军司令莫索莫索被枪杀这一暴行，批准南部非洲发展共同体组织一支由军事、安全、情报和文职专家组成的应急部队，以帮助莱索托稳定局势。此前，南部非洲发展共同体于9月8日派出一支由安哥拉、赞比亚、坦桑尼亚高官以及南部非洲发展共同体主席组成的部长级事实调查团前往莱索托进行调查。莱索托首相塔巴内受邀参加此次峰会，并对南部非洲发展共同体的帮助和支持表示感谢。2018年8月9～18日，南部非洲发展共同体在纳米比亚首都温得和克举行了第38届首脑会议，会议主题是"促进基础设施发展和青年赋权，促进可持续发展"。莱索托首相塔巴内参加了此次会议。8月15日的会议肯定了莱索托作为制定具体实施战略的7个国家之一，执行南部非洲发展共同体推进工业化战略路线图的成绩。

（二）邀请南部非洲发展共同体及其他非洲国家参与本国政治民主化进程

1994年8月、1998年9月，莱索托几次政治危机，都在南部非洲发展共同体的干预下得以和平解决。其中在1998年9月的大选中，由于反对派对大选结果不满，南部非洲发展共同体任命由南非、博茨瓦纳和津巴布韦组成的三方调查委员会，对大选是否存在舞弊和违规现象进行调查，1998年9月下旬，在莱索托因大选而发生政治动乱的时候，南部非洲发展共同体的维和部队出兵平息动乱，莱索托政局得以稳定。2000年以后，南部非洲发展共同体成员与其他国家一起，依然参与了莱索托的大选过程。比如，2002年，来自南部非洲发展共同体及美国、英国和加拿大等10多个国家的200多位观察员监督了整个大选过程；2007年2月17日的大选在南部非洲发展共同体和美国国家民主研究所监督下举行；2009年，博茨瓦纳前总统凯图米莱·马西雷代表南部非洲发展共同体会见莱索托各反对派领导人；2014年8月莱索托联合政府分裂，演变为准军事政变，南部非洲发展共同体和南非副总统西里尔·拉马福萨介入调解，莱索托提前举行大选。2015年、2017年，南部非洲发展共同体与非盟及其他国家

莱索托

一起监督了莱索托大选。

（三）加强与斯威士兰、博茨瓦纳等国的传统关系，发展与非洲其他国家的关系

历史上，莱索托与博茨瓦纳和斯威士兰同为英国的直辖"保护地"，独立后经济又严重依赖南非，都是南非商品的销售地以及劳动力的储存库；三国在人种、语言和文化上又具有相似性，但莱索托也与博茨瓦纳、斯威士兰存在政治和经济差异，[①] 正是这些联系与差异，使莱索托与这两个国家既联系紧密也有矛盾冲突。随着南非政治的民主化，莱索托与博茨瓦纳、斯威士兰求同存异，关系进入较好的时期。1999年6月和10月，莱索托首相与津巴布韦、赞比亚、莫桑比克总统，斯威士兰国王一起出席了马拉维总统穆卢齐的就职典礼和婚礼；2000年4月，南非、博茨瓦纳和津巴布韦与莱索托续签、补签新的防卫合作与军事培训协议；2002年10月，莱索托同博茨瓦纳、纳米比亚、南非和斯威士兰签订了南部非洲关税同盟新协议；南非、津巴布韦、博茨瓦纳三国领导人多次应莱索托政府邀请，帮助莱索托解决危及政局的重大事件；2004年，博茨瓦纳总统莫哈埃、莫桑比克总统希萨诺先后访莱。2016年2月，梅辛副首相访问莫桑比克和博茨瓦纳；2016年3月，博茨瓦纳政府向莱索托提供60吨食品。2017年6月，莱索托国王莱齐耶三世赴博茨瓦纳出席前总统马西雷葬礼。

莱索托还积极发展同非洲其他国家的关系。2010年3月，莫西西利首相出席纳米比亚新总统波汉巴就职典礼暨纳米比亚独立庆典。2010年8月，莱索托国王莱齐耶三世访问西撒哈拉阿拉伯民主共和国。2012年8

[①] 经济上主要表现为经济发展不平衡。1979年，根据世界银行数据，博茨瓦纳人均国内生产总值为116美元，莱索托为49美元，斯威士兰为98美元；1982年，世界银行估计博茨瓦纳的人均国内生产总值为900美元，斯威士兰为940美元，差不多是莱索托的510美元的两倍；2004年，博茨瓦纳人均国内生产总值为3600美元，斯威士兰紧随其后，人均国内生产总值为1300美元，而莱索托为618美元。在政治上，与莱索托比较频繁地出现政局动荡情况相比，博茨瓦纳与斯威士兰相对稳定得多。1966年独立以来，博茨瓦纳从未发生军事政变，政权交接也都平稳有序，2003年被相关国际组织评为非洲"最不腐败"的国家；斯威士兰独立后，政权基本保持稳定。

月,塔巴内首相赴莫桑比克出席第32届南部非洲发展共同体首脑会议并访问津巴布韦。2015年5月,莱索托国王莱齐耶三世访问阿尔及利亚。2015年7月,莱索托国王莱齐耶三世作为非洲营养大使赴埃塞俄比亚出席为期两天的非洲营养战略启动仪式峰会。2016年2月,科威特阿拉伯经济发展基金会代表团访莱,与莱索托财政大臣哈克特拉签署协议,承诺为莱索托提供2.33亿马洛蒂资金,用于翻修莱索托莫舒舒国际机场。2016年5月,莱齐耶三世国王出席乌干达总统就职典礼。2016年8月,莫西西利首相赴肯尼亚内罗毕出席非洲发展东京国际会议。2018年5月,塔巴内首相率团访问苏丹。

第五节 与中国的关系

莱索托王国与中华人民共和国于1983年4月30日建立外交关系。此后,两国关系出现反复。1990年4月7日,莱索托军人政府恢复了与中国台湾的所谓外交关系,同时中华人民共和国政府与其断交。1994年1月12日,莱索托政府与中国重建外交关系,两国复交后,莱索托与中国的政治、经济及文化合作加强,取得了很多的成果。莱索托是中国旅游目的地。现任莱索托驻华大使是莱博杭·恩齐妮(Lebohang Ntsinyi,2013年任职至今)女士。中国历任莱索托大使有:牟屏(1984年2月至1986年4月)、田长松(1986年5月至1990年2月)、乐俊清(1990年2月至1990年4月)、林延海(1994年6月至1997年11月)、陈来元(1997年12月至2000年6月)、张宪一(2000年7月至2003年6月)、仇伯华(2003年8月至2008年9月)、高德毅(2008年9月至2010年12月)、胡定贤(2011年4月至2016年3月)、孙祥华(2016年5月至2018年9月)、雷克中(2019年8月至今)。

一 双边政治关系

1994年复交后,莱索托坚持"一个中国"原则,不同台湾发展任何形式的官方关系,并相信中国将通过"一国两制"方针解决台湾问题。

莱索托

2016年11月，莱索托政府公开发布对华政策文件，重申在台湾、涉藏、南海等问题上均给予中方坚定支持，并愿进一步深化两国各领域互利合作。1994~2005年，先后有外交及国际关系大臣科贝拉（1994年）、外交及国际关系大臣马霍佩（1997年）访问中国，1999年10月，莱索托国王莱齐耶三世对中国进行正式访问。2000年10月，莱索托外交及国际关系大臣塔巴尼和贸工大臣马利埃出席中非合作论坛部长级会议。2001年8月和12月，莱索托国防军司令莫萨肯中将和首相莫西西利先后访问中国。莫西西利访华期间，还与中国政府签署了莱中经济技术合作协定和中莱免债议定书。2003年11月，莱索托王国外交及国际关系大臣莫拉比·柴夸对中国进行正式访问，并与中国外长签署了《中华人民共和国和莱索托王国引渡条约》。[①] 2004年11月，莱索托议长莫查梅访问中国，2005年3月，莱索托国防军司令莫塔亚尼中将对中国进行正式访问。

2005年中非合作论坛升级为首脑峰会之后，访问中国的莱索托高层增加：2005年11月，莱索托首相对中国进行了正式访问，之后，民主大会党总书记马迪埃（2007年）访华，财政大臣塔哈尼（2007年、2009年）访华，民主大会党总书记梅辛于2010年访华，梅辛2013年担任副首相兼地方政府及酋长事务大臣期间再次访华。其他高官还有副首相莱霍拉（2011年），旅游、环境及文化大臣拉德比（2013年），卫生大臣马纳莫莱拉（2013年）等。2015年12月，莫西西利首相出席了中非合作论坛约翰内斯堡峰会。2016年7月，发展计划大臣赫洛阿埃莱来华出席中非合作论坛约翰内斯堡峰会成果落实协调人会议。2017年6月，外交部副部长张明在埃塞俄比亚出席非盟首脑会议期间会见莱索托新任外交及国际关系大臣马霍蒂。2018年1月，外交部部长助理陈晓东在埃塞俄比亚出席非盟首脑会议期间会见莱索托外交及国际关系大臣马霍蒂。现任首相塔巴内2014年曾对华进行过私人访问。

莱索托支持中国的南海主权。2016年5月24日，莱索托王国在其外交及国际关系部网站发表了关于南海问题的声明。声明内容包括：莱索托

[①] 2004年10月，中国全国人大常委会批准了该条约。

第八章 外 交

王国呼吁南海有关领土和海洋权益争议应由直接当事方根据双边协定和《南海各方行为宣言》通过友好协商谈判和平解决；莱索托王国完全尊重中国和东盟国家为维护南海和平稳定所做的努力，并呼吁地区外国家为此发挥建设性作用；莱索托王国认为，《联合国海洋法公约》及相关国际法准则，包括中国与东盟国家达成的协定，共同构成解决上述争议的法律基础，相关主权国家及《联合国海洋法公约》签署国自行选择争议解决方式的权利必须得到尊重和遵守。

1994年以来，中国外经贸部部长助理刘向东（1994年）、外交部部长助理王昌义（1995年）、外交部部长助理吉佩定（1997年），外经贸部部长助理孙广相（1997年）、外经贸部部长助理何晓卫（2000年）先后访问过莱索托。2002年，中国人民解放军副总参谋长隗福临上将（4月）、外交部副部长杨文昌（7月）、文化部特别部长助理常克仁（10月）、中联部副部长王家瑞（12月）访莱。

2005年1月14~15日，外交部部长李肇星应莱索托外交及国际关系大臣的邀请，对莱索托王国进行了正式访问。这是两国1994年复交以来中国外长首次访问莱索托。访问期间，李肇星分别会见了国王莱齐耶三世和首相莫西西利，并同外交及国际关系大臣莫莱莱凯举行了会谈。同年12月，国务院总理温家宝在人民大会堂与莱索托首相莫西西利举行会谈。双方就进一步发展中莱友好合作关系和共同关心的国际问题交换了意见。会谈后，温家宝和莫西西利共同出席了中莱两国政府经济技术合作协定等的签字仪式。之后，商务部部长助理傅自应（2007年）、外交部部长助理翟隽（2009年）访问了莱索托。2009年6月4日，外交部部长杨洁篪在外交部与来华正式访问的莱索托王国外交及国际关系大臣采科阿举行了会谈并签署了《中华人民共和国政府和莱索托王国政府经济技术合作协定》。2013年7月17~18日，外交部非洲司司长卢沙野率团对莱索托进行工作访问，与莱索托外交及国际关系部常秘梅辛举行会谈，并分别拜会了莱索托副首相和外交及国际关系大臣，就两国关系及双方共同关心的国际问题交换了看法。2018年5月31日至6月2日，商务部副部长钱克明应邀率团访问了莱索托，在孙祥华大使陪同下拜会了莱索托国王莱齐耶三

莱索托

世和首相塔巴内，就深化中莱经贸务实合作，推动双边友好关系发展进行交流。

2018年9月1~7日，莱索托首相塔巴内应邀对中国进行正式访问并出席中非合作论坛北京峰会。这是塔巴内首次以首相身份对中国进行正式访问，9月5日下午，塔巴内首相前往天安门广场，向人民英雄纪念碑敬献花圈。9月6日，李克强总理在人民大会堂举行欢迎塔巴内的仪式，双方举行了会谈，代表中莱双方签署了合作文件。同日，中国国家主席习近平在人民大会堂会见了塔巴内首相。莱索托工商代表赛蒙斯在接受记者采访时表示：习近平主席的讲话，"是一个了不起的讲话，习主席强调了过去中非合作论坛机制所取得的成就，以及未来发展规划，但是更重要的是，他让我们意识到这种合作是建立在相互尊重、中非共同繁荣的基础上的"。2018年9月7~9日，塔巴内首相一行还访问了中国浙江省温州市。

二　双边经贸关系

20世纪90年代以来，莱索托与中国的经济和贸易关系发展迅速。1998年、1999年、2000年、2001年、2002年、2005年、2006年、2009年、2010年、2015年莱中两国政府领导人分别签订了10个《中华人民共和国政府和莱索托王国政府经济技术合作协定》（以下简称《经济技术合作协定》）。2002年7月4日，中华人民共和国水利部副部长陈雷与莱索托王国自然资源部大臣莫尼亚内·莫莱莱基在北京共同签署了《中华人民共和国水利部和莱索托王国自然资源部水利合作谅解备忘录》。这对进一步加强两国在水资源管理和水利建设领域的交流与合作具有重要意义。根据合作谅解备忘录，中国水利部将与莱索托自然资源部在水资源管理政策法规制定，水土保持，水环境保护，洪水预警预报技术，水价形成机制，雨水集蓄水窖的设计和建设，水利工程规划、设计、建设和运行以及技术培训和人力资源开发等领域，开展信息资料交换、技术交流、技术咨询服务、联合研究与开发等多种形式的合作。

2004年7月29日，莱索托林业和土地开发部大臣林肯·莫科塞访问

第八章 外 交

中国，与中国国家林业局局长周生贤共同签署了《中华人民共和国国家林业局和莱索托王国林业和土地开发部关于林业合作的谅解备忘录》，以加强莱索托与中国林业方面的合作。2004年12月31日，中华人民共和国驻莱索托王国大使仇伯华和莱索托外交及国际关系大臣莫尼亚内·莫莱莱基分别代表两国政府在莱索托首都马塞卢签署了援助莱索托2000吨黄玉米项目交接证书。该项目由中国青岛国际经济技术（集团）有限公司承担供货任务，全部物资于10月运抵莱索托。[①] 2005年1月，李肇星外长访莱期间，同莱索托外交及国际关系大臣莫莱莱凯签订了《经济技术合作协定》，并向莱索托外交及国际关系部赠送了电脑等办公用品。

2015年4月15日，中华人民共和国驻莱索托王国大使胡定贤和莱索托外交及国际关系大臣特洛汉格·塞卡马内（Tlohang Sekhamane）在莱索托首都马塞卢分别代表各自政府签署《经济技术合作协定》，协定规定中国政府将向莱索托政府提供一笔人民币无偿援助，用于实施中莱两国政府商定的各类项目。2018年以来，中国与莱索托经贸合作更加密切。2018年3月1日，中华人民共和国驻莱索托王国大使孙祥华与莱索托财政大臣马乔罗签署《中华人民共和国政府和莱索托王国政府关于中国向莱索托提供优惠贷款的框架协议》，根据框架协议，中国政府同意由中国进出口银行向莱索托财政部提供一笔贷款，用于实施喀查斯奈克区主干道升级项目（以下称莫塞公路项目）。这是中非合作论坛约翰内斯堡峰会有关举措在莱索托落实取得的重要成果。2018年3月15日，中华人民共和国驻莱索托王国大使孙祥华与莱索托外交及国际关系大臣马霍蒂分别代表两国政府签署《经济技术合作协定》。根据《经济技术合作协定》，中国政府将向莱索托政府提供一笔无偿援助资金以用于探讨实施马塞卢地区医院和眼科诊所项目或双方商定的其他项目。这是3个月内中国政府向莱索托政府提供的第二笔无偿援助资金。医院项目的实施将极大地促进莱索托医疗卫生事业的发展，增进民生福祉。此外，莫塞公路、马费滕光伏电站、赫洛泽综合水利工程三个重点优先项目也都取得了积极进展。上述项

---

① http://jjhzj.mofcom.gov.cn/article/200501/20050100330842_1.xml.

莱索托

目的实施对促进莱索托社会经济发展有重要战略意义。

莱索托还与中国地方政府开展经贸合作。莱索托驻华大使恩齐妮履任期间，代表莱索托政府与湖南、河北、山东、甘肃等省份开展了经贸合作。2015年10月28日，恩齐妮大使、经济参赞贺妮等人受莱索托政府委托对湖南省进行专项考察，参观调研了湖南黄金集团、大万矿业公司、中南黄金冶炼有限公司，与湖南省就矿产资源勘查开采等项目达成了合作意向。恩齐妮大使希望湖南黄金集团对莱索托矿产项目进行投资，做到互利互惠，不断增进两国之间的交流合作。双方还就投资程序、税收政策、社会环境、投资成本等具体细节进行了沟通交流。2017年5月19日，恩齐妮大使还参加了在湖南郴州举办的第五届矿博会。8月4~5日，恩齐妮大使在中国亚洲经济发展协会海外合作委员会会长黄兆锦的陪同下到河北惠达全球运营中心考察交流，并签订战略协议。9月27日，恩齐妮大使访问湖南期间考察了长沙著名的高桥大市场，与当地官员就推动莱索托与湖南的经贸合作，加强文化交流进行了深入探讨。2018年9月6~7日，莱索托首相塔巴内率代表团访问温州期间，参观了浙江永嘉原野园林公司、奥康鞋业股份有限公司，表示欢迎温州的企业到莱索托进行投资，实现共同发展。

建交至今，中国在莱索完成了蔬菜种植、沼气技术指导、国家会议中心等9个援助项目。从2003年起，中国还在莱索托援建了莱索托国家会议中心、莱索托布塔布泰工业园、莱索托图书馆暨档案馆和广播电视网扩建等项目，受到莱索托政府高度赞誉。2003年10月，莫西西利首相在公共工程部和建筑设计局新办公大楼启用典礼上发表讲话，高度赞扬中国多年来提供的大量真诚援助，并称双边互利合作项目已促使两国关系成为"特殊关系"。中国政府也非常重视援建项目，2005年1月，中国商务部派出专家验收组，对中国援建莱索托图书馆暨档案馆项目进行中期验收。该专家组由商务部国际经济合作局官员带队，由上海建工集团三名专家组成。经综合评定，该项目中期检查验收质量达到优良标准。莱索托政府官员对中国的施工质量和进度表示十分满意。中国还多次向莱索托提供粮食援助。2016年，莱索托遭受严重旱灾，中国向莱索托提供紧急粮食援助。中国旅莱侨团、商会等成立的中莱民间友好行动基金会在马费滕地区举行捐助活动，向500户受旱灾影响严重的贫困家庭提供粮食等生活必需品。2018年4月19日，中国政府在马塞卢举行援莱索托紧急粮食援助项目交接仪式，孙祥华与莱索托外交及国际关系副大臣兼代大臣塞察比签署交接证书。

2017年7月13日，中国援建的莱索托议会大厦和国家会议中心综合技术援助项目换文仪式在莱索托首都马塞卢举行。莱索托议会大厦和国家会议中心两栋建筑自从中方正式移交莱方后，已经成为莱索托首都马塞卢标志性建筑，除此之外，中国政府援建的莱索托国家图书馆暨档案馆、中莱友谊中学即将正式移交，中国援建的莱索托新首相府落成，以上项目都是莱索托与中国友谊的象征。

2001年，中国政府免除截至1999年底莱索托对华部分到期债务。2006年11月，中国政府在中非合作论坛北京峰会对非免债方案下免除莱索托5000万元人民币到期未还的政府间无息贷款债务。自2005年1月1日起，中方对于从莱索托进口的部分商品给予免关税待遇。2014年，中国同莱索托贸易额为1.01亿美元，同比下降2.4%，其中中方出口额为0.89亿美元，进口额为0.12亿美元。中国对莱索托主要出口轻纺和机电产品，进口马海毛、珠宝、贵金属等。2017年，中国同莱索托贸易额为0.86亿美元，同比增长15.9%，其中中方出口额为0.61亿美元，进口额为0.25亿美元。2018年6月，中莱经贸联委会机制正式成立。2018年11月，莱索托参加了在中国上海举办的中国国际进口博览会。

三 文教、卫生等方面的双边交往

莱索托与中国建交后，就签署了文化交流协定。后因两国政治关系的变化而中断。1994年后，两国文化教育以及医疗方面的合作加强。2000年11月，莱索托旅游、环境及文化大臣莫唐访华并与中国文化部部长孙家正签署了中莱文化合作协定，且于2001～2004年执行文化合作计划。此后，双方互派艺术团进行演出，互办艺术展。2009年9月，莱索托旅游、环境及文化大臣恩齐妮访华并与中国文化部部长蔡武签署了《中莱

莱索托

文化合作协定 2009 年至 2012 年执行计划》。2013 年 10 月，双方续签《中莱文化合作协定 2014 年至 2017 年执行计划》。2011 年，中国赠送莱索托陶艺设备，并派专家赴莱索托开展技术培训。2016 年，为庆祝莱索托独立 50 周年，中华人民共和国驻莱索托王国大使馆举办中国电影节，莱索托副首相，高等法院大法官，外交及国际关系大臣及旅游、环境及文化大臣和军队、警察高级官员参加开幕仪式，电影节集中放映了《一代宗师》《花木兰》《十二生肖》《非诚勿扰》等优秀中国影片，受到莱索托民众的热烈欢迎。2018 年 5 月 18~20 日，中华人民共和国驻莱索托王国大使馆与莱索托旅游、环境及文化部在莱索托首都马塞卢联合举办第二届中国电影节。莱索托参议院正副参议长，旅游、环境及文化大臣，警察及公共安全大臣，林业及土地保护大臣，内政副大臣，多名国会议员和前政要以及外国驻莱索托使节出席 18 日的电影节开幕式并观看首场电影。

从 2001 年起，中国向莱索托开始进行教育援助和交流。2001 年，中国向莱索托国立大学援助一个拥有 50 台电脑的实验室并由中国教育部派教师在莱索托国立大学任教，帮助莱索托国立大学建立了计算机实验室。2001 年 10 月 8 日，中华人民共和国驻莱索托王国大使馆在莱索托国立大学举行了隆重的实验室移交仪式，邀请了国王、外交及国际关系大臣、教育与培训大臣出席，还帮助大学设置安装网络软件，建立网站，指导网页的编写等。2006 年 4 月 28 日，中国援莱索托国家图书馆兼档案馆正式启用，这是根据中华人民共和国和莱索托王国政府 2002 年 7 月 17 日和 8 月 16 日换文规定，由中国政府投资兴建的项目。此外，中华人民共和国驻莱索托王国大使馆还多次向莱索托贫困儿童进行捐款，例如，2011 年 11 月 9 日，中华人民共和国驻莱索托王国大使胡定贤夫妇代表使馆向莱索托首相夫人办公室慈善基金捐款，用于救助孤儿和贫困学生。2011 年 11 月 16 日，中华人民共和国驻莱索托王国大使胡定贤夫妇代表使馆向莱索托王后慈善基金进行小额捐款，用于帮助贫困中学生完成学业。2012 年，中莱签署援建中莱友谊中学项目协议，落实中国对非合作新八项举措。中国和莱索托在教育和人力资源发展方面也有着良好、密切的合作关系。近些年，每年有超过 2000 名莱索托学生、政府官员、技术人员等在中国政府的支持下前往中国学习或者接受培训。中国政府对莱索托来华留学生给予大量帮助和充分关怀,2014年全年在华莱索托留学生共113人,其中获奖学金的学生有43名,自费生有70名,到2017年,全年在华留学生增加到301人,其中获奖学金的学生有62名。莱索托也与中国内地著名教育集团合作。2017年8月29日,莱索托王国驻华大使恩齐妮和参赞科沛蒂对伟东云教育集团进行了为期三天的参观访问。参访期间,恩齐妮大使代表莱索托王国驻华大使馆与伟东云教育集团董事长王端瑞签署国际合作备忘录。根据备忘录,双方将共同推动互联网教育在莱索托王国的建设和发展。莱索托王国驻华大使馆将协调教育与培训部、职业培训学校、高等教育院校和当地教育合作企业等相关单位配合双方合作;伟东云教育集团将运用最新的互联网教育技术,为莱索托王国搭建教育云平台,提供互联网教育产品,进行在线教育培训服务,以及开展国际教育交流培训等,双方将发挥各自优势,共同开创中国与莱索托王国在基础教育、职业教育和高等教育领域深度合作的新局面。

中国在莱索托设有孔子课堂,2016年开设了4个汉语教学班。2018年5月4日在莱索托举办了首届莱索托警察及移民部门汉语培训班,培训期为一个半月,共有22名警员和8名移民官员参加学习。莱索托警察和移民部门官员通过学习汉语提高履职能力,更好地开展工作,为在莱索托中国侨民和机构的发展创造更好的条件,此外,中莱民间友好行动基金于2018年4月25日在布塔布泰区举办助学活动,向来自全国各区的20名贫困学生捐款。

在医疗方面,莱索托与中国的医疗合作十分密切。1997年4月,中国首批医疗队赴莱索托工作,截至2018年8月,中国政府已累计派出12批140人次。2002年初,中国传统医药专家访问莱索托,研究中国和莱索托传统医药领域的合作;2002年10月,莱索托卫生大臣帕科博士(Dr. Phooko)赴华参加中非传统医药合作论坛,与中国卫生部部长张文昌举行了建设性的会谈,并签署了《中国和莱索托医疗卫生合作协定》;2012年11月,中国非政府组织向莱索托医疗界捐献抗肺结核病药,价值240万马洛蒂,可以治疗3000名患者。这是中非合作论坛后续行动之

莱索托

一，也是中国非政府组织第一次进入莱索托，莱索托政府给予高度评价，认为这是加强两国非政府组织间合作的新开端。2009年3月31日，中华人民共和国驻莱索托王国大使高德毅和莱索托卫生代理大臣梅辛在莱索托卫生部分别代表本国政府签署了《中华人民共和国政府和莱索托王国政府关于中华人民共和国政府向莱索托派遣医疗队的议定书》。

中国援助莱索托的医疗队由湖北省派出，含内科、骨外科、妇产科、针灸科、放射科、麻醉科等人员，辅以卫生检疫、药品检验、预防保健、设备维修等人员。2015年以前，医疗队在莱索托工作时间为两年。2015年4月8日，根据中华人民共和国驻莱索托王国大使馆政务参赞张长伟和莱索托卫生部常秘莱弗·曼约科勒（Lefu Manyokole）代表各自政府签署的议定书，从2015年9月起，援助莱索托的医疗队工作期限改为一年。2015~2018年，中国政府共派出了三批医疗队，分别为第10、11、12批次。工作地点是莱瑞比莫特邦医院。医疗队除了进行日常的诊疗工作外，还经常赴莱索托偏远山区的医院和农村开展巡回医疗和义诊活动，为当地人免费提供诊疗服务。医疗队和当地医生密切配合，不仅诊治了大量常见病、多发病，而且治愈了不少疑难病症，挽救了许多垂危病人。在临床上，中国医疗队员不仅利用现代医疗技术，而且把中国的传统医药、针灸、按摩以及中西医结合的诊疗办法带到了莱索托。

第六节 与联合国及专门机构的关系

1966年莱索托独立，随即向联合国递交了加入这一普遍性国际组织的申请。1966年10月14日，联合国安理会通过同意莱索托加入联合国的申请的第225号决议案，并提请联合国大会表决。10月20日，联大投票通过了莱索托加入联合国的申请，莱索托正式成为联合国第122个会员国，并先后加入了与联合国建立特殊关系的专门机构和政府间组织。加入联合国以来，莱索托遵守《联合国宪章》，秉承联合国宗旨，遵守联合国大会各项决定，在维持和平与安全、销毁大规模杀伤性武器、人道主义救援、抗击艾滋病等领域参与联合国的行动，积极履行会员国义务。同时，

第八章 外 交

作为最不发达国家之一,莱索托也得到联合国及专门机构的各项援助。总体来说,莱索托与联合国及专门机构的关系可以概括为表达诉求、履行义务和接受援助。

一 表达诉求

莱索托一贯支持殖民地人民的民族独立运动,反对种族隔离政策。加入联合国后,莱索托在联合国大会支持纳米比亚、津巴布韦人民的独立要求,同时也支持巴勒斯坦解放组织的民族独立诉求,1985年10月2日,莱索托就与阿尔及利亚、阿富汗等25国一起要求邀请巴勒斯坦解放组织参加联合国安理会的讨论。

此外,莱索托利用联合国这一平台多次表达反对南非种族主义的立场,直到南非结束种族主义统治。1976~1985年,莱索托利用联合国大会向联合国安理会控诉南非干涉莱索托内政并对莱索托进行经济封锁和施加军事压力。1976年,南非特兰斯凯的班图斯坦独立,莱索托拒绝承认,南非关闭了两国之间的边界,莱索托第一次向联合国安全理事会提出了对南非的控诉;1977年,莱索托再次向联合国安理会提出对南非的控诉。1981年,受南非支持的反对党武装"莱索托解放军"在首都马塞卢制造了一系列暴力事件,对此,1982年,莱索托向联合国安理会控诉南非干涉本国内政,莱索托国王莫舒舒二世在发言中称这次暴力行为至少造成42人被杀害,其中包括妇女和儿童。

联合国支持莱索托的立场,在连续几年的联合国大会中通过决议。1976年12月22日,联合国安理会通过第402号决议,赞扬莱索托政府不承认南非特兰斯凯班图斯坦独立的决定,谴责南非存心胁迫莱索托承认特兰斯凯班图斯坦的任何行动,要求南非立即采取一切必要步骤,重新开放边境站,同时呼吁所有国家向莱索托立即提供财政、技术和物质援助[①]。

1977年5月25日,联合国安理会通过第407号决议,重申第402号决议立场,同时,联合国秘书长在联合国总部设立特别账户,接受对莱索

---

① 联合国安理会决议(1976)。

托的援助。

1982年12月14日，在联合国安理会第2406次会议上，阿尔及利亚、安哥拉等6国代表参加题为"莱索托对南非的控诉：1982年12月9日莱索托王国常驻联合国代表团临时代办给安理会主席的信"的讨论，并于12月15日通过联合国安理会第527号决议，强烈谴责南非种族隔离政权对莱索托的蓄意侵略性行为，认为这种行为构成对该国领土主权和领土完整的公然侵犯。

1983年6月29日，联合国安理会通过第535号决议，重申了莱索托反对种族隔离制度的立场和各国收容逃避种族隔离压迫的难民的权利，表扬莱索托政府反对种族隔离的坚定立场及其对南非难民的慷慨援助。

1985年12月30日，联合国安理会第2638次会议决定，邀请包括莱索托在内的四国代表参加讨论题为"莱索托对南非的控诉：1985年12月23日，莱索托常驻联合国代表给安理会主席的信"的项目，并通过了联合国安理会第580号决议，对南非侵犯莱索托主权和领土完整的无端屠杀事件表示严重关切，对南非侵略莱索托行动造成的6名南非难民和3名莱索托国民丧生的惨案表示强烈谴责，重申莱索托有权按照传统做法，按照人道主义原则及国际义务，收容种族隔离的受害者，并给予庇护。提请各会员国紧急给予莱索托一切必要的经济援助，以便增强莱索托收容、供养和保护在其境内的南非难民的能力。

二 履行义务

作为联合国会员，莱索托一贯支持《联合国宪章》的各项宗旨，认真履行会员国义务，每年9月，与其他所有会员国一起相聚纽约联合国总部参加联合国大会年会，就发展、和平与安全、国际法等一系列《联合国宪章》范围内的广泛国际问题进行讨论和合作。2017年9月，塔巴内首相出席联大一般性辩论。

第一，参与联合国安理会和平与安全的行动凡涉及维护世界和平与安全、促进和保护人权和基本自由方面的议题议案，莱索托均投赞成票予以支持。尽管莱索托士兵仅有3000人，但仍然参与了联合国维持和平行动。

2012年4月21日至8月19日，莱索托与中国、俄罗斯等47个国家一起组建了联合国驻叙利亚监督团。此外，联合国网站显示，2003年至今，莱索托连续在"裁军和发展之间的关系"、"使各国能及时可靠地查明和追踪非法小武器和轻武器的国际文书"、"联合国查明如何在核裁军范畴内消除核威胁的会议"、"导弹"、"恐怖主义对享有人权的影响"（2017年12月23日联大第七十二届会议）等议题讨论中投赞成票。2004年4月，联合国安理会一致通过第1540号决议，申明核武器、化学武器和生物武器及其运载工具的扩散对国际和平与安全构成威胁。该决议规定，应避免向企图开发、获取、制造、拥有、运输、转移或使用核生化武器及其运载工具的非国家行为者提供任何形式的支持。莱索托认真履行了该决议的规定，在联合国安理会第1540号决议委员会的协助下，编制了本国的行动计划并于2016年9月28日提交给委员会。

第二，莱索托参与并签署了联合国主持通过的绝大多数多边条约，是联合国系统重要的专门机构及政府间组织的成员。独立后的十年中，莱索托加入了专门机构：1966年11月7日加入联合国粮农组织；1967年5月26日加入国际电信联盟，同年6月9日加入万国邮政联盟；1968年7月25日加入国际复兴开发银行（世界银行）；同年9月29日加入联合国教科文组织；1968年7月25日加入国际货币基金组织；同年9月19日加入国际开发协会；1969年8月7日加入国际投资争端解决中心；1972年9月29日加入国际金融公司。从20世纪70年代中期起，莱索托又加入了国际农业发展基金（1977年）、世界旅游组织（1981年）、世界气象组织（1979年8月3日）、联合国工业发展组织（1985年6月21日）、多边投资担保机构（1988年4月12日）、世界知识产权组织（1986年11月18日）。莱索托还是国际劳工组织、世界卫生组织、国际民用航空组织成员，1995年5月31日，莱索托加入了世界贸易组织。

莱索托与上述组织保持密切联系。2003年11月25日，莱索托成为联合国教科文组织世界遗产委员会成员。2010年10月5日"世界教师日"时，莱索托派教师参加了联合国教科文组织的一系列纪念活动和研讨会，莱索托教师与海地、以色列、马里、老挝及法国的教师一起分享处

莱索托

理危机的经验，探讨如何提高教学水平以及如何通过新技术促进教师发展等。

莱索托还是一系列重要国际条约的签字国。2000年9月6日，莱索托签署国际刑事法院《罗马规约》，成为第4个签署该条约的非洲国家；莱索托还加入《防止和惩治恐怖主义公约》等一系列反恐条约，也是《联合国气候变化框架公约》的成员，虽然莱索托属于没有出海口的内陆国家，也不是国际海事组织成员，但仍然于2007年6月批准了《联合国海洋法公约》[①]；2013年4月，联合国大会投票表决《武器贸易条约》[②]，莱索托投票赞成并于9月25日正式签署了该条约。

第三，作为联合国经济及社会理事会成员期间，莱索托致力于推动联合国和本国减贫和社会进步，并推举本国高级人才承担联合国的工作。1999年，莱索托的法基索·莫乔乔科[③]当选第六委员会（法律委员会）主席。莫乔乔科曾担任莱索托常驻联合国代表团的高级参赞，先后担任联合国大会第五十三届会议第六委员会副主席和联合国宪章和加强联合国作用特别委员会副主席。2001年3月30日，联合国安理会第4307次会议通过第1347号决议，包括莱索托温斯顿·丘吉尔·马坦西马·马克图先生在内的5名卢旺达问题国际法庭法官提名人选被送交大会表决。2005年11月3日，联合国大会第60届会议，任命包括莱

---

① 《联合国海洋法公约》是联合国通过的涉及海洋权益、过境自由和海洋环保等一系列权利和义务的国际公约，被称为"海洋宪法"。1982年12月10日在牙买加开放签署，1994年11月16日生效。中国是第一批签字国家之一，并于1996年5月15日批准，是世界上第93个批准该公约的国家。
② 当时共有154个国家投赞成票，朝鲜、伊朗和叙利亚3国投了反对票，俄罗斯、印度、中国等23个国家投了弃权票。
③ 莱索托著名的法学家。1957年9月4日生于莱索托，1982年在莱索托国立大学获得文学学士学位，1984年获得法律学士学位。联合国官网上的信息显示，1992年之前，莫乔乔科在莱索托从事涉及法律业务的工作，曾担任人权律师助理培训项目的区域律师协调员。1998年，他作为莱索托代表团的成员出席在罗马举行的关于建立国际刑事法庭的会议，当选联合国全权代表外交会议全体委员会副主席及关于国际司法合作工作组主席，并且成为国际刑事法院筹备委员会的成员。他还撰写了《国际刑事法庭：罗马规约的制定》中的一章。

索托在内的 7 个国家为会议委员会成员，自 2006 年 1 月 1 日起任期三年。2009 年 11 月 3 日，莱索托被选为环境规划署理事会成员（共 29 个成员）。

2016 年 12 月 1 日，在由联合国粮农组织和世界卫生组织共同主办的"可持续粮食系统促进健康膳食并改善营养国际研讨会"上，莱索托国王莱齐耶三世被正式任命为联合国粮农组织新的营养问题特别大使。作为非洲联盟的"营养捍卫者"，莱齐耶三世国王多年来在积极推动健康饮食行动。他承诺在此领域发挥积极作用，并鼓励与会者保持这一势头，以使营养问题成为全球重要议程的组成部分。

此外，莱索托还履行了缴纳联合国会费的义务，缴纳比例为联合国预算的 0.001%，2013~2016 年分别缴纳了 25483 美元、25520 美元、27136 美元和 24932 美元。

三　接受援助

2000 年 9 月，在联合国千年首脑会议上，189 个国家共同签署《联合国千年宣言》，一致通过在 2015 年前消灭极端贫穷和饥饿、普及小学教育、促进男女平等并赋予妇女权利、降低儿童死亡率、改善产妇保健、与艾滋病毒/艾滋病、疟疾和其他疾病做斗争、确保环境的可持续能力、全球合作促进发展。这些目标和指标被置于全球议程的核心，统称"千年发展目标"。这是一幅由全世界所有国家和主要发展机构共同展现的蓝图，为了实现行动目标，联合国将最不发达国家[①]集中的撒哈拉以南非洲作为重点，2007 年启动了促进非洲实现千年发展目标的新机制，时任联合国秘书长潘基文决定，由联合国发展集团与国际货币基

[①] 根据联合国的标准，最不发达国家标准有三项：一是低收入，人均国民总收入在 905 美元以下；二是人力资产指数（HAI）低于阈值，此项指数主要考察营养、健康、教育和成人识字率等；三是经济脆弱性指数（EVI），包括内生性指数（由人口规模、地处偏僻情况、制造业出口集中度、农林渔业产值占 GDP 比重 4 个指标经无量纲化处理后的加权平均数合成得到）和外生性指数（由自然灾害受害者人数、农业生产不稳定性和出口不稳定性 3 个指标经无量纲化处理后的简单平均数合成而来）。

莱索托

金组织、世界银行、伊斯兰发展银行、非洲发展银行、非盟委员会、欧盟委员会共同成立了"千年发展目标非洲指导小组",目的是利用联合国及多边国际组织和专门机构的优势,加强援助非洲的国际合作,帮助非洲在消除贫困、饥饿、疾病等方面取得进展,促进千年发展目标的实现。指导小组每年至少召开两次会议,2007年9月14日在纽约召开了首次会议。

莱索托是联合国主导援助的重点国家之一,综合来看,联合国的援助大致可以分为官方发展援助、人道主义援助和其他援助。

(一) 官方发展援助

千年首脑会议召开后的第二年,联合国在墨西哥蒙特雷举行发展筹资问题国际会议,达成了"蒙特雷共识"。会上确认,实现千年发展目标,特别需要"大量增加官方发展援助",呼吁发达国家"做出具体努力",将原来占国民总收入0.7%的官方发展援助提高至占国民总收入的0.15%~0.20%以给予最不发达国家。而官方发展援助的重点,则是撒哈拉以南非洲33个最不发达国家,其中包括莱索托。根据经济合作与发展组织发展援助委员会(Development Assistance Committee, DAC)[①] 2007年、2008年、2009年的报告,援助国从2000年到2009年提供的援助均有所增加,发展援助委员会捐助国2009年提供的援助近1200亿美元,占捐助国国民总收入的0.31%。其中只有5个欧洲国家实现并实际超出0.7%的联合国目标,即丹麦、卢森堡、荷兰、挪威和瑞典。居援助前五位的捐助国分别是美国、法国、德国、大不列颠及北爱尔兰联合王国和日本,其中,美国承诺从2004年到2010年对撒哈拉以南非洲的援助加倍,并且在2009年实现了这一目标。但是,考虑到这些国家的经济规模,它们的官方发展援助占国民总收入的比例远远低于联合国目标。

---

① 经济合作与发展组织是由36个市场经济国家组成的政府间国际经济组织,旨在共同应对全球化带来的经济、社会和政府治理等方面的挑战,该组织成立于1961年,总部设在巴黎。发展援助委员会是其下属委员会之一,负责协调向发展中国家提供的官方发展援助,是国际社会援助发展中国家的核心机构,现有29个成员,世界银行、国际货币基金组织、联合国开发计划署作为常驻观察员参与。

(二) 人道主义援助

2004年8月20日，联合国秘书长在联大第五十九届会议的报告第三章"履行人道主义承诺"中指出南部非洲的严峻形势：在南部非洲，莱索托、马拉维、莫桑比克、斯威士兰、赞比亚和津巴布韦人民的预期寿命从1970年的平均46岁下降到2004年的35岁。联合国专门机构和非政府组织共同努力，通过2002年中至2004年中的联合呼吁，筹集了8亿多美元，从而可以向1000多万人提供粮食，向200多万名儿童提供营养品，为700万名儿童进行麻疹免疫，向550万名农民提供农业支持。联合国人道主义事务协调厅提供人道主义援助，实施一致、有效和坚持原则的人道主义对策。为了履行协调人道主义危机对策的任务，联合国人道主义事务协调厅继续与伙伴机构和非政府组织密切合作，完善危机所有阶段的关键性协调工具和机制。这包括采取更加一致的行动，改善人道主义准入情况，进行信息管理和援助物资流动的财务跟踪，加强对保护活动协调工作的支持。

联合国对莱索托最主要的人道主义援助是粮食援助。2003年以来，莱索托连续几年遭遇旱灾和洪灾，造成农作物大面积减产，粮食匮乏。根据联合国官网的信息，世界粮食计划署、联合国人道主义事务协调厅、联合国粮农组织每年发出呼吁，向包括莱索托在内的南部非洲受灾国家提供粮食援助。世界粮食计划署估计南部非洲地区将有大批人需要粮食援助；2004年2月，联合国人道主义事务协调厅和世界粮食计划署在会议上强调，南部非洲国家人道情况依然严峻，各国需要立即对该地区人民进行实质性的援助；2005年9月9日，世界粮食计划署再次呼吁国际社会向马拉维、莫桑比克、津巴布韦、莱索托和斯威士兰等南部非洲国家提供1.91亿美元的紧急援助，帮助850万名饥饿人口度过饥荒；2005年11月2日，世界粮食计划署呼吁国际社会向南部非洲970万名饥民提供1.57亿美元援助。

2007年，南部非洲大旱，莱索托遭遇了30年来最严重的旱灾，政府宣布进入紧急状态。3月8日，世界粮食计划署发出警告，气候异常导致南部非洲旱灾。在莱索托、莫桑比克南部、斯威士兰和津巴布韦，

莱索托

大量的庄稼由于干旱而减产和干枯。莱索托预计农作物比 2006 年减产近六成，受旱灾影响，莱索托每年需要 36 万吨谷物，去除粮食进口和现有粮食援助外，为满足最基本的需求，仍然需要 3 万吨谷物和 6000 多吨其他食物或等价现金。根据世界粮食计划署的报告，预计莱索托将有 40 万人需要援助，占全国人口的 1/5。报告指出，除旱灾因素外，多变的天气、缺乏资金投入以及艾滋病泛滥引起的劳动力短缺也是造成莱索托粮食大幅减产的原因。此外，莱索托进口玉米的主要来源国南非的玉米价格飞涨，导致莱索托购买力下降，更加剧了危机。报告强调，在下一个播种季节到来之前，使莱索托获得足够的种子、肥料和贷款对于改善该国 2008 年的粮食状况至关重要。此外，报告还建议莱索托采取种植作物多样化以及种植耐旱作物的策略。联合国负责人道主义事务的副秘书长霍姆斯（John Holmes）也发出了募捐呼吁。为了解决莱索托粮食短缺问题，除发起援助外，世界粮食计划署还首次采用在受援地购粮反哺缺粮人口的办法，从莱索托 20 家农户手中直接购买了 8 吨玉米，用于援助该国的缺粮人口。[①] 世界粮食计划署表示，由于莱索托遭遇罕见的旱灾，农业收成普遍受到影响，不过这 20 家农户由于参与了世界粮食计划署在莱索托开展的"以参加培训换取粮食"项目，学习并应用了保护性农耕（Conservation Farming）技术，因此在恶劣的自然条件下，玉米产量仍然有盈余。世界粮食计划署表示，本次购买活动是双赢的举动，一方面可以鼓励莱索托农业的发展，为这个封闭的内陆国家的农民提供市场；另一方面也可以节约世界粮食计划署的购粮成本，本次购买的玉米价格比莱索托邻国南非的玉米价格每吨低了 40 美元。世界粮食计划署、联合国粮农组织以及莱索托政府和非政府组织共同合作，为莱索托 1800 名农民进行了保护性农耕技术的培训。莱索托农业及粮食安全部官员指出，显而易见，莱索托需要推广保护性农耕技术，以帮助该国扭转水土流失、谷物产量持续下降、粮食匮乏的局面。

---

① 《粮食署首次直接从莱索托农户手中购粮》，联合国网站，https://news.un.org/zh/story/2007/09/82382，最后访问时间为 2017 年 5 月 24 日。

第八章 外 交

2008年8月8日,联合国中央应急基金①宣布拨款3000万美元用于支持12个受到粮食危机严重影响的国家,其中包括莱索托。2015年10月12日世界粮食计划署还推广一款手机应用软件——"分享餐食"（Share the Meal）,这一软件可以使世界各地的智能手机用户通过点击手机界面,捐助餐食给处于饥饿中的儿童。这款手机软件2015年6月在德国、奥地利和瑞士试验推出,已经有12万名手机用户为170万名南部非洲国家尤其是莱索托的儿童提供了餐食。世界粮食计划署还表示,其将继续在非洲开展"学校免费午餐"计划,即向非洲国家在校生提供免费午餐,以促使当地儿童上学。其还说,向一个孩子提供一顿免费午餐只需19美分,但可以让孩子们向往学校、学习知识,可以说,这项计划是本小利大的计划。

联合国官网显示,到2018年6月,莱索托仍然位列联合国粮农组织需要粮食外援的39个国家名单之中。

联合国给莱索托提供的另一人道主义援助用于抗击艾滋病。鉴于莱索托严重的艾滋病疫情,2005年,联合国秘书长安南的非洲艾滋病事务特使刘易斯在莱索托进行为期3天的访问。目的是考察该国疫情和防治情况,并呼吁国际社会帮助莱索托推广抗逆转录治疗方法。刘易斯与莱索托主管高官会面,并访问治疗中心和艾滋病人家庭。另外,世界卫生组织的艾滋病问题协调员吉姆·金也访问了莱索托,对该国艾滋病人接受抗逆转录治疗的情况进行考察。

联合国儿童基金会在南部非洲国家莱索托举办抗击艾滋病巡回宣传活动,以帮助该国青年防范艾滋病。其通过巡回展览和宣传活动,向莱索托青少年讲解有关艾滋病的知识,帮助他们树立防范疾病的意识。这项活动持续1年左右。

2010年10月,联合国儿童基金会启动的倡议旨在为孕期妇女提供一

---

① 中央应急基金创立于2006年,目的是使人道救援机构能够在短时间内对任何地区的紧急人道主义需求迅速做出反应,以及改变国际援助分配不均衡的情况。自创立以来,这个基金已经为全球人道主义救援行动提供了近9亿美元。其资金来源于会员国、地方政府、非政府组织、私人等的自愿捐款。

莱索托

个简易使用的包括抗反转录病毒药物和抗生素药在内的"母婴包",让她们在家就可以达到治疗的目的。联合国儿童基金会驻日内瓦官员梅尔卡多表示,这个"母婴包"是特别为最偏远地区的妇女设计的。梅尔卡多说:"'母婴包'包括整个疗程所必需的药物。它用包装和颜色来区分,以便医疗工作人员向有需要的妇女解释如何使用。这个'母婴包'由联合国儿童基金会、世界卫生组织和其他一些合作伙伴共同研发,每一个价值约70美元。"该计划在肯尼亚试推行后,在2015年前推广到莱索托、喀麦隆和赞比亚。

联合国艾滋病规划署2016年发布的《全球艾滋病状况报告》显示,2010~2015年,全球艾滋病感染较严重的非洲东部和南部地区的新增艾滋病感染人数下降了14%,非洲西部和中部则下降了8%。

(三) 其他援助

联合国致力于推动莱索托的政治民主化进程,给莱索托提供选举援助。选举援助是联合国根据《联合国宪章》的宗旨,在世界范围开展的全民投票、全民公决、选举的观察与监督活动,目的在于支持会员国开展定期、包容、透明、可信的全国性的可持续选举。这一援助不同于其他援助,它建立在《世界人权宣言》原则、尊重国家主权原则和政治制度的基础上,根据会员国的援助请求才能提供。选举援助由多个方案、基金、专门机构和部门参与的团队提供,同时受到联大的严密监管。莱索托地方政府及酋长事务部下设选举援助司,确保联合国系统在提供选举援助时保持一致与协调,同样也协助其制定选举政策,并在任何时候都同时监督约50项选举项目。联合国开发计划署是联合国系统内选举援助的主要提供者,这也是其在国家层面上领导民主治理援助职能的一部分。联合国维持和平部队也起着重要的作用,向在维和行动背景下组织选举的国家当局提供安全、技术建议及后勤支持。参与提供选举援助的联合国行为体包括人权事务高级专员办事处、联合国志愿人员组织、妇女署、联合国项目事务署等。此外,联合国也与提供选举援助的区域性与政府间组织建立了联系,包括非洲联盟、欧洲联盟、国际民主和选举援助学会、美洲国家组织、欧洲安全与合作组织及南部非洲发展共同体等。其他伙伴包括许多选举援助领域的国际非政府组织。这类机构包括卡特中心、非洲可持续民主选举学会及国际选举制度基金会等。这些机构提供了在选举援助方面的合作机会，也提供了交流经验、分享教训的机会。目前，联合国选举援助已成为维持和平、建设和平与确立民主治理过程中关键而成功的一部分，如对于1993年莱索托民选政权的建立，联合国提供了多次选举援助，对减少莱索托政治冲突起到了一定的作用。在2017年6月莱索托大选之前，联合国对莱索托相关人员提供了有关调解的培训，促进南部非洲发展共同体进行更广泛的调解工作。

此外，2017年，在促进和保护人权方面，联合国针对莱索托的局势部署了快速和跨领域的"轻装小组"。2017年4月，联合国秘书长与世界银行行长签署了一份新的《关于危机和危机后局势合作框架》，将双方的伙伴关系拓展至合作预防暴力冲突，承诺协作应对发展、人道主义、政治、安全、建设和平及人权等的挑战。

大事纪年

距今 2 万年前	包括斯威士兰、莱索托在内的南部非洲地区进入了新石器时代，考古学家称之为"威尔顿文化"。
公元前 8000～前 7000 年	桑人生活在莱索托境内。
5～18 世纪	向南迁徙的班图人分为三支，其中苏陀语系的苏陀—茨瓦纳种群渡过林波波河，分为若干分支，分布在德拉肯斯山和卡拉哈里沙漠之间的内地一带，之后几个世纪与原居住在此地的桑人和其他班图人相互融合，成为今天莱索托人的祖先——巴苏陀族人。
1786 年	巴苏陀兰（莱索托王国）的创建者莫舒舒一世出生。
1819 年	祖鲁王国扩张引发南部非洲诸班图部落混战，史称"迪法肯战争"。
19 世纪 20～30 年代	莫舒舒一世利用迪法肯战争的混乱，兼并和整合周边酋长国，建立巴苏陀兰。
1835 年前后	莫舒舒一世进行巩固政权、维护统一的政治经济及文化改革。
1843 年	莫舒舒一世与英国开普殖民地当局签订条约：承认巴苏陀兰是英国的同盟者，巴苏陀族人接受英国的"保护"。

1851~1852 年	莫舒舒一世领导人民反抗并击退英国殖民者。
1858 年	布尔人发动了第一次侵略巴苏陀兰的战争，巴苏陀兰接受英国的调停，与布尔人签订了第一个《北阿利瓦尔条约》。
1865 年	布尔人再次向巴苏陀兰宣战，巴苏陀兰战败。莫舒舒一世被迫与布尔人签订《塔巴博修条约》。
1868 年	英国正式宣布巴苏陀兰为其保护地。
1869 年	巴苏陀兰与布尔人签订第二个《北阿利瓦尔条约》。
1870 年 3 月 11 日	莫舒舒一世逝世，王位由其子莱齐耶继承。3 月 11 日被定为"莫舒舒日"。
1871 年	英国宣布将巴苏陀兰并入英国在南非的开普殖民地。
1884 年	英国宣布巴苏陀兰为其"高级专员领地"，实行直辖管理。
1899~1902 年	英布战争爆发。
1905 年 12 月 18 日	马塞卢到南非第一条铁路开通，长 2.6 公里。
1907 年	"巴苏陀兰进步协会"成立。
1914 年 10 月 30 日	巴苏陀兰创始人莫舒舒一世的后裔，莱索托独立后首任首相莱布阿·乔纳森出生。
1928 年 8 月	"贫穷者同盟"在马塞卢组织了反对英国殖民当局的抗议示威，这是巴苏陀兰历史上第一次群众示威。
1932 年	英国殖民当局在莱索托成立了莱索托足球协会，其成为国际足联和非洲足联成员。
1934 年	英国开始调整在巴苏陀兰的殖民政策。
1938 年	英国殖民当局颁布土著行政管理第 61 号文告和土著法院第 62 号文告，在巴苏陀兰进行行

	政与司法改革。
1938 年 5 月 2 日	贝伦·西伊索·莫舒舒二世出生。
1952 年	巴苏陀兰第一个现代民族主义政党"巴苏陀兰非洲人大会党"成立。
1956 年	巴苏陀兰议会成立宪法起草委员会。
1958 年 11 月	英国联邦关系大臣霍姆勋爵代表英国和巴苏陀兰议会代表团在伦敦进行为期一个月的首轮谈判。
1959 年	巴苏托兰国民党成立。
1960 年	巴苏陀兰自由党成立。
1960 年	英国殖民当局成立"国民议会"和"行政议会",英国殖民当局颁布敕令,宣布新宪法从 1960 年开始生效。
1960 年 1 月	巴苏陀兰人民举行了新宪法下的第一次议会选举,巴苏陀兰大会党获得了大选的胜利。同年 3 月,莫舒舒二世被宣布为巴苏陀兰的最高酋长。
1962 年	巴苏陀兰共产党成立。
1962 年 11 月	巴苏陀兰工党成立。
1964 年	莱索托广播开播。
1964 年 4 月	最高酋长莫舒舒二世率宪法委员会成员前往伦敦与英国政府进行谈判,英国政府被迫同意制定巴苏陀兰独立新宪法。
1965 年 4 月	巴苏陀兰议会进行大选,巴索托国民党在选举中获胜,组成巴苏陀兰自治政府。
1965 年 10 月	莱索托莱森—拉—特雷地区发现一颗重 527 克拉的宝石级钻石。
1966 年 10 月 4 日	巴苏陀兰正式宣布独立,定名为莱索托王国,莫舒舒二世任国王,乔纳森任首相。

莱索托

1966年10月	莱索托加入联合国。
1966年10月	莱索托与美国建立外交关系。
1966年10月	莱索托加入非洲统一组织。
1966年11月	莱索托加入联合国粮农组织。
1967年	莱索托成立了"莱索托国家发展公司"和"巴索托企业发展公司",开始创办工业。
1967年	莱索托颁布《公司法》。
1967年5月	莱索托加入国际电信联盟,同年6月9日加入万国邮政联盟。
1968年7月	莱索托加入国际复兴开发银行(世界银行)、国际货币基金组织,同年9月加入国际开发协会和联合国教科文组织。
1969年8月	莱索托加入国际投资争端解决中心。
1972年9月	莱索托加入国际金融公司。
1970年	莱索托发生政治危机,乔纳森政府宣布进入紧急状态并取缔反对党,国王莫舒舒二世被软禁,后流亡国外。
1974年	莱索托创建第一份国有周报《巴苏陀之声》。
1975年	莱索托第一所国立教师进修学院在联合国开发计划署、联合国教科文组织援建下成立。
1975年	莱索托第一所大学——莱索托国立大学建立。
1975年	莱索托签订第一个《洛美协定》,与欧洲共同体建立了外交关系并在布鲁塞尔设立驻欧共体大使馆。
1977年	莱索托加入国际农业发展基金组织。
1979年	莱索托加入世界气象组织。
1980年	莱索托发行本国货币洛蒂(Loti),复数是马洛蒂(Maloti),与南非的货币兰特等值。
1980年	莱索托政府投资4000万马洛蒂修建马塞卢

	机场。
1980 年 4 月	莱索托作为南部非洲发展协调会议的创始国加入该组织。
1981 年	莱索托加入世界旅游组织。
1983 年 4 月	莱索托开始动工修建莫舒舒国际机场。
1983 年 4 月	莱索托王国与中华人民共和国建立外交关系。
1985 年 6 月	莱索托加入联合国工业发展组织。
1986 年	莱索托与南非和斯威士兰签订了"共同货币区域协定",组建共同金融区。
1986 年 1 月 20 日	莱哈尼耶少将发动军事政变,莱索托进入军人政府时期。
1986 年 10 月	莱索托与南非正式签订共同修建莱索托高原水利工程的协议。
1986 年 11 月	莱索托加入世界知识产权组织。
1988 年	莱索托创建了国家电视台(LTV)。
1988 年	莱索托与南非签署修建高原水利工程的议定书。
1988 年 4 月	莱索托加入联合国多边投资担保机构。
1990 年 2 月	莱哈尼耶少将与国王在人事任免上发生矛盾,国王被迫流亡英国"度假",玛莫哈托王后"摄政"。
1990 年 4 月	莱索托宣布与中国台湾复交,中华人民共和国政府即宣布中止与莱索托的外交关系。
1990 年 11 月	军政府废黜莫舒舒二世,莫舒舒二世的长子莫哈托为新国王,称莱齐耶三世。
1991 年 4 月 30 日	莱索托发生政变,拉马艾马上校任军事委员会主席。
1992 年	莱索托与南非正式建立外交关系。
1992 年	莱索托颁布《劳工法》。
1993 年	莱索托首家本土保险公司"联合保险公司"

	挂牌成立。
1993年	莱索托颁布《工商登记法》。
1993年3月27日	莱索托举行独立以来的第二次大选。巴苏陀兰大会党主席莫赫勒出任首相。
1993年4月2日	莱索托议会通过新宪法，该宪法沿用至今。
1994年1月12日	莱索托与中华人民共和国恢复外交关系。
1995年5月31日	莱索托加入世界贸易组织。
1998年	莱索托高原水利工程一期中的凯茨水库主体工程完工。
1999年10月	莱齐耶三世对中国进行正式访问。
2000年9月6日	莱索托签署国际刑事法院《罗马规约》，成为第4个签署该条约的非洲国家。
2001年4月	美国批准莱索托成为《非洲增长与机遇法案》的受惠国。
2001年9月	莱索托人民大会党成立。
2001年10月	莱索托将皇家国防军改编为莱索托国防军。
2002年	莱索托进行国民议会选举改革，开始采用"80+40"混合比例代表选举制。
2003年	莱索托通过《性犯罪法》。
2003年11月	莱索托与中国在北京签署《中华人民共和国和莱索托王国引渡条约》。
2004年2月	莱索托高原水利工程获得南非工程院颁发的"世纪工程"称号。
2005年12月	莱索托首相莫西西利访问中国。
2006年10月	全巴索托大会党成立。
2007年	莱索托高原水利工程一期完工。
2007年2月17日	莱索托举行大选，莱索托民主大会党获得大选胜利，莫西西利任首相。
2011年8月	莱索托与南非签署高原水利工程二期协议。

2011 年 10 月	莱索托莫哈托纪念医院建成并开始营业。
2012 年 5 月 26 日	莱索托举行大选，全巴索托大会党领袖塔巴内任首相。
2013 年	位于莫霍特隆地区的莱索托首座风力发电站——莱特森风电站开工建设。
2013 年	莱索托塞赫拉巴泰贝国家公园被列入世界文化与自然遗产名录。
2013 年 9 月	莱索托成为"非洲农业全面发展项目"（CAADP）第 34 个成员国，同时也是加入该项目的第 8 个撒哈拉以南非洲国家。
2013 年 9 月 25 日	莱索托正式签署联合国《武器贸易条约》。
2013 年 11 月	在布鲁塞尔举行的首届"妇女议会全球论坛"会议上，莱索托获得了"缩小性别差别"（Bridging the Gender Gap）地区奖。
2014 年 3 月 27 日	莱索托国王莱齐耶三世、首相塔巴内与南非总统祖马在莱索托莫霍特隆地区出席高原水利工程二期项目启动仪式。
2014 年 8 月 30 日	莱索托军方发动军事政变，首相塔巴内被迫逃往南非。
2014 年 9 月 3 日	塔巴内在南非警方和纳米比亚警方护送下返回莱索托。
2014 年 11 月	莱索托首个国有矿业公司"波利哈利国家钻石矿产有限公司"注册成立。
2015 年	莱工厂工人工会（FAWU）、服装联盟工人工会（LECAWU）和国家纺织工人工会（NUTEX）三家贸易工会合并组成新贸易工会。
2015 年 2 月	莱索托提前举行大选，莫西西利当选新一任首相。

莱索托

2016 年 1 月	莱索托证券交易所成立。
2016 年 3 月 29 日	莱索托第一家私营航空公司马鲁蒂航空正式首航，它开通了首都马塞卢至南非约翰内斯堡的往返航线。
2016 年 11 月 1 日	莱索托政府发布对华政策文件。
2016 年 12 月 1 日	莱索托国王莱齐耶三世被正式任命为联合国粮农组织新的营养问题特别大使。
2017 年 3 月	莱索托宣布提前举行大选。
2017 年 6 月	塔巴内当选新任首相。
2017 年 7 月 13 日	中国援建的莱索托议会大厦和国家会议中心综合技术援助项目换文仪式在莱索托首都马塞卢举行。
2017 年 9 月	莱索托成立了首家手机制造公司——"钻石公司"。
2018 年 1 月	莱森钻石矿场挖掘到 1 枚重达 910 克拉 D 色泽 Ⅱa 型钻石，它相当于 2 个高尔夫球大小，为世界第五大钻石。
2018 年 7 月 8 日	莱索托在非盟国家首脑会议上签署《非洲大陆自由贸易区协定》（CFTA）。
2018 年 9 月 1～7 日	莱索托首相塔巴内应邀对中国进行正式访问并出席中非合作论坛北京峰会。

主要参考文献

一 中文著作

J. 基—泽博编辑《非洲通史 第一卷》，中国对外翻译出版公司，1984。

G. 莫赫塔尔主编《非洲通史 第二卷》，中国对外翻译出版公司，1984。

A. 阿杜·博亨主编《非洲通史 第七卷》，中国对外翻译出版公司，1991。

何芳川、宁骚主编《非洲通史·古代卷》，华东师范大学出版社，1995。

艾周昌、郑家馨主编《非洲通史·近代卷》，华东师范大学出版社，1995。

郑家馨主编《殖民主义史·非洲卷》，北京大学出版社，2000。

杨人楩：《非洲通史简编》，人民出版社，1984。

艾周昌主编《非洲黑人文明》，中国社会科学出版社，1999。

沐涛：《南非对外关系研究》，华东师范大学出版社，2003。

《非洲教育概况》编写组编《非洲教育概况》，中国旅游出版社，1997。

〔南非〕A. P. J. 范伦斯伯格：《非洲当代领袖》，秦晓鹰、殷罡译，重庆出版社，1985。

现代国际关系研究所世界人物研究室编《现代非洲名人录》，时事出版社，1987。

〔英〕哈罗德·麦克米伦:《麦克米伦回忆录——指明方向》,本馆翻译组译,商务印书馆,1976。

〔法〕D. F. 埃伦伯格编著《巴苏陀史(上册)》,山东大学翻译组译,山东人民出版社,1975。

〔法〕D. F. 埃伦伯格编著《巴苏陀史(下册)》,山东大学翻译组译,山东人民出版社,1975。

理查德·P. 史蒂文斯:《莱索托博茨瓦纳及斯威士兰》,山东大学翻译组译,山东人民出版社,1979。

〔英〕塞格利曼:《非洲的种族》,费孝通译,商务印书馆,1982。

〔美〕戴维·拉姆:《非洲人》,张理初、沈志彦译,上海译文出版社,1990。

世界经济年鉴编辑部编《世界经济年鉴1996》,经济科学出版社,1997。

世界知识年鉴编辑委员会编《世界知识年鉴》(1983~2002年),世界知识出版社,1984~2003。

葛佶主编《简明非洲百科全书》,中国社会科学出版社,2000。

王晓民主编《世界各国议会全书》,世界知识出版社,2001。

世界银行编《世界发展指标》(02~14),中国财经经济出版社,2002~2014。

舒运国、张忠祥主编《非洲经济评论(2012)》,上海三联书店,2012。

舒运国、张忠祥主编《非洲经济发展报告(2015~2016)》,上海社会科学院出版社,2016。

张瑾:《非洲区域经济一体化探索:南部非洲发展共同体30年》,浙江人民出版社,2014。

二 英文著作

Sarah Meek, Noel Stott, *Destroying Surplus Weapons: An Assessment of Experience in South Africa and Lesotho* (United Nations Institute for Disarmament

Research, Small Arms Survey, 2003).

Véronique Faure, *Dynamiques Religieuses en Afrique Australe* (Paris: Karthala, 2000).

Richard F. Weisfelder, *Political Contention in Lesotho, 1952 - 1965* (Institute of Southern African Studies, 1999).

Anita Shanta Franklin, *Land law in Lesotho: The Politics of the 1979 Land Act* (Aldershot, Hants; Brookfield, Vt.: Avebury, 1995).

Welshman Ncube, *Law, Culture, Tradition, and Children's Rights in Eastern and Southern Africa* (Aldershot, Hants; Brookfield, Vt.: Ashgate/Dartmouth, 1998).

The Government of Lesotho, *Status of the Preparation of PRSP / Report Prepared by the Ministry of Finance and Development Planning* (Washington D. C.: International Monetary Fund, 2004).

Haliburton, Gordon MacKay, *Historical Dictionary of Lesotho* (Scarecrow Press, 1977).

Economic Intelligence Unit (EIU), *Country Profile 2004 - 2018: Lesotho* (London: EIU, 2004 - 2018).

Michael Zils, *Museums of the World* (München: K. G. Saur, 2002).

Africa South of the Sahara 2004 - 2018 (Europa Publications, 2013 - 2017).

Claude Kabemba, *From Military Rule to Multiparty Democracy* (EISA, 2003).

Khabele Matlosa, Caleb Sello, *Political Parties and Democratisation in Lesotho* (EISA, 2005).

Khabele Matlosa, *Electoral System Design and Conflict Mitigation: The Case of Lesotho*, in *Democracy, Conflict and Human Security, Further Readings* (International IDEA, 2006).

Tumelo Tsikoane, Tefetso H. Mothibe, Mamoeketsi E. N. Ntho, David Maleleka, *Consolidating Democratic Governance in Southern Africa: Lesotho* (EISA, 2007).

三 中文期刊

郝望：《南部非洲国家对南非的政策（下）》，《西亚非洲》1983年第5期。

孙恪勤：《90年代德国对撒哈拉以南非洲国家的发展援助政策》，《西亚非洲》1998年第3期。

迟瑞芹：《莱索托王国的纺织服装业：背景与投资机会》，《中国纺织》2002年第8期。

智宇琛：《莱索托的外资引进及未来挑战》，《西亚非洲》2004年第5期。

杨维九、罗国杰：《莱索托高原调水工程》，《南水北调与水利科技》2004年第4期。

陈晓红：《〈非洲增长与机遇法案〉对黑非洲国家贸易和投资的影响——以斯威士兰和莱索托为例》，《西亚非洲》2006年第4期。

陈晓红：《莱索托旅游资源的开发及其启示》，《求索》2007年第3期。

吴涛：《遏制非法居住区的蔓延——莱索托城市边缘区土地管理的突出问题及改革的措施》，《国土资源》2008年第2期。

刘建文：《非洲莱索托渔业发展概况》，《中国水产》2011年第4期。

申义珍、徐国彬、刘建文：《莱索托农业生产现状与中莱农业合作途径探讨》，《世界农业》2011年第5期。

刘建文、申义珍：《非洲莱索托的动物区系状况》，《生物学通报》2011年第7期。

秦路、罗江月：《莱索托农业发展现状及政策建议》，《世界农业》2016年第8期。

梁益坚：《非盟地区治理：非洲相互审查机制探微》，《西亚非洲》2017年第6期。

陈晓红、于文龙：《非洲政党政治对政治发展的影响及其启示——以南部非洲莱索托为例》，《湘潭大学学报》（哲学社会科学版）2018年第3期。

四　国内外相关网站

中华人民共和国外交部网站，http：//www.fmprc.gov.cn/。

中华人民共和国商务部网站，http：//www.mofcom.gov.cn/。

中华人民共和国驻莱索托王国大使馆网站，http：//ls.china-embassy.org/chn/。

中华人民共和国驻莱索托王国大使馆经济商务处网站，http：//ls.mofcom.gov.cn/。

联合国网站，http：//www.un.org/。

联合国粮农组织网站，http：//www.fao.org/。

联合国教科文组织网站，http：//www.unesco.org/。

联合国贸易商品统计数据库，https：//comtrade.un.org/。

国际货币基金组织网站，http：//www.imf.org/。

国际贸易中心网站，https：//www.trademap.org/。

ITC Market Analysis，https：//www.ipu.org/。

经济合作与发展组织网站，https：//www.oecd.org/。

世界经济论坛网站，https：//www.weforum.org/。

世界旅游业理事会网站，https：//www.wttc.org/。

莱索托政府网站，http：//www.lesotho.gov.ls/。

莱索托议会网站，https：//www.parliament.ls/。

莱索托中央银行网站，https：//www.centralbank.org.ls/。

莱索托财政部网站，http：//www.finance.gov.ls/。

莱索托外交部网站，http：//www.foreign.gov.ls/。

莱索托统计局网站，http：//www.bos.gov.ls/。

莱索托独立选举委员会网站，http：//www.iec.org.ls/。

莱索托高原水利工程网站，http：//www.lhda.org.ls/。

美国白宫网站，http：//www.whitehouse.gov/。

美国中央情报局网站，http：//www.odci.gov/cia/publications/factbook/print/lt.html。

南部非洲发展共同体网站，https：//www.sadc.int/。
南部非洲关税同盟网站，https：//www.sacu.int/。
非洲联盟网站，http：//www.au.int/。
《非洲增长与机遇法案》，https：//agoa.info/about-agoa.html/。
非洲可持续民主选举研究所网站，http：//www.eisa.org.za/。

索 引

A

艾滋病 6，87，93，102，155，180，199，201~204，208，230，235，244，256，261，264~266

奥兰治河 1，2，34，36~38，121，122

B

巴福肯人 29~31，34

巴苏陀兰非洲人大会党 44，46，62，67，80，81，84，271

巴苏陀兰大会党 45~51，54，61~63，67，68，70，71，76，80，81，84，225，234，271，274

巴苏陀兰工党 46，271

巴索托 9~12，46~48，51，53~55，57，59，61，67，68，70，71，74，76，77，80~85，106，111，271，272，274，275

巴索托国民党 46~48，51，53~55，57，61，67，68，71，74，76，77，80~84，271

巴苏陀兰进步协会 42，270

巴苏陀兰 1，17，20，31~51，54，59~63，66~68，70，71，76，80，81，83，84，225，234，269~271，274

班图人 10，28~30，33，65，269

《北阿利瓦尔条约》 37，38，270

贝勒 3，5，32，199

博茨瓦纳 21，36，38，39，41~44，46，51，52，56，61，73，88，116，121，131，166，175，198，200~202，212，227，233，243~246

布塔布泰 3~5，22，88，130，143，252，255

部落酋长制 194

布尔人 31，34~40，60，270

布尔人大迁徙 35

C

出口加工 94，112，151

D

德班 21, 130~132

德国 34, 66, 90, 153~155, 157, 165~167, 170, 191~193, 222, 223, 233~235, 262, 265

德克勒克 50, 226

德拉肯斯山 1, 2, 18, 30~32, 169, 269

德兰士瓦 36, 37, 43

迪法肯战争 20, 31~33, 60, 65, 269

独立日 16

独立选举委员会 55~57, 72, 140, 239, 240

多党制 50, 66, 68, 70, 80, 82

F

法国 10, 35, 66, 155, 191, 193, 222, 233~235, 238, 259, 262

非洲联盟 190, 224, 236~242, 261, 266

非洲开发银行 155

非洲高校联盟 213

《非洲大陆自由贸易区协定》 158, 236, 276

非洲统一组织 47, 49, 52, 69, 225, 236, 272

《非洲增长与机遇法案》 92, 98, 112~114, 151, 153, 183, 230~233, 274

G

高原水利工程 2, 22, 49, 68, 90, 98, 108, 120~122, 124~127, 129, 170, 182, 226~229, 235, 273~275

高级专员领地 40, 270

关税分成 113, 136, 137, 145, 146

国际电信联盟 220, 223, 259, 272

国际复兴开发银行 259, 272

国际货币基金组织 69, 90, 91, 93, 149, 155, 160, 167, 223, 259, 261, 262, 272

国际开发协会 129, 155, 223, 259, 272

国际劳工组织 186, 189, 223, 259

国际农业发展基金组织 272

工会 46, 114, 179~181, 185, 195, 196, 202, 275

H

哈博罗内 21, 230

哈基特拉 46

虹鳟鱼 108, 111

胡贝卢河 2

J

基督教 16, 35, 71, 199, 217

加查斯内克 3~5, 23, 104, 131

间接统治 40，66

津巴布韦 51，52，73，131，175，198，200，222，227，242～247，257，263

经济改革运动党 71

君主立宪 47，66，74，193

K

卡勒登河 1～3，21，23，30，31，33，34，36～38，65

卡齐旅游村 171

卡特斯大坝 108

开普敦 17，21，45，131，169

凯图米莱·马西雷 56，245

科贝拉 51，81，248

《科托努协议》 233

肯尼迪·特拉利·卡莫利 57

库廷 3，5

L

拉马艾马 50，79，174，273

莱哈尼耶 48～50，54，61，62，74，79，82，84，173，174，226，273

莱里贝 3～5，39，61，88

莱布阿·乔纳森 46，79，270

莱齐耶二世 40，42

莱齐耶三世 13，14，49，51，54，61，77，123，125，199，213，227，229，234，235，242，246～249，261，273～276

莱索托标准银行 142，143

莱索托第一国民银行 142，143

莱索托国防军 132，173～175，227，230，245，248，274

莱索托国家保险公司 144

莱索托国家开发公司 111

莱索托国立大学 49，74，212，213，254，260，272

莱索托解放军 47，48，62，225，226，257

莱索托莱利银行 142，143

莱索托旅游发展公司 170

莱索托贸易工会 195

莱索托民主大会党 51，53～58，62，63，69，70，76，77，80～84，274

莱索托人民大会党 53，70，83，85，274

莱索托五年发展计划 116，126，129

莱索托怡安保险公司 144

莱索托宪法 57，75，79，182，195

莱索托中央银行 127，136～139，141，142，144，145，148，186～188

莱索托邮局 135

莱索托邮政银行 142～144

兰特 25，89，90，92，117，124，125，131，140，141，224，228，229，272

劳动密集型 87，91，156

《劳工法》 179～181，183，273

联合国 5，6，47，48，52，61，69，87，90，98，102～112，131，149～151，153，155，162，164～166，189，190，

285

197，198，202，209~211，213~215，
220，223，224，226，231，233，
235~238，241，242，249，256~267，
272，273，275，276

联合国安理会　61，226，256~260

联合国开发计划署　149，210，211，
262，266，272

联合国教科文组织　112，209~211，
214，215，220，223，259，272

联合国粮农组织　102，103，105~111，
223，238，259，261，263~265，272，
276

联合国秘书长　213，257，261，262，
265，267

联合国项目事务署　104，266

《洛美协定》　112，149，233，235，272

M

马费滕　3~5，127，143，251，253

马霍佩　53，70，83，85，248

马莱特桑园瀑布　18，19

马里马特卢自由党　46，55，57，76，
80，84

马利利　19，20

马塞卢　3~5，14，18~23，25，33，
41，43，45，49，52，55，58，74，
111，115，125，126，130~133，138，
142，143，159，169，196，199，211~
213，219，220，226，227，234，236，
238，240，251，253，254，257，270，

272，276

马斯蒂斯自然保护区　107

玛莫哈托王后　49，273

曼耶利　46，55

茅草屋　24，25

美国　19，51，53，54，90，92，98，
101，114，115，125，127，134，149，
152~156，165~167，175，181，183，
203，211，223，229~234，245，262，
272，274

梅辛　48，56~58，83，84，133，236，
244，246，248，249，256

民族独立党　54，55，76，83

莫哈勒大坝　122，123，130，171，229

莫哈莱斯胡克　3~5

莫赫勒　44，47，49~51，53，61~63，
70，71，78，79，81，83，84，225~
227，274

莫霍特隆　2~5，22，23，60，104，
126，130，131，275

莫里佳国家博物馆　19，20

莫洛米　31，33，59，216

莫桑比克　21，48，126，127，131，
152，164，165，190，226，240，243，
244，246，247，263

莫舒舒日　16，60，270

莫舒舒二世　45~47，49~51，60，61，
77，257，271~273

莫舒舒一世　4，5，11，12，19，20，
22~24，34，59，60，65，269，270

莫西西利　51~54，56，58，63，69，

286

70，77，79，82~85，174，176，213，
227，228，236，239，244，246~249，
252，274，275
莫耶尼 5
姆巴巴纳 21
姆贝基 13，14，52，176，213，227

N

纳米比亚 58，226，243~246，257，275
南部非洲 1，2，6，17，22~24，27，
28，30，32，37，38，42，48，51，
52，54，56，58，59，62，67，69，
73，87，93，102，116，121，123，
134，136~138，149，152，175，189，
190，193，200，213，217，222，224，
227，228，230，233，238，239，243~
247，263，265~267，269，273
南部非洲发展共同体 52，54，56，58，
59，69，73，102，149，175，190，
224，227，228，238，239，243~245，
247，266，267
南部非洲关税同盟 87，93，136~138，
149，152，224，228，244，246
南非 1，3~5，13，14，18，21~25，
27，28，32，36，38~44，46~52，
58，61，62，68，73，74，77，79，
81，87~93，104~106，108，112，
113，116~118，121~127，129~
133，135，136，138，140~144，149，
151~153，156，164~166，168~

170，174~176，181~183，186，194，
196~198，200，204，207，209，213~
215，219，221，223~232，234~236，
239，243~246，257，258，261，262，
264，270，272~276

O

欧盟 129，149，151，152，155，167，
220，223，233，235，236，262
欧洲发展基金 127

P

贫穷者同盟 42~44，270

Q

千年挑战账户计划 127，155
乔治·卡司卡特 36
酋长制度 66，194
全巴索托大会党 53~55，57，59，70，
71，76，77，80~83，85，274，275

R

人民民主阵线党 57，84
日本 66，108，126，149，153，155，
164，167，192，193，204，233，235，
236，262

287

莱索托

S

萨尼山口　22，23

塞赫拉巴泰贝国家公园　4，18，23，107，171，275

塞苏陀语　8，10，22，29，76，210，216，219

桑人　5，18，19，27～30，32，269

世界旅游业理事会　170

世界贸易组织　103，136，149，224，259，274

世界卫生组织　6，88，167，200～205，223，259，261，265，266

世界银行　5～7，90，95，96，98，99，101，109，125，129，133～135，149，150，155，157～160，164，167～169，181，184，185，209，219，223，243，246，259，262，267，272

双边援助　154，155，167，229，230，235

斯蒙佺瀑布　171

斯威士兰　8，21，27，28，32，36，38～44，46，51，61，88，121，131，140，141，152，153，166，201，212，228，230，233，243，244，246，263，269，273

T

塔巴博修　11，23，24，33，35，37～39，60，105，144，219，270

《塔巴博修条约》　37，38，270

塔巴采卡　3～5，25，48，104，130，200，211，212

塔巴内　53，54，56～59，70，77，79，82，83，85，125，174，227～229，234，236～238，244～248，250，252，258，275，276

塔波·莫迪科　55

太阳能　25，126，127

泰亚泰亚嫩　4，5，24，62

天主教　16，25，35，46，49，60，81，219，220

W

《维护和平法令》　39

乌佐库河　2

乌利巴乌佐河　2

X

行政议会　45，271

西里尔·拉马福萨　58，245

Y

伊丽莎白港　21，130～132

伊斯兰教　16

移民　126，196，255

议会　11，21，39～41，43～51，53～

55，57～59，61，62，66～72，74～77，79～83，140，174，189～193，199，227，238，240，241，253，271，274～276

英国　4，19，21，24，25，31，32，34～46，49，53，60，62，66，67，74，77，79，88，90，101，107，113，120，121，151，153～156，165～167，191，193，204，209，212，213，215，221，223，233～235，245，246，269～271，273

英联邦　49，52，58，79，209，214，233，234

约翰内斯堡　21，131，176，227，236，248，251，276

Z

《中华人民共和国和莱索托王国引渡条约》　248，274

《中华人民共和国水利部和莱索托王国自然资源部水利合作谅解备忘录》　250

《中华人民共和国政府和莱索托王国政府经济技术合作协定》　249，250

中国　6，17，22，27，28，42，43，48，49，61，62，66，71，105，113～116，124，125，127，129，134，142，152，153，155，157～159，164～166，181，183，189，197，199，200，212～214，218～220，223，236，238，243，247～256，259，260，262，273，274，276

中国台湾　115，152，153，158，164，165，247，273

《中莱文化合作协定2009年至2012年执行计划》　253

中资企业　114，125，197

祖鲁人　4，8，29，32

祖马　125，227～229，238，239，275

钻石矿　4，88，117～120，275，276

后　记

本书在旧版列国志《莱索托　斯威士兰》的基础上，按照新版列国志编撰要求修订而成，增补了大量材料并将《莱索托》单独编写成册。

在本书写作过程中，社会科学文献出版社的高明秀、侯洁两位编辑给予大力支持和帮助，其对笔者的拖延和收集材料的困难也给予充分理解，在此表示衷心的感谢！于文龙博士参与了资料的收集并撰写了部分章节，硕士研究生吕鸿彬、周峻宇翻译了部分资料，赵文杰编制了部分表格及大事纪年、索引，全书由陈晓红修改定稿。书中的疏漏和错误概由陈晓红负责。

陈晓红
2018 年 9 月 12 日

新版《列国志》总书目

亚洲

阿富汗
阿拉伯联合酋长国
阿曼
阿塞拜疆
巴基斯坦
巴勒斯坦
巴林
不丹
朝鲜
东帝汶
菲律宾
格鲁吉亚
哈萨克斯坦
韩国
吉尔吉斯斯坦
柬埔寨
卡塔尔
科威特
老挝
黎巴嫩
马尔代夫

马来西亚
蒙古国
孟加拉国
缅甸
尼泊尔
日本
沙特阿拉伯
斯里兰卡
塔吉克斯坦
泰国
土耳其
土库曼斯坦
文莱
乌兹别克斯坦
新加坡
叙利亚
亚美尼亚
也门
伊拉克
伊朗
以色列
印度
印度尼西亚
约旦
越南

非洲

阿尔及利亚
埃及
埃塞俄比亚
安哥拉
贝宁
博茨瓦纳
布基纳法索
布隆迪
赤道几内亚
多哥
厄立特里亚
佛得角
冈比亚
刚果
刚果民主共和国
吉布提
几内亚
几内亚比绍
加纳
加蓬
津巴布韦
喀麦隆
科摩罗
科特迪瓦
肯尼亚
莱索托
利比里亚
利比亚
卢旺达
马达加斯加
马拉维
马里
毛里求斯
毛里塔尼亚
摩洛哥
莫桑比克
纳米比亚
南非
南苏丹
尼日尔
尼日利亚
塞拉利昂
塞内加尔
塞舌尔
圣多美和普林西比
斯威士兰
苏丹
索马里
坦桑尼亚
突尼斯
乌干达
赞比亚
乍得
中非

欧洲

阿尔巴尼亚
爱尔兰
爱沙尼亚
安道尔

莱索托

奥地利
白俄罗斯
保加利亚
北马其顿
比利时
冰岛
波斯尼亚和黑塞哥维那
波兰
丹麦
德国
俄罗斯
法国
梵蒂冈
芬兰
荷兰
黑山
捷克
克罗地亚
拉脱维亚
立陶宛
列支敦士登
卢森堡
罗马尼亚
马耳他
摩尔多瓦
摩纳哥
挪威
葡萄牙
瑞典
瑞士
塞尔维亚
塞浦路斯
圣马力诺

斯洛伐克
斯洛文尼亚
乌克兰
西班牙
希腊
匈牙利
意大利
英国

美洲

阿根廷
安提瓜和巴布达
巴巴多斯
巴哈马
巴拉圭
巴拿马
巴西
玻利维亚
伯利兹
多米尼加
多米尼克
厄瓜多尔
哥伦比亚
哥斯达黎加
格林纳达
古巴
圭亚那
海地
洪都拉斯
加拿大
美国
秘鲁
墨西哥

尼加拉瓜

萨尔瓦多

圣基茨和尼维斯

圣卢西亚

圣文森特和格林纳丁斯

苏里南

特立尼达和多巴哥

危地马拉

委内瑞拉

乌拉圭

牙买加

智利

大洋洲

澳大利亚

巴布亚新几内亚

斐济

基里巴斯

库克群岛

马绍尔群岛

密克罗尼西亚

瑙鲁

纽埃

帕劳

萨摩亚

所罗门群岛

汤加

图瓦卢

瓦努阿图

新西兰

国别区域与全球治理数据平台

www.crggcn.com

"国别区域与全球治理数据平台"（Countries, Regions and Global Governance, CRGG）是社会科学文献出版社重点打造的学术型数字产品，对接国别区域这一重点新兴学科，围绕国别研究、区域研究、国际组织、全球智库等领域，全方位整合基础信息、一手资料、科研成果，文献量达30余万篇。该产品已建设成为国别区域与全球治理数据资源与研究成果整合发布平台，可提供包括资源获取、科研技术服务、成果发布与传播等在内的多层次、全方位的学术服务。

从国别区域和全球治理研究角度出发，"国别区域与全球治理数据平台"下设国别研究数据库、区域研究数据库、国际组织数据库、全球智库数据库、学术专题数据库和学术资讯数据库6大数据库。在资源类型方面，除专题图书、智库报告和学术论文外，平台还包括数据图表、档案文件和学术资讯。在文献检索方面，平台支持全文检索、高级检索，并可按照相关度和出版时间进行排序。

"国别区域与全球治理数据平台"应用广泛。针对高校及国别区域科研机构，平台可提供专业的知识服务，通过丰富的研究参考资料和学术服务推动国别区域研究的学科建设与发展，提升智库学术科研及政策建言能力；针对政府及外事机构，平台可提供资政参考，为相关国际事务决策提供理论依据与资讯支持，切实服务国家对外战略。

数据库体验卡服务指南

※100元数据库体验卡，可在"国别区域与全球治理数据平台"充值和使用

充值卡使用说明：
第1步 刮开附赠充值卡的涂层；
第2步 登录国别区域与全球治理数据平台（www.crggcn.com），注册账号；
第3步 登录并进入"会员中心"→"在线充值"→"充值卡充值"，充值成功后即可使用。

声明

最终解释权归社会科学文献出版社所有

客服QQ：671079496
客服邮箱：crgg@ssap.cn

欢迎登录社会科学文献出版社官网（www.ssap.com.cn）和国别区域与全球治理数据平台（www.crggcn.com）了解更多信息

卡号：721985656171

图书在版编目(CIP)数据

莱索托 / 陈晓红,于文龙编著. --北京:社会科学文献出版社,2020.5
(列国志:新版)
ISBN 978-7-5201-4534-3

Ⅰ.①莱… Ⅱ.①陈… ②于… Ⅲ.①莱索托-概况 Ⅳ.①K948.1

中国版本图书馆CIP数据核字(2019)第048552号

·列国志(新版)·
莱索托(Lesotho)

编　　著 / 陈晓红　于文龙

出 版 人 / 谢寿光
组稿编辑 / 高明秀
责任编辑 / 仇　扬
文稿编辑 / 王春梅

出　　版 / 社会科学文献出版社·当代世界出版分社 (010) 59367004
　　　　　　地址:北京市北三环中路甲29号院华龙大厦　邮编:100029
　　　　　　网址:www.ssap.com.cn
发　　行 / 市场营销中心 (010) 59367081　59367083
印　　装 / 三河市尚艺印装有限公司

规　　格 / 开本:787mm×1092mm　1/16
　　　　　　印张:20.25　插页:0.75　字数:299千字
版　　次 / 2020年5月第1版　2020年5月第1次印刷
书　　号 / ISBN 978-7-5201-4534-3
定　　价 / 89.00元

本书如有印装质量问题,请与读者服务中心(010-59367028)联系

▲ 版权所有 翻印必究